YİRMİBİRİNCİ YÜZYILDA PROFESYONEL PARA YÖNETİMİ

Borsada Yatırım ve Spekülasyon Stratejileri

29. Ocak. 2001

Sevgili Kardeşim Cengiz'e

Scala Yayıncılık ve Tanıtım A.Ş.
ISBN: 975-7132-99-3

YİRMİBİRİNCİ YÜZYILDA PROFESYONEL PARA YÖNETİMİ

Birinci Basım, Kasım 2000

Dizi Editörü: Hakan Feyyat
Redaksiyon: Ali Perşembe
Kapak Tasarımı: Davut Köse
Mizampaj: Sibel İlkin Uçuran
Dizgi: Fatoş Doğan
Ofset Hazırlık: Scala Yayıncılık ve Tanıtım A.Ş.
Baskı: Melissa Matbaacılık

Scala Yayıncılık ve Tanıtım A.Ş.
İstiklal Caddesi Mis Sok. Tan Apt. 6/7-8 Beyoğlu - 80050 İstanbul
Tel: (0212) 251 51 26 - 245 43 89 Faks: (0212) 245 28 43
E-Mail: scala@escortnet.com
Web: www.scala.com.tr

YİRMİBİRİNCİ YÜZYILDA PROFESYONEL PARA YÖNETİMİ

Borsada Yatırım ve Spekülasyon Stratejileri

Yılmaz Erolgaç
Shearson Lehman Brothers Eski Başkan Yardımcısı
WALL STREET

SCALA
YAYINCILIK

PRİM MENKUL DEĞERLER A.Ş.'*nin*

katkılarıyla.

Levent Caddesi No: 3 - 80620 - İstanbul
Tel: 0 212 283 88 88 pbx Faks: 0 212 283 88 90
Web: www.prim.com.tr

İÇİNDEKİLER

Yayınlanan kitapları:

1. *1973 / Hisse Senetleri ve Ttahvillere Yatırım Yapılmasında Bilinmesi Gereken Prensipler*

2. *1993 / Profesyonel Para Yönetimi* –İnkılap–

3. *1997 / Taşı Toprağı Altın Amerika* –Scala–

4. *2000 / 21. YY'da Profesyonel Para Yönetimi, Borsada Yatırım ve Spekülasyon Stratejileri* –Scala–

Yazışma adresi

P.O. Box 720038
San Diego, California 92172 USA
Faks: 858 - 538 4777
Email: erolgac@san.rr.com
Email: erolgac@yahoo.com

21. YÜZYILDA PROFESYONEL PARA YÖNETİMİ

Önsöz

1973 yılında kaleme aldığım "Hisse Senedi ve Tahviller" kitabımda amacım, Türk ekonomisi için gerekli olan Sermaye Piyasası kanunlarının çıkarılması, merkezi borsanın kurulması ve finansal kurumların oluşabilmesi için hükümete, kanun vazına - kanun kurucusu- ışık tutmak, kendilerine borsa bankeri adını veren tefecilere karşı tasarruf sahiplerini uyarmaktı. 29 Kasım 1981 tarihinde Cumhuriyet Gazetesi'nde Osman Ulagay ile yaptığım söyleşide Türkiye para piyasasının koşullarına değinmiş ve halka, kendilerini borsa bankeri diye tanıtan tefecilerin batacağını vurgulamıştım. Üç ay sonra da Kastelli olayı patlak verdi.

23 Eylül 1990 yılında Para dergisi ile yaptığım röportajda IMBK'de işlem gören senetlerin gerçek değerinin çok üstünde alınıp satıldığını, halkın neredeyse 1980'lerdeki bankerlik furyasını anımsatacak bir hevesle borsaya yönelmiş olduğunu ve hisselere doymuş olan piyasanın bir yıl içerisinde çökeceğini tahmin ettim. O tarihte 5923 olan İstanbul Menkul Değerler endeksi 1991'de 3000'e düştü. Bu tarihler arasında Türk Lirası'na karşı doların çıkışını göz önüne alırsak, endeks gerçek olarak 1800'lere indi.

13 Haziran 1993 tarihinde Sabah Gazetesi'nde Ercan İnan ile yaptığımız söyleşide yurtiçi ve uluslararası sermaye piyasası hareketlerini değerlendirip, karamsarlığa gerek olmadığını, göstergelerin borsanın kısa ve orta vadeli geleceğine dair çok iyimser işaretler verdiğini belirttim. 1993 yılında İstanbul Borsa Endeksi yalnız Gelişmekte Olan Ülkeler Borsaları arasında değil, tüm Global Borsalarda en yüksek performansı gösterdi.

Sermaye piyasasının geleceğine dair tahmin yapmak için çok özel bir beceriye veya kehanete gerek yok. Global Borsalar benzer koşullara benzer reaksiyonlar gösteriyor. Kitabımın amacı tasarruflarını borsada değerlendirmek isteyenlere ne zaman, hangi menkul değere ve ne fiyattan yatırım yapacaklarına ilişkin vizyon vermek. Başarının sırrı şu veya bu teknikte değil, önceden denenmiş ilkeleri öğrenerek bunları sabır ve disiplinle uygulamakta.

1994 yılında yayınlanan" Profesyonel Para Yönetimi" kitabımda; Doğu ile Batı Sermaye Piyasaları arasında köprü olmasını temenni ettiğimiz İstanbul Borsası'nın, yatırım yapılacak emin bir ortam olduğunu dünya finans çevrelerine kanıtlayabilmesi için, yabancı yatırımcılara danışmanlık verebilecek uzman kadrolarının yetiştirilmesine katkıda bulunmak istedim.

1995 yılından itibaren İnternet; dünya ekonomisinde bir devrim başlattı. Beş yıl içerisinde General Motors, Ford, Daimler, Chrysler gibi dev oto şirketlerinin yüz yılda kurduğu oto endüstrisinin kıymetine eşit, yepyeni bir sektör doğdu. Uluslararası ticarette ve global borsalarda oyunun kuralları değişti. Evvelden ancak Wall Strret'in en güçlü firmalarına, İsviçre Bankalarına gelen finansal bilgiler şimdi, anında tüm yatırımcılara ulaşmakta. Aynı zamanda sermaye piyasalarındaki gelişmeleri dakikası dakikasına izleyen yatırımcı, internetin inanılmaz hızını kullanarak anında borsaya girip işlem yapabilmekte.

Entegre olan küre ekonomisinde Amerika'daki sermaye piyasası hareketleri çok büyük ağırlık taşımakta. Batıda, "Wall Street nezle olursa Avrupa gribe yakalanır" sözü meşhur. Derinliği olmayan, kurumsal yatırımcıların oluşmadığı Türkiye Sermaye Piyasası'nın canlanması büyük çapta dışarıdan gelen paraya bağlı. Yabancı portföy yöneticilerinin yatırım için ne çeşit koşullar aradığını bilmek işin yarısı.

Bundan önceki kitaplarımda, makalelerimde, sermaye piyasası konusuna ciddi olarak eğilip, yatırım modellerini, spekülasyon stratejilerini öğrenmek isteyen okurlarıma Wall Street'ten verdiğim örnekleri canlı olarak sunmak olanağı yoktu. Web platformunda belirttiğimiz finansal kaynaklar yalnız geçmişteki borsa olaylarını değil, bugünün ve geleceğin beklentilerini izleme olanağı vermekte.

Artık yabancı sermaye piyasalarına açılmak için bir internet bağlantısı yeterli.

Çalışmamızın; Türkiye Sermaye Piyasası Çevrelerine, İstanbul Borsası'na, bankalara, profesyonel fon yöneticilerine, uluslararası finansman eğitimi yapan üniversite öğrencilerine ve tasarruf sahiplerinin sağlıklı yatırım kararlarına bir nebze katkıda bulunmasını umut etmekteyiz.

Saygılarımızla,
Yılmaz Erolgaç
Shearson Lehman Brothers Former Vice President

SERMAYE PİYASALARI

Tanımı

Birikimlerini değerlendirmek isteyen tasarruf sahipleri ile kaynağa ihtiyacı olan devlet ve özel sektörün bir araya geldiği ortama sermaye piyasası denir. Devletler kamu hizmetlerini yapabilmek için gerekli olan paranın büyük bir kısmını vergilerden, bir kısmını da ya içeride veya uluslararası sermaye piyasalarında tahvil çıkararak sağlarlar.

Özel sektör ise kendi öz kaynaklarından sağlayamadığı uzun vadeli sermayeyi; iç ve dış borsalarda tahvil veya hisse senedi ihraç ederek temin eder.

Teklif edilen menkul değerlerin gerçek değerini ölçebilecek deneyim ve bilgiden mahsun olup istismara açık olan tasarruf sahiplerinin haklarının korunması ve sermayenin sadece arz ve talep kanunlarına göre el değiştirmesini, sermaye piyasası ve borsa kuralları düzenler.

Önde giden sermaye piyasalarında menkul kıymetlerin ihracı ya bankalara veya aracı kurumlara (Investment Bankers veya Stock Brokers) verilmiştir. Bu kurumların fonksiyonlarından biri, müşterilerine yatırım danışmanlığı yapmak, diğeri de hisse senedi ve tahvil ihraç etmek isteyen şirketlere finansman danışmanlığı yaparak, ihraç edilen menkul değerleri toptan alıp, yatırımcıya dağıtmaktır. Bu işe yüklenim "underwriting" denir.

Bankerlerin bu pazarlamayı başarı ile yürütebilmesi için:

- Sermaye piyasası koşullarını doğru yorumlamayı;
- Yatırımcının, satın alma adetlerini iyi bilmesi;
- Hisse senedi ve tahvilini ihraç etmeyi yüklendiği şirketin; piyasadaki itibarını, mali portresini, rekabetini uzmanları ile tetkik ettirip, senetlerin fiyatlarını, tahvillerin faiz oranlarını gerçek piyasa koşullarına göre saptaması gerekir. Sağlıklı olmayan piyasanın beklentilerini göremeyen borsa bankerleri zarar eder.

Örneğin; 1998 yılında AT&T telefon şirketinin bir milyar dolarlık tahvil ihracını Bear Stern üzerine aldı. Sendika, pazarlanacak tahvillerin tümü için 988 milyon dolar ödemeyi garanti etti. AT&T'nin şöhretine güvenen grup, federal hükümetin garantisi altında olan hazine tahvillerinin faiz oranının % 7 olduğu bu dönemde, faiz oranını % 6.5 olarak saptadı.

Tahvillerin piyasaya ihracının birinci gününde, Federal Reserve Bankası faiz oranlarını %1 arttırdığını açıklayınca, AT&T'nin tahvilleri 93 dolara düştü (her bir tahvil 930 dolar) ve bu yüklenim - underwriting - işinden, sendikasyona giren bankerler yetmiş milyon dolar zarar ettiler.

Borsa

Menkul değerlere olan arz ve talebin biraraya geldiği ve alım satımların açık arttırma kurallarına göre yapıldığı kurumdur. Borsaların ana fonksiyonu; işlemlerin serbest rekabet koşullarına uyularak yapılıp yapılmadığını denetlemektir.

Piyasaya ihraç edilen hisse senetleri ve tahvillerin alım satımının kontrolü; likit bir sermaye piyasasının doğması, yatırımcının borsa fiyatlarını yakından izleyebilmesi, ancak iyi örgütlenmiş, modern bir merkezi borsa ile olanaklıdır. Dünya sermaye piyasalarında, şirket hisselerinin borsalara kote olması, işletmenin minimum kıymette bir mali yapısı ve belirli yükümlülükleri yerine getirmeyi kabul etmesine bağlıdır. Gerekli koşullara uyum sağlandığında senetler global borsalarda kote olup değer kazanma olanağına sahiptir.

Örneğin; Londra, Paris, Brüksel veya İstanbul Borsası'na kayıtlı olan şirketlerden bir tanesi aşağıdaki koşulları yerine getirmek kaydıyla American Stock Exchange'de işlem görebilir.

Yabancı şirketlerin American Stock Exchange'e kayıt edilebilmesine ilişkin koşullar:

Web: www.amex.com

Son üç yılın ikisine ait vergi öncesi kârları	$750.000
İhraç edilmiş minimum senet kıymeti	$ 3.000.000
İhraç edilen senetin minimum fiyatı	$3.00
Öz varlıklar	$4.000.000

Amex'e kayıt olmak için diğer alternatif:

Vergi öncesi kâr	- -
İhraç edilmiş senetlerin piyasa kıymeti	$ 15.000.000
Borsa fiyatı	$3
İşletmenin faaliyette olduğu minimum zaman	3 yıl
Öz varlıklar	$ 4.000.000

Dünya sermaye piyasalarında en ileri teknolojiyi kullanan, hisse senedi ve tahvil ihracında, borsadaki işlemlerde en fazla standartlaşmış borsalar; New York Stock Exchange, American Stack Exchange - Nasdaq, Pacific Stock Exchange, Midwest Stock Exchange ve Chicago Board of Exchange'dir. 1970'lerde günlük alış veriş hacmi 2 - 3 milyon civarında oynayan New York Stock Exchange'de bugün, günde bir milyar civarında hisse senedi el değiştirmektedir.

Borsalara kayıt olan şirketlerin, senet fiyatlarına etki yapabilecek değişiklikleri halka duyurma zorunluğu vardır; ayrıca değerlerinde oyunlar oynanmaması için senetlerin halka yayılmış olması gerekmektedir. Halka açılan şirketler, Sermaye Piyasası Kurulu'na (Securities Exchange Commision) hazırladıkları raporlarla (Prospectus) daha başlangıçta toplanacak sermayenin nerede kullanılacağını bildirmekle yükümlüdürler.

Şirketlerin sermaye piyasası üzerinden yeni kaynak temin etmekteki amaçları, salt yeni işlere girişmek değildir. İşletme tesislerini yenilemek, banka kredisi ile sorumluluk altına girmemek, iflastan kurtulmak, çok büyümüş olan şirketin bir kısmını nakte çevirmek veya piyasada kolayca nakte çevrilebilen değer yaratmak, rakip bir şirketi satın almak, vadesi gelmiş olan tahvilin itfasını yapmak gibi türlü nedenlerle hisse senedi ve tahvil ihraç edilebilir.

Genel olarak halka açık şirketlerin tepe yöneticileri %51 paya sahip olmasalar dahi, şirket iyi performans gösterdiği sürece kontrolü yitirmezler. İşletmenin satışları, kârları düşmeye başlayınca, senetlerin çoğunluğunu portföyünde tutan yatırım fonları, yönetimi eleştirmeye başlarlar. Sonunda pay sahiplerinin çıkarlarını ön planda tutan idare heyetleri, genel müdürü değiştirip, işleri rayına oturtacak yönetici bulurlar. Örneğin; son yıllarda performans gösteremeyen Xerox, General Motors, Apple Computer, Bank One'in genel müdürlerinin işlerine, yönetim kurulu tarafından son verildi.

Sermaye piyasasının en yaygın olduğu Amerika'da genelde büyük şirketlerin %50'den fazla senetleri, yatırım fonlarının elindedir. Örneğin;

Şirket	Generel Motors	IBM
Piyasa kıymeti	57.904 milyar	208.651 milyar
İhraç edilmiş Hisse senedi	777.246 milyon	1.802 milyar
Senetleri portföyünde tutan kurumsal yatırımcı sayısı	1475	2801
Fonlarda tutulan miktar	416.057 milyon	960.642 milyon
Yüzde	%64.9	% 53.2

Yukarıda görüldüğü gibi GM senetlerinin %64.9'u 1475 yatırım fonu arasında dağılmış, bu rakkamlara özel kişilerin portföyünde tuttuğu IBM senetlerini de katarsak, şirketin kontrolünün küçük bir grup tarafından ele geçirilmesinin çok güç olduğu ortaya çıkar.

Kaynak; www.qucken.com

Türkiye'deki sermaye piyasasına baktığımızda, senetlerinin, %50'sinden fazlasını halka ihraç etmiş olan şirket sayısının sadece yüzde on civarında olduğunu izlemekteyiz. Geriye kalan yüzde doksanın yönetimi, ailelerin veya holdinglerin elinde. Hisse senetlerine yatırım yapmış olan halkın çıkarlarını koruyacak sivil bir mekanizma yok. İşler iyi veya kötü gitsin dizginler, sahip olduğu gücü yitirmekten korkan patronların elinde.

Dünyanın bir numaralı yatırımcısı George Soros'un, portföyünde %20'sini tuttuğu Net Holding şirketinin yönetimini eleştirmesi ve idare heyetinde söz sahibi olmak istemesi, Net Holding patronlarının hiç hoşuna gitmemişti.

Derinliği az, manipülasyonlara açık olan İstanbul Borsası'nın bu yapısı, kurumsal yatırımcıların oluşmasını, yabancı sermayenin gelmesini frenlemekte.

Halka açık şirketler, faaliyetleri hakkında kamuya doğru ve tatminkâr bilgiler vermek zorundadırlar. Kurucuların kişiliği sayesinde halktan milyonlarca dolar toplamış olan Bill Gates gibi yöneticiler halkın güvenine layık olduklarını ispat etmişlerdir.

774 milyon küsur hisse senedine sahip olan General Motors şirketi, her hafta sattığı otomobil ve kamyon sayısını, bir yıl öncesi ile kıyaslayarak

açıkladığı gibi, New York Borsası'nın kurallarına uyarak her üç ayda bir satış miktarını, hisse senedi başına düşen kârı kamuya ilan eder. Hisse senedi başına düşen kâr, şirket net kârlarının, tüm hisse senedi sayısına bölünmesi ile bulunur. Borsaya kayıtlı senetlerin değer artışı, hisse senedi başına düşen kârı takip eder. Halka açık şirketler, ticari sırların dışında, şirketin geleceğini etkileyen bütün gelişmeleri kamuya açıklamakla zorunludurlar.

Şirketlerin genel müdürlerinin, yardımcıların, borsa bankerlerinin halka açıklanmayan bilgileri kullanarak borsada işlem yapmaları yasaktır. Yakalananlara çok ağır cezalar verilir. ***(Bakınız Taşı Toprağı Altın Amerika, Scala Yayıncılık.)***

Borsa, ana fonksiyonu olan menkul kıymet alıcı ve satıcılarını bir araya getirip likit bir piyasa oluşmasını temin etmenin yanısıra, halkın tasarruflarının, haksız kazanç sağlamak isteyen kişiler tarafından istismar edilmemesi için, yatırım bankerlerinin, aracı firmaların sermaye piyasası yasalarına uyup uymadıklarını yakından denetler. Borsada spekülasyonlar aşırı dereceye vardığı zaman önleyici tedbirler alır. Örneğin; New York borsası yatırımcıların %50 borçlanarak hisse senedi satın almasına izin vermektedir. Borsa bankerlerinde açılan bu tür hesaplara, marjin hesabı denir. Kredi kullanılarak yapılan alım satımlarda tahminler tutmayıp da senetler düşerse, borç alan yatırımcı iki misli kaybeder. Borsada spekülasyonlar çok arttığı zaman marjin sınırı %70 - %80'e yükseltilerek talebin hızı yavaşlatılır. Borsa yönetimi veya borsa bankerleri, üzerinde çok spekülasyon yapılan riskli senetlerin, kredi ile alınıp satılmasını yasaklar. Örneğin; Eylül 1999'dan Ocak 2000'e marjin hesaplarında %35 artarak borç miktarının 243 milyar dolara çıktığını izleyen sermaye piyasası kurumu, seksen firmanın senetlerinin borç ile alınıp satılmasını yasakladı. Toplum histeriyasını yavaşlatmak için 1970 - 1971 yıllarında çalışma saatleri bir saat kısıldı ve çarşamba günleri de borsa tamamen kapatıldı.

Borsa yetkilileri birdenbire alım - satım hacmi artan şirketlerin yöneticilerine, aktivitenin nedenini sorar, yanıt gelinceye kadar borsadaki işlemleri durdurur.

Borsa bankerleri arasında çıkan ihtilafları çözümlemek üzere bir hakem seçer.

Borsaya kayıtlı olan borsa bankerlerini periyodik olarak teftiş eder. Kurallara uymayanları cezalandırır. Likidite koşullarına uyulup uyulmadığını kontrol eder.

Borsa bankeri veya danışman olmak isteyenleri yeterlilik sınavına sokar.

Borsa bankerlerinden birinin aleyhine yapılan şikayeti dinler, iddiaları tahkik eder, şikayet hakkında karar verir. Sahtekârlık yapanları adli makamlara teslim eder.

YABANCI ŞİRKET HİSSE SENETLERİNİN AMERİKAN SERMAYE PİYASASI'NDA KOTE OLMASI - ADR

1971 yılında National Association of Securities Dealers (NASD) tarafından bilgisayar teknolojisi kullanılarak ilk elektronik borsa kuruldu. Microsoft, Intel, MCI Communication gibi dev şirketlerin doğum yeri olan, 5761 şirketin hisse senetlerinin, 5300 borsa bankeri tarafından alınıp satıldığı bu piyasaya kısaca Nasdaq deniyor.

Paris, Londra, İstanbul Borsası'nda işlem gören senetler de; American Depositary Receipt (ADR) mekanizması ile Nasdaq'da alınıp satılabilmekte. Uygulamasına ilk defa 1927'de başlanan ADR sisteminde iki banka devreye giriyor. Birincisi; yabancı şirketin senetlerini toptan satın alıp, Amerika'da parekende dağıtan yatırım bankası. İkincisi; satın alınan senetleri kasasında tutup, karşılığında Amerika'da alınıp satılan senet sertifikası (ADR) çıkaran banka. Örneğin;

Yatırım bankası, İstanbul Borsası'nda işlem gören ABC şirketinin yirmi beş milyon hisse senedini satın alıp, Securities Exchange Commission'a (SEC) kaydını yaptırarak ABC - ADR olarak Nasdaq'da işleme sokuyor. Doğal olarak Türk Lirası'ndaki kur ayarlamaları senetlerin fiyatında etkili oluyor. Eğer Nasdaq'da işlem gören ABC'nin fiyatı ile İstanbul Borsası'ndaki fiyatı arasındaki fark açılırsa (spread) borsa bankerlerine arbitraj yapma şansı doğuyor ve fiyatlar eşitleşiyor. ABC şirketi kâr payı ödüyorsa, orijinal senetleri kasasında tutan banka TL'yi dolara çevirip, ABC - ADR yatırım sahiplerine ödüyor.

ADR'ların yüklenilen - sponsored - veya yüklenilmeyen - unsponsponsored - olmak üzere iki çeşidi var:

Yüklenicisiz ADR'da şirketler; SEC'nin empoze ettiği kanunlara uymak zorunda değil fakat fazla vizibilitesi de yok, sadece tezgah üstü piyasada - over the counter - işlem görebilir. Nasdaq'a kayıt olma hakkı yok.

Yüklenicili ADR'da ise; senetleri Amerikan sermaye piyasası kanunlarına uyularak Nasdaq'a kayıt olan şirketler yer alır.

1999 yılında 113 yabancı şirket Nasdaq'da 22 milyar dolarlık ADR senetleri sattı. Bu rakkam 1998'de çıkarılan ADR'ların iki misli.

Finlandiya'nın Nokia (NOK), İsveç'in Ericsson, İngiltere'nin Cable & Wireless, Meksika'nın Telefonica S A., şirketleri en aktif ADR'lar. Brezilya'nın Nasdaq'da hayat bulan iletişim - telekomünikasyon şirketi Globa Cabo S.A.(GLCBY) ihraç edildiğinden bu yana 700 misli artış gösterdi.

ADR piyasası Wall Street'in gözünden kaçmadı, Amerika'nın en büyük On line Broker'ı Charles Schwab'a göre son beş yılda ADR işlemleri on misli arttı. 1999'da tüm borsalarda işlem gören senetlerin tüm para kıymetinin % 6.3'ü yabancı şirketlerin ADR'larından oluştu. Amerika'ya yakın olması dolayısı ile Meksika'nın Grupo Financiero Sefrin, Grupo Simec, Grupo Sidek, Vitro v.s. senetleri aktif.

ADR çıkarmanın şirketler ve yatırımcılar için avantajları:

- Son derece dinamik Amerikan sermaye piyasasından kapital sağlıyor,
- Özelleştirmede yabancıların Türkiyeye gelmesini beklemek yerine, onların kapısını çalıyor,
- ADR'in dolar üzerinden alınıp satılması Amerikalı fon yöneticilerine kolaylık sağlıyor,
- Bazı büyük emeklilik planlarının ve yatırım fonlarının tüzüğü; yatırımların yalnız Amerika borsalarına kayıtlı olan senetlere yapılmasını emrediyor. ADR'lar bu kapsamın içine giriyor.
- ADR sertifikalı şirketlerin fiyatlarını broker - dealer'ların bilgisayar ekranında görebilme, yatırımcıya piyasayı daha kolay takip etme olanağı veriyor.
- ADR, şirketleri global piyasalara tanıtıyor, görünürlük - vizibilite - ve likidite yaratıyor.

- Amerika'daki emeklilik planlarına veya yatırım fonlarına giren ADR'lar, zayıf ellerden, yatırımlara uzun vadeli bakan kuvvetli ellere geçmiş oluyor, piyasa fiyatlarında istikrar oluşuyor.
- Likidite - akışkanlık - artıyor.

ADR senetlerine yatırım yapmak isteyen portföy yöneticisinin en büyük şikayetleri:

- Yabancı şirketler hakkında yeterli ve zamanında bilgi alamamak,
- Kabul edilmiş muhasebe standartlarına uymayan ve şeffaf olmayan muhasebe sistemleri,
- Para kurlarındaki değişmeler.

Yabancı şirketlerden çok güçlü olanlar Nasdaq yerine daha prestijli olan New York Borsası'na kayıt olmakta. İspanya'dan Endesa ve Repol Sa, Royal Bank of Scotland v.s şirketlerini örnek olarak gösterebiliriz.

Nasdaq piyasasına kayıt olmanın koşulları:

1000 $ Başvuru ücreti (Application Processing Fee)
Bir defaya mahsus 5.000 $ üyelik ücreti
Beş milyon hisseye kadar hisse senedi başına .005 $ yıllık kayıt ücreti
Beş Milyon ila Onbeş milyon arası için . 0025 $ kayıt ücreti
Onbeş milyondan yukarısı için .001 $ kayıt ücreti

Adres: Nasdaq International,
The National Association of Securities Dealers Inc.,
1735 K Street N.W. Washington DC 20006 - 1506
Web: www.nasdaq.com
Web: www.nasdaqtrader.com

NASDAQ PİYASASINA KAYIT OLMA KOŞULLARI

THE NASDAQ STOCK MARKET

NASDAQ℠

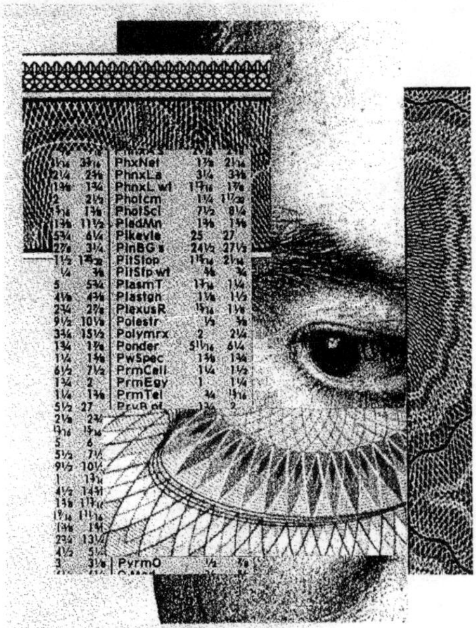

isting Standards

he companies that are in The Nasdaq Stock Market are required to atisfy rigorous standards, thus ensuring market quality.

Financial Standards

To qualify for The Nasdaq Stock Market, a company must satisfy one of wo sets of standards: for seasoned operating companies or for evelopment companies. The principal differences between the two are n earnings requirement for operating companies and a significantly higher net-tangible-asset test for development companies.

Corporate Governance

The Nasdaq Stock Market companies are required to meet certain corporate governance standards. Among these are that a company:

- Include a minimum of two independent directors on its board.
- Establish an audit commitee with a majority of independent directors.
- Hold annual shareholder meetings.
- Distribute annual reports and make available interim reports.
- Conduct proxy solicitation for all meetings of shareholders.
- Reveiw related-party transactions for conflicts of interest.
- Conform to standards established for safeguarding shareholder voting rights.
- Require shareholder approval of present or potential issuance of common stock (plus any securities convertible into common stock) that could represent an increase in outstanding common shares of 25 % or more.

THE NASDAQ STOCK MARKET

NASDAQ℠

Fee Schedule

A. Entry fees:

1. $ 1,000 Application Processing Fee per application, which is non-refundable and will be credited to the initial listing fees.

2. $ 5,000 one time company Initial Listing Fee.

3. Variable Fee Schedule per each class of security listed:

Tier	Total Shares	Fee Per Share
1	1 to 5,000,000	$ .005
2	5,000,001 to 15,000,000	$ .0025
3	15,000,001 +	$ .001

Maximum Entry Fees to be paid per issuer cannot exceed $ 50,000, inclusive of the $ 5,000 original company listing fee.

B. Annual fees:

1. $ 2,000 Participation Fee.

2. Variable Fee charged for each security listed:

   Minimum: the greater of $ 500 or $ .0005 per share

   Maximum: $ 6,000

Maximum Annual Fees per issuer may not exceed $ 8,000, inclusive of the $ 2,000 participation fee.

Issuers will be billed shortly after trading on The Nasdaq Stock Market commences. The bill will include both the Entry Fee and the first year's Annual Fee.

NASDAQ'TA KAYITLI ADR ŞİRKETLERİNE ÖRNEKLER

Emerging Markets Companion — The Financial Source for the Global Investor

Home | Asset Prices | News & Global Markets | Research | Search

Benchmark Latin American ADR's

November 19, 1999

	19-Nov	Change*	% Change*	Previous Five Trading Days 12-Nov	15-Nov	16-Nov	17-Nov	18-No
DES Desc S.A. de C.V.	18.563	0.8750	0.0495	17.063	16.938	16.875	16.875	17.68
ELM Empresas la Moderna								
GTR Grupo Tribasa	0.500	0.0000	0.0000	0.500	0.500	0.438	0.438	0.500
ICA Empresas ICA Sociedad Controladora	3.625	0.0630	0.0171	3.376	3.313	3.438	3.438	3.688
KOF Coca-Cola Femsa	16.000	0.1250	0.0079	16.562	17.000	16.938	16.938	15.87
TMM Transportacion Maritima Mexicana	3.625	0.2500	0.0645	3.375	3.250	3.500	3.500	3.875
TMX Telefonos de Mexico	100.063	2.0630	0.0211	99.000	100.188	99.313	99.313	98.00
GZPRY Rao Gazprom	7.000	0.0000	0.0000	7.000	7.000	7.000	7.000	7.000
GZPZF Rao Gazprom	8.500	0.0000	0.0000	8.500	8.500	8.500	8.500	8.500
LUKOY Oil Co Lukoil Adr	36.125	0.0000	0.0000	35.750	35.500	36.750	36.750	36.12
TV Grupo Televisa	53.813	4.9380	0.1010	47.438	48.250	48.313	48.313	48.87
VTO Grupo Vitro	4.750	0.2500	0.0556	4.001	4.000	4.125	4.125	4.500

* These changes are calculated relative to the prior trading day, shown in the last column of the table.

Zacks Research Reports

For latest research report enter ticker or search:

Get Report | Ticker Search

| Home | Asset Pricing | News & Analysis | Research | Related Sites | Table of Contents | Search

We welcome your comments, opinions, and ***submissions*** to EMC.
Please write us at feedback@emgmkts.com

SABİT GETİRİLİ MENKUL DEĞERLER: TAHVİLLER

Tahvillerin tanımı

Tahvil bir borç anlaşmasıdır. Bir şirketin veya bir hükümetin tahvilini satın alan yatırımcı, bu kurumlara, belirli bir süreyle ve sabit bir faiz karşılığında borç veren kişidir. Tahvili çıkaran şirket ya da devlet, belirtilen zaman aralıklarında borcun faizini ve önceden saptanmış sürenin sonunda, alınan borcu ödemekle yükümlüdür.

Çıkarılış kaynağı bakımından tahviller; özel sektör tahvili ve devlet tahvilleri olarak ikiye ayrılırlar.

Özel sektörde vadesinde faizi ve ana parayı ödeyemeyen şirket iflas ilanı yapmak zorunluluğundadır. İflas masasında tahvil sahipleri, alacaklıların en ön sırasındadırlar. Şirketin tasfiyesinde ilk ödeme tahvil sahiplerine yapılır. İngilizce'de bu çeşit menkul değerlere, kıdemli menkul değerler, " senior securities" denir.

Devlet tahvilleri

Devletin; kamu hizmetlerini görmek, bütçesini dengelemek için çıkardığı kısa ve uzun vadeli tahvillerdir. Garantisi, devletin vatandaşları vergilendirme erkinden gelir. Anaparanın veya faizin ödenmemesi bahis konusu değildir. Geri ödeme riski olmadığı için faiz oranları şirket tahvil oranlarından düşüktür. Bir yıla kadar vadeli olanlara hazine tahvilleri - Treasury Bills - denir. Üzerinde kuponu yoktur. Bankalar arasındaki açık arttırmada, teklifler baz puan - basis point - üzerinden yapılır. Banka üç aylık hazine tahviline 98.375 $ teklif ediyorsa, üç aylık net getiri % 6.429'dur.

Tahvili 98.375 $'dan satın alan yatırımcıya itfa tarihinde 100 $ ödenir.

Treasury Notes; Bir yıldan on yıla kadar vadesi olan tahvillerdir. Yılda iki defa faiz ödenir. Çok aktif bir piyasadır. Günde 200 milyar dolarlık hazine bonosu el değiştirir. Treasury Bonds, 10 yıldan uzun vadeli tahvillerdir. (Tablo Almanya ve A.B.D)

Tahvillerde fiyat oynamaları

Piyasada bin dolardan alınıp satılan tahvil için "Trading at par", yani nominal değerden işlem görüyor denir.

Devletin faiz oranlarını arttırması halinde, önceden ihraç edilmiş olan tahvillerin fiyatlarında düşme olur. Nominal değerinin altında işlem gören tahvillere iskontolu tahvil - discount bond - adı verilir. Tam tersi, faiz oranlarının düşürülmesi ile önceden ihraç edilmiş yüksek kuponlu tahviller piyasada prim ile satar. Bunlara "Premium bonds" denir.

Tahviller piyasada puan sistemine göre işlem görür. Her bir puan on dolardır. Tahvilin kapanış fiyatı @102 ise, gerçek fiyatı 1.020 $'dır. Verilen fiyat, nominal değerin yüzdesidir. Yukarıdaki örnekte nominal değerin %102'sidir.

Sermaye piyasalarında tahvil alım satımlarında karşılıklı teklif verme aşağıda görülen kesirlerine göre yapılır.

1/8 =	$ 1.25
1/4 =	2.25
3/8 =	3.75
1/2 =	5.00
5/8 =	6.25
3/4 =	7.5
7/8 =	8.75

Örneğin: 20 (M) EK % $8^{5/8}$ $6^{15/16}$ @103 $^{7/8}$
(Bin rakkamı **M** harfi ile belirtilir.)
Yirmi Bin dolarlık Eastman Kodak Tahvilleri'nin;
Kupon'u: (faizi) $8^{5/8}$,
Vadesi: 15 Haziran 2016
Fiyatı: @ 103 $^{7/8}$ ($ 1.038.75) Prim ile işlem görmekte.
Tüm Kıymeti: 20 x 1.38.75 = $ 20.775

Bono baz puanı - bond basis points: Faiz oranlarında değişme birimi: Bir baz puan 1/100 faiz oranına eşittir. Faiz oranlarındaki değişmeleri göstermek için kullanılır. Eğer faiz oranları 50 baz puan yükselmişse, yüzde yarım artmış demektir.

Kupon	İtfa tarihi	Satın alma teklifi	Satma teklifi	Net Getiri
7 3/4	Şubat 2001	@105.12	@105.14	5.50
5 3/8	Şubat 2001	@99.26	@ 99.27	5.44

Çok aktif olan tahvillerde fiyat teklifleri 1/32 aralıkları ile yapılır. Örneğin; $7^{3/4}$ tahviller için satın almak isteyen 1053.75 $ teklif ediyor, satan 1054.38 $ - 12/32 = $ 3.75

Borsada alım satım kuralları

Günlük alış veriş hacmi 350 milyar doları geçen A.B.D'nin tahvil piyasası dünyanın en büyük ve en likit piyasasıdır. Özel salonda işlem gören tahviller diğer menkul değerlerin açık arttırma kurallarına göre işlem görür. Örneğin;

Borsa bankerlerinden biri XYZ tahvillerine @109 teklif veriyorsa, diğer bankerlerin en az @109 $^{1/8}$ veya daha yüksek teklif vermesi zorunludur. En küçük fiyat teklif farkı 1/8'dir. (Bakınız salonda açık arttırma kuralları.)

Tahviller; altı ayda bir, ayın ilk günü veya onbeşinde faiz öder.

İhraç edildiği tarihe göre, tahvil rehberlerinde kısaltılmış jargon:

Ocak ve Temmuz 1'de ödeme yapan tahvillere J&J bonds (January&July) denir.

Şubat ve Ağustos	1 için F&A "bonds"	(February&August)
Mart ve Eylül	1 için M&S bonds	(March&September)
Nisan ve Ekim	1 için A&O Bonds	(April&October)
Mayıs ve Kasım	1 için M&N bonds	(May&November)
Haziran ve Aralık	1 için J&D bonds	(June&December)

Ayın onbeşinde faiz ödemesi yapan tahviller için, ikinci ödemenin yanına 15 rakkamı konur. Örneğin:

Ocak 15 & Temmuz 15 için: J&J 15 bonds.
Şubat 15 & Ağustos 15 için: F&A 15 bonds
Tahvil faizleri 360 gün üzerinden hesaplanır.
Ödenen Faiz = Ana Para x Faiz Oranı x Zaman

Tahviller altı aylık faiz ödeme dönemlerinin arasında el değiştirirse, tahvili satın alan; son faiz ödeme tarihinden o güne kadar işlemiş olan faizi, satana öder. Buna toplanmış (tahakkuk etmiş) faiz anlamına gelen "Accrued Interest" denir. Tahakkuk etmiş faizin hesaplanmasına örnek;

Kuponu %5 olan ABC tahvilleri son faiz ödeme tarihinden 104 gün sonra el değiştirmiş.

Ana Para (1,000 $) x Faiz (%5 veya 5/100 x Zaman (104/360)=Toplanan faiz
1,000 $ x .05 = 50 $
50 $ x 104/360 = 14.44 $ " Tahakkuk etmiş faiz"

Tahvil getirileri

1 - Kupon faizi
2 - Cari getiri "Current Yield"
3 - Vade sonu getirisi "Yield to maturity"

Kupon veya nominal getiri:

Tahvilin ilk ihraç edildiği andaki faiz oranıdır. Eğer General Motors vadesi 2008 yılında dolacak %8 kuponlu tahvil ihraç ediyorsa, ilk çıkışta; 10M GM %8'lik 2008 biçiminde gösterilir. Bu tahvilleri nominal değeri üzerinden satın alan yatırımcının kupon faizi %8'dir.

Cari getiri - current yield:

Faiz oranının tahvilin piyasada işlem gören fiyatına bölünmesinden çıkan getiridir.
Örneğin, %8 kuponlu tahvil piyasada @95'ten işlem görüyorsa, cari getirisi; 80 $/ 950 $ = % 8.42'dir. İskonto ile satılan tahvillerin getirisi daima, tahvilin kupon faizinin üstündedir.

Prim ile satan tahvillerin cari getirisi düşüktür.
Örnek: Tahvil fiyatı 112 $ ve Faiz oranı %7

70 $/ 1,120 $ = % 6 $^{1/4}$ cari getiri

Eğer Tahvil nominal değerinden işlem görüyorsa, Nominal ve Cari getiri aynıdır.

Tahvilin vade sonu getirisi - yield to maturity:

Nominal değer ile piyasaya çıkarılan tahvilin ödediği faiz tutarı sabittir. Ancak genel faiz oranları artarsa, piyasada işlem gören fiyat, nominal değerin altına düşeceğinden bu tahvilleri iskontolu fiyatla satın alan yatırımcının net getirisi artar.

Örneğin; Dört yıl vadeli ABC şirketinin %8 faizle 1000 $ nominal değer üzerinden piyasaya ihraç ettiği tahviller 96 dolara düşmüş. ABC şirketinin tahvil için ödediği yıllık % 8 (80 $) faiz sabit olduğundan, tahvilleri 960 dolardan satın alan yatırımcının cari getirisi %8.33 olur. Yatırımcı tahvilleri itfa tarihine kadar tutarsa, 960 dolardan satın aldığı ABC tahvileri 1000 dolardan itfa olacağından, 40 $ ek gelir temin etmiş olur.
Demek ki yatırımcı yılda ilave 10 $ getiri sağlamıştır. Vade sonu getirisinin hesaplanması;

Kupon %8		80.00 $
İtfada alacağı miktar	1.000 $	
Ödediği Miktar	- 960 $	
Tahvilin iskontosu	40 $	
Yıllara paylaştırılan iskonto	40 $/4 yıl =	10.00 $
Yıllık net gelir		90.00 $ veya 90/960=%9.3

Şimdi prim ile satın alınan tahvillerin vade sonu getirisine bakalım; Diyelim ki yüzde on kuponlu, yirmi yıl vadeli tahvili yatırımcı 15 $ dolar prim ödeyerek 115 dolardan almış.

Kupon %10		100 $
Maliyeti	1,150 $	
İtfada ödenecek para	- 1,000	
Ödenen Prim	150 $	
Yıllık kayıp 150 $/ 20		- 7.50 $
Yıllık net getiri		92.50 $

TAHVİL ÇEŞİTLERİ

Şirket Tahvilleri

Gayri menkul ipotekli tahviller - mortgage bonds

Tahvil satın alan yatırımcı, şirkete verdiği borç karşılığında, firmanın sahip olduğu gayrimenkuller üzerinde hak sahibidir. Bu çeşit kağıdın iki unsuru var: Birincisi tahvilin kendisi; ikincisi, şirketin gayri menkulleri üzerine konan ipotek. İşletme herhangi bir nedenle tasfiye edilirse, önce ipotekli tahvil sahiplerinin alacakları ödenir. Genelde ipotek edilen malların kıymeti borç miktarından fazladır. İşletme, malları karşılığında ikinci ve üçüncü derece ipotekli tahviller çıkarabilir. En son sıradaki alacaklının riski en fazladır.

Teminatlı tahviller - collateral trust bonds

İhraç edilen tahvillerin, gayri menkul yerine, menkul değerlerle teminat altına alınmasıdır. Çıkarılan yeni tahvillerin karşılığında başka bir şirketin hisse senetleri veya tahvilleri yeddi eminde - trustee - teminat olarak tutulur. Teminat portföyünde bulunan hisse senetlerinin kâr payları ve faizleri, tahvili ihraç edene ödenir; fakat, teminatların vade tarihi önce ise, itfadan gelen fonlar, yeddi eminde kalır.

Garantili tahviller

İşletmenin ihraç ettiği tahvillerin diğer bir şirket tarafından garanti edilmesidir. Holdinglerin kendi yan şirketlerinin tahvillerini garanti etmesi veya ortak yatırıma - joint venture - giden iki şirketin yeni kurulan şirketin tahvillerini garanti etmesi gibi.

Üretim araçları sertifikası - equipment trust certificates

İhraç edilen tahvillerin karşılığında üretim araçlarının teminat olarak tutulmasıdır. Hava yolları şirketlerinin sahip oldukları uçaklara karşı çıkardıkları tahviller bu türdendir.

Şirketin kredi riskine dayalı tahviller - debentures

Tahvil ihraç eden şirket, yatırımcıya ticari itibarından başka hiçbir teminat vermez; iflas halinde sıralamada yukarıdaki alacaklılardan sonra gelirler. Portföy yöneticileri, karşılık yerine şirketin kredi riskine bakarlar.

Hisse senedine değiştirilebilir tahviller - convertible bonds

İhraç edilen bu tür yatırım aracında yatırımcı; elindeki tahvilleri belirli bir süre içinde ve önceden saptanan formüle göre, ihraç eden şirketin hisse senetleri ile değiştirme hakkına sahip olmasıdır.
Değiştirilebilir - Convertible - tahvillerde de yatırımcı ile işletme arasında bir borç bağı vardır. Şirket çıkardığı tahvilin faizlerini ve vade sonunda ana parayı ödemekle yükümlüdür.

İşletme açısından değiştirilebilir tahvil çıkarmanın olumlu ve olumsuz yönleri:

1- Yatırımcıya tanınan değiştirme hakkından dolayı, şirket düşük faiz oranı ile borçlanmış olur.
2- Yatırımcı elindeki tahvilleri, hisse senetleri ile değiştirince, İşletme artık sabit bir borç yükünden kurtulmuş olur.
3- Değiştirme oranı, tahvillerin ihraç tarihindeki hisse senedi fiyatının üstünde saptandığından, işletme hisse senetlerini de yüksek fiyattan ihraç etmiş olur.
4- Tahvillerin hisse senetlerine dönüştürülmesi, şirketin ihraç edilmiş senetlerinin sayısını arttırır; hisse senedi başına düşen kârın azalmasına neden olur.
5- Borcun ortadan kalkması, kaldıraç faktörünün de azalması demektir.

Yatırımcı açısından değiştirilebilir tahvil satın almanın avantajları:

1- Tahvil yatırımının emniyeti
2- Borsada işlem gören senetlerin çıkması halinde faize ilave kâr yapma potansiyeli

Değiştirme oranı:

Değişim oranı bir tek tahvilin dönüştürülebileceği hisse senedi sayısıdır. Uygulamada kaç hisse senedine dönüşeceği değil, hisse senedinin fiyatı-

na göre saptanır. Örneğin:
Bir tahvil @50 üzerinden senetlere dönüştürülebilir dendiğinde, 1000 $/50 $ = 20 hisse senedine değiştirilebilir demektir.

Değiştirme fiyatı, şirketin ihraç tarihinde borsada işlem gören fiyatın üzerinde saptanır. Senetleri borsada 30 dolardan alınıp satılan şirketin ihraç ettiği değiştirilebilir tahvilin değiştirme oranının 50 dolar olması normaldir.

Değiştirilebilir tahvillerde, tahvilin piyasa fiyatı ile hisse senedi fiyat oynaması arasında yakın bir bağlantı vardır. Senetlerin fiyatı yükselmeye başlarsa, tahviller de prim ile satmaya başlar.

Senetler düşerse, tahvilin fiyatı, genel faiz oranları düzeyine göre dalgalanır.

Hangi koşullarda yatırım yapılmalı:

Değiştirilebilir tahvil satın alırken, şirketin ilerideki potansiyeline bakılmalıdır. Tahvilin kalitesi ve faiz oranlarının uzun devredeki seyri göz önünde bulundurulmalıdır. Satın alınan değiştirilebilir tahvile, aynı kalite ve vadedeki diğer tahvil fiyatlarına oranla %15'ten fazla prim ödenmemelidir. Tahvilin getirisi ile, senetlerin ödediği kâr payı, piyasa koşullarına paralel olmalıdır. Birkaç örnek:

Soru: İhraç edilen tahvilin faiz oranı %4, değiştirme fiyatı 50 $ ve hisse senedi fiyatı 70 $ olan XYZ şirketinin tahvilleri @115'ten işlem görüyor. Bu tahviller yatırımcı için iyi bir fırsat mıdır?

Yanıt: XYZ hisse senetlerinin fiyatı %20 düşecek olsa (56 $) 56 x 20 =1120 Kuponu %4 olduğuna göre 40/1120 =%3.6. Piyasada normal faiz oranları %6 civarında olduğundan bu yatırım cazip değil.

Soru: Genel faiz düzeyinin %5 civarında olduğu bir devrede, faiz oranı %4 olan ABC tahvillerinin, senetlere değiştirme fiyatı @50. Piyasada ABC senetleri @25'dan işlem görüyor, yatırım cazip mi?

Yanıt: ABC tahvillerinin kuponu normal faiz oranlarına yakın olmasına rağmen değiştirme fiyatı olan @50 çok yüksek. Senetlerin @25'ten elli dolara çıkması uzak bir ihtimal, tahviller %4 faiz ödemesinden fazla bir potansiyel vaat etmiyor.

Soru: Faizi %4, değiştirme fiyatı @50 ve tahvilleri piyasada 98 dolardan işlem gören şirketin senetleri borsada 45 dolardan işlem görmekte; tahviller iyi bir yatırım mı?

Yanıt: Tahvilin faiz oranı, aynı konjonktürde %5 olan faiz oranlarına yakın.

Değiştirme oranı 980 $/ 20 = 49. Hem gelir sağlayan ve hem de kâr potansiyeline sahip bir yatırım olabilir.

İnternet'ten örnek; **http://www.convertbond.com/default.asp**

Aşağıdaki tabloda gördüğünüz örnekte 4. Şubat 2000 tarihinde Athena Neuro 4 $^{3/4}$ tahvillerinin itfa tarihi 2004.
Her bir tahvil 28.152 Elan (ELN) Şirketinin senetlerine değiştirme hakkı var.
Tahvilin 4 Şubat 2000 tarihindeki fiyatı @107.027
ELN senetleri 32.453 doladan işlem görmekte.
Bu Piyasa Koşullarında;

Değiştirilebilir tahvil bilgisi	
Tahvilin cari getirisi	: 4.4%
Vade sonu getirisi	: 3.1%
Nominal değer	: 91.670 (tahvil, 4/2/00 tarihinde senetleredeğiştirilseydi)
Nom. değere göre ödenen prim	: 16.8 %
Yatırım değeri	: 83.566 (Eğer tahvilin senetlere değiştirme hakkı olmasaydı, ödediği faiz oranına göre @83.566'dan işlem göreceğini görmek)
S&P derecesi	BBB -
Moody's derecesi	Baa3

Performans		
Hisse senedi fiyat hareketi	Yılın en yüksek düzeyi	En düşük düzeyi
	$49.938	21.25
Tahvil fiyat hareketi	138.75	92.625

Hisse senetlerinde %10 artış olması halinde, tahvillerin %6 yükseliş göstermesi varsayımında,
Hisse senetlerindeki, %25 artışın tahvillere %15 olarak yansıyacağı varsayımında,

Tablodaki örnekten ELN senetlerinin 21 dolar ile 49 dolar arasında oynamasının, tahvil fiyatlarında %33 oynama getirdiğini izlemekteyiz.

Bir tek değiştirilebilir tahvil almak yerin, yatırım fonları tarafından oluşturulan portföye katılmak, riski biraz daha azaltır. Bu amaçla düzenlenen portföylerden; Bond Fund for Growth A'nın son üç yılda % 16.6, Mainstay

Değiştirilebilir Tahvil'in %15.4 ve Fidelity Convertible Securities'in %12'lik getirileri, bu tip yatırımımın performansının tipik örnekleridir. Sonuçlar yıldan yıla, piyasa koşullarına ve faiz oranlarına bağlı olarak değişir.

Değişken faizli tahviller - floating rate

Faiz oranları her yıl, önceden saptanan endekslere veya hükümet bonosu faizlerine göre ayarlanan tahvillerdir. Yatırımcıyı faiz oranlarının yükselmesine karşı korur. Buna karşın faiz oranları normal tahvillerden düşüktür.

Sıfır kuponlu tahviller - zero coupon bonds

Bu tür tahvillerin faiz ödemesi yoktur. Nominal değerinin çok altında iskonto ile piyasaya ihraç edilip, nominal değeri üzerinden itfa edilir. Örneğin; iki yüz dolara ihraç edilen tahvil, vade sonunda bin dolar üzerinden yatırımcıya ödenir. Ödenen ekstra sekiz yüz dolar, ödenen faizlerin tümüne eşittir. Bu yatırım şekli faiz oranlarının yüksek olduğu devirlerde popülerdir. Şirketler bir taraftan faiz ödemezken, diğer taraftan faiz ödemiş gibi yıllık faizi vergiden düşerler. Tasarruf sahibi ise, yüksek faizli bir yatırımı uzun müddet kilitlemiş olur. Başka bir ifade ile, faiz oranlarında düşme olsa bile, önceden saptanmış faizi vade sonuna kadar alacaktır. Faiz oranları düşünce bu tür tahvillerin piyasa fiyatında büyük artış görülür.

Ana parayı geri ödeme özelliği olan tahviller - call feature

Tahvil ihraç eden şirketin, vade sonundan önce, çıkarttığı tahvilleri, yatırımcıdan nominal değeri üzerinden geri alması demektir. Çok kurnaz olan şirket üst düzey yöneticileri, ileride bir gün faiz oranlarının düşeceğini düşünerek çıkardıkları tahvillere dip notu koyup, belirli bir tarihten sonra çıkarılan tahvilleri, nominal değer veya biraz pirim ödeyerek geriye satın alma hakkını ellerinde tutarlar. Çağırma tarihi geldiğinde, para piyasasında faiz oranları düşükse işletme; tahvil sahiplerine bir mektup yazarak, " Sayın yatırımcı, tahvillerinizi getirin ve paranızı geri alın" der. Doğal olarak böyle bir mektup alıp elindeki yüksek faizli tahvilleri geri vermek yatırımcının hiç hoşuna gitmez. Nominal değer üzerinden ödenen ana parasını tekrar yatırdığında, piyasa koşullarının dikte ettiği düşük faize katlanacaktır. Bu tatsız duruma düşmek istemeyen yatırımcı, borsa bankerlerinden daima, satın alacağı tahvilin geri çağırma dip notu olup olmadığını sormalıdır.

Vadesinin dolmasına altı ay kalmış tahvillerin bile faizden sadece yüzde yarım tasarruf etmek amacı ile geri çağırdıklarını çok izledim. Örneğin; 1990 yılında ihraç edilen Occidental Petroleum şirketinin 2004 yılında vadesi gelen %11 $^{3/4}$'lük tahvillerinin dip notunda, şirketin bu tahvilleri, 1996 yılında @104'ten geriye satın alma hakkı yazılıydı.1996 yılında genel faiz oranları %9 civarına düşünce, şirket tüm tahvillerini geri çağırdı.

Prim ödenerek satın alınan tahvillerde, Call Feature'ına dikkat edilmesi ve net getirinin tahvilin normal vade müddetine göre değil, çağırma "Call" tarihine göre hesaplanması özellikle önemlidir. Örneğin; Vadesi 2007 yılında gelen XYZ şirketinin %11 ödeyen tahvilleri Ocak 2000'de piyasada @110'den işlem görmekte. Tahvilin dip notunda 2002 yılında bu tahvilleri nominal değeri üzerinden geri çağırma hakkının olduğu yazılı. 2002 tarihinde faiz oranları düşük olursa XYZ tahvillerini nominal değer üzerinden geri alacağından yatırımcı, @110'a aldığı tahvili @100 geri verip on puan kaybetmiş olacağından, net getirisi % 5.64'e düşecektir.

Put tahvilleri

Çağrılı tahvillerin - Call tahviller - tam tersi, bu kez yatırımcının belirli zaman aralıklarında elindeki tahvili ihraç eden şirkete nominal değer üzerinden satma hakkı olan tahvillerdir. Faiz oranları düşüktür.

Yüksek getirili veya hurda tahviller - junk bonds

Kalitesi düşük, riski ve faiz oranı yüksek tahvillerdir.Vade sonunda yatırımcıya ana paranın ödenmeme ihtimali yüksek olduğundan hurda tahviller lakabı verilmiştir.

Bu tahvillere yatırım yapanların aşağıdan yukarıya -bottom up - yaklaşımı ile şirketin finansal durumunu çok iyi analiz etmesi gerekir. Büyümekte olan genç şirketlere veya reorganize olan işletmelere önce Standard & Poor's veya Moody tarafından verilen B, CCC derecesi mutlak değildir. Şirketin kârlılığında gelişme olduğu taktirde düşük derece ile ihraç edilen tahvillerin sınıfı yükseltilir. Derecelendirmede bir üst kategoriye atlayan tahvillerin borsa fiyatlarında da derhal artış olur.

1970 yılında Drexel Burnham tarafından yepyeni bir kategori hurda tahvil türetildi. Hurda tahvillerin kralı olarak bilinen Michael Milken; Donald Trump, RJR Nabisco, MCI Communication gibi şirketlerin satın alınmasını hurda tahvillerle finanse etti. Bir şirketin diğer bir şirketi zorla satın alması anlamına gelen bu işlemde (ele geçirme - take over);

ABC şirketinin üst düzey yöneticileri aritmetik bir hesapla, XYZ şirketinin tasfiye değerinin, borsada işlem gören tüm hisse senetlerinden çok daha fazla olduğunu saptayınca, XYZ şirketini ele geçirmek için, hisse senetlerinin sahiplerine; senetleri, borsada işlem gören fiyatın çok üstünde bir rakkamla satın alma teklifi yapar. Bu olay XYZ yöneticilerinin tutumuna göre dostça veya düşmanca olabilir. Bu arada ABC; satın alacağı şirketin senetlerini ödemek için piyasaya tahvil ihraç eder. Bu tekniğe kaldıraçlı satın alım - leverage buy out - , çıkarılan senetlere de hurda tahvil - junk bond - denir. Başka bir ifade ile olay; ABC şirketinin XYZ şirketini ele geçirdikten sonra parçalara ayırıp satıncaya kadar bu operasyonu hurda tahvillerle finanse etmesidir.

A.B.D'de ihraç edilen yüksek riskli tahvillerin miktarı, 1980 yılında 30 milyar dolardan 1996 yılında 250 milyar dolara erişti.

Tek tek satın alınan hurda tahvillerin riskinin çok yüksek olmasına karşılık, 75 - 100 değişik şirketin hurda tahvillerinden oluşturulan portföyün riski düşmekte. Hazine tahvillerinden %3.5 - %4 fazla faiz ödeyen bu tür portföyün getirisi, faiz oranlarının arttığı devrelerde, diğer tahvillere nisbetle daha az düşmekte. Hurda tahvil ihraç eden şirketler her yıl %1 ila 1,5 fire vermekte. New York Üniversitesi'nin yaptığı bir araştırmaya göre, 1994 yılında tahvil borcu yükümlülüğünü yerine getiremeyip iflas eden şirketlerin oranı sadece % 55. Bu oran ekonominin yavaşladığı dönemlerde %3 - 4'e kadar yükseliyor; ancak kârlarını arttırarak klas atlayan şirketlerin tahvillerindeki fiyat artışı ve ödenen yüksek faiz oranı, riski düşürüyor.

Diğer bir yaklaşımda, hurda tahvillerin riski; yatırımcıların sermaye piyasalarına, ekonominin geleceğine dair duydukları en küçük endişelerde paniğe kapılıp, sahip oldukları hurda tahvilleri ne pahasına olursa olsun elden çıkarma çabası oluyor. Bu dönemde kontra hareket eden yatırımcıya çok büyük kâr fırsatları çıkıyor.

Hisse senetleri ve tahvilleri analiz hizmeti veren çok saygın kuruluş Morningstar, Wall Street'teki portföy yöneticileri, yatırımcının kapitalinin %15 ila %25'ni hurda tahvil fonlarına kaydırarak sabit gelir getiren portföyün ortalama getirisinin yükseltilmesini öneriyor.

Genelde, vadesi 7 - 8 yıl olan tahvillerden oluşturulan "High Yield -

Junk Bond" yatırım fonlarının getirisi, son üç yılda %9 ila %21 arasında değişiyor.

J.P. Morgan, Bankers Trust gibi prestijli yatırım bankaları tarafından yükleniciliği - underwriting - üstlenilen hurda tahvillerde dikkat edilecek nokta şu: Müşterilerine kredi verip risk almak yerine, yükleniciliği üstlenip komisyon almak yatırım bankalarının daha çok işine geliyor. Genelde yatırımcı, riskini dağıtmak, ayrıca seçimini ve yönetimini profesyonellere bırakmak için Yüksek Gelir Fon'larına yatırım yapıyor.

Örnek; Amerika'nın önde gelen fonlarından birkaçının isim ve web adresleri:

Aim High Yield Fund Web: **www.aim.com**
Colonial High Yield Securities Fund Web: **www.colonial.com**
Delaware Group Delchester Fund
Eaton Vance High Income Fund Web: **www.eatonvance.com**
Enterprise Group - High Yield Fund Web: **www.enterprise.com**
Evergreen High Yield Fund Web: **www.evergreen.com**
Federated Bond Fund Web: **www.federated.com**
Fidelity Advisor High Yield Web: **www.fidelity.com**
Fidelity Capital & Income
Fidelity Advantage High
John Hancock High Yield Bond Web: **www.johnhancock.com**
Invesco High Yield Web: **www.invesco.com**
Merrill Lynch High Income Web: **www.merrilllynch.com**
Northeast Investors Web: **www.northeast.com**
Putnam High yield A Web: **www.putnam.com**
Seligman Hi Yield Web: **www.seligman.com**
Vanguard Fixed High Yield Web: **www.vanguard.com**

Uluslararası tahvil piyasasının kapsamı

Yapılan tahminlere göre dünya piyasalarına ihraç edilen tahvillerin toplamı 31.1 trilyon dolar. Bunun %54'ünü devlet tahvilleri, gerisini de özel teşebbüs tahvilleri oluşturuyor. Yatırımcının en fazla rağbet ettiği para birimi Amerikan doları, Euro ve Yen. Piyasada işlem gören tahvillerin % 88'i bu üç para üzerinden çıkarılan tahviller.! 1999 yılında global borsalardaki tahvil ihracatında % 8.1 artış var. Latin Amerika, Doğu Avrupa gibi gelişmekte olan ülkelerin global tahvil piyasasındaki payı sadece %4.

İç piyasalarında kendi para kurları üzerinden çıkarılan tahvil miktarı 1.2 trilyon. 1999 yılında tahvil ihracında başı Japonya ve gelişmekte olan ülkeler çekti. Avrupa'da onbir borsanın birleşmesi tahvil piyasasındaki likiditeyi arttırdı. Avrupa tahvillerindeki işlem hacmi % 25 arttı.

Yukarıdaki rakkamlara baktığımızda gelişmiş ülkelerde tasarrufların %46'sinin ekonomiye kaynak olduğunu görmekteyiz. Türkiyede'ki tasarrufların hemen hemen yüzde yüzünün devlet tarafından kullanılması ve bankaların da ya devletin elinde olması veya belirli bir holding kesiminin ihtiyaçlarını karşılaması, Türk enonomisinin finansmanını tıkamakta, yeni işler açmak isteyen girişimcilere fazla şans tanımamaktadır. Zaten 2000 yılına kadar hükümetlerin sürdürdüğü yüksek faiz politikası, sanayicinin kredi kullanarak yeni yatırımlara gitmesini önlemiştir.

Tahvillerin derecelendirilmesi - rating

Tahvil satın almak, genel kanının tersine yüzde yüz garantili bir para işletme yolu değildir. Faiz oranları riskinin yanında, tahvili ihraç eden işletmenin sağlam bir finansal bünyeye sahip olup olmadığının incelenmesi gerekir. Her ne kadar bir tahvilin değerini kuruşu kuruşuna matematiksel olarak ölçmek mümkün değilse de, Amerika'da bu işte uzmanlaşmış kurumlar vardır. Bu kurumların başını çeken Standards & Poor's ve Moody's Investors kredi analiz servisleri, yirminci asrın başından beri şirketlerin kredi kalitesini inceleyen bağımsız kurumlardır.

Bankaların, Emekli sandıklarının portföylerine tahvil satın alınmasında S&P'un ve Moody's'nin yaptığı risk analizleri çok etkin rol oynar.

Moody'nin derecelendirme sistemi:

Aaa :Ana paranın ve faizlerin ödenmesinde riski olmayan en sağlam tahviller.

Aa : Kalitesi yüksek

A : Kalitesi ortanın üzerinde olan tahviller

Baa : Vasat kalitedeki tahviller. Banka, sigorta şirketleri ve emeklilik planları, Baa derecesinin altındaki tahvilleri portföyüne almaz.

Ba : Spekülatif tahviller. Şirket ekonomik koşullara göre ileride faizi ve ana parayı zamanında ödemekte zorlanabilir.

B : Yatırım standartlarına uymayan tahviller. Anapara ve faizlerinin ödenebilmesi kuşkulu olan tahviller.

Caa : Mali yapıları son derece zayıf olan şirketlerin tahvilleri

Ca : Çok yüksek riskli tahviller

C : Faiz ve anaparanın ödenme ihtimali çok az olan, en düşük kaliteli tahviller. Şirket her an iflas ilan edebilir.

Moody's her bir kategoriyi'de tekrar 1,2,3 numaraları ile değerlendirmiş. 1 Numara derecenin en üstünde, 2 ortalarda, 3 alt düzeyinde.

Moody's servisinin bankaları değerlendirmesi:

A : En güçlü bankalar

B : Güçlü bankalar

C : Mali yapısı sağlam olan bankalar

D : Mali yapısı vasat olan bankalar

E : Bünyelerine ilave kapital gerektiren, gerçek finansal yapısı zayıf olan bankalar

11. Şubat 2000 tarihinde Moody'nin İnternet sayfasında Pamukbank, E+ ve B2/NP olarak değerlendirilmiş. Başka bir deyişle bankanın bünyesi "yatırım kalitesinde - investment grade -" değil, ve "lower specultative", yani düşük spekülatif. Depozitler ise çok zayıf. Moody banka iştiraklerinin bir kesimini satarak finansal yapısını kuvvetlendirmesini önermekte. (Bakınız derecelendirme)

Standard & Poor's dereceleri:

AAA : Finansal yapısı son derece kuvvetli olan işletmelerin tahvilleri

AA : Mali yapısı kuvvetli

A : Mali yapısı ortanın üzerinde

BBB : Mali yapısı vasat " investment grade" emeklilik planlarının portföyüne kabul edeceği minimum standarttaki tahviller

BB : İleride ana parayı ve faizini ödemekte güçlük çekebilir.

B : Mali yapısı zayıf

CCC : Riskli tahviller

CC : Son derece riskli

Verilen notların yanına + işareti konuyorsa, derece atlaması ihtimal dahi-

linde; buna karşılık - eksi işareti varsa izlenmeye alınmış, bir basamak inme ihtimali var.
S&P'un 10 Aralık 1999'da Türkiye'ye verdiği kredi derecesi "B".

Geleceği olumlu gören S&P'nin 2000 yılı için endişeleri:

- Zayıf bir koalisyon hükümetinin olması,
- Devlet gelirlerinin %70'inin faiz ödemelerine gitmesi,
- Yüksek enflasyon,
- Turizmin yavaşlaması gibi, olumsuz dış etkenlere çok hassas olması.

Dışarıdan gelen kredi musluklarının kapanması halinde hükümetin çok sıkışacağını vurgulayan S&P, IMF reçetesine uyularak enflasyon %25'e düşürebildiği taktirde kredi notunun yükselteceğini belirtmekte.

S&P'nin Yunanistan'a verdiği "A -" notunun nedenleri:

1990 yılında enflasyon oranı %24 ve bütçe açığı gayri safi milli hasılanın %15 'ine varan Yunanistan, on yılda enflasyonu %2.6'ya ve bütçe açığını da % 1.5'e düşürmeyi başardı. Bankaları ve telekomünikasyonu da özelleştirerek dış borçlarını azalttı. Yunanistan siyasi arenada da Avrupa'ya şirin gözükmek için Türkiye ile olan ilişkilerini yumuşattı. Gelişmeleri izleyen Ortak Pazar, Yunanistan'ı European Monetary Union'a (EMU) -Avrupa Para Birliği - almaya karar verdi. Bundan böyle Yunanistan'daki şirketler, Amerika'daki şirketlerin yüzde yetmişinden fazla, ucuz kredi alacak. Yunanistan'ın ihraç edeceği tahvillere yatırım yapanlar da rahat uyuyacaklar; çünkü faizler ve ana para Drahmi yerine Euro ile ödenecek. Kur riski ortadan kalkacak.

2004 yılında Olimpiyat oyunlarına ev sahipliği yapacak olan Yunanistan'ın büyük bir turist akımına uğrayacağını da hesaba alan Standard & Poor's, Yunanistan'ın notunu A -'ye yükseltti.

Meksika'nın kredi notunda, iki rakip kredi değerlendirme kurumunun tutumu:

Genelde iki finansal kurumun değerlendirmeleri biribirine paralel gitmekte ise de, bazen iki rakip firma arasında görüş ayrılığı ortaya çıkıyor. Örneğin; 2. Şubat 2000 tarihinde Wall Street Journal'da Moody's,

Meksika'nın kredi notunu "Junk bond" statüsünden "Investment Grade"e yükseltmeyi düşündüğünü açıklayınca, Meksika tahvil ve hisse senetleri piyasasında büyük bir artış yaşandı.

Bundan böyle Meksika, uluslararası sermaye piyasalarına daha düşük faiz oranları ile tahvil ihraç edebilecek.

Moody's 3 Eylül 1998'de Meksika'nın kredi notunu izlemeye aldığını ve Ba-2'ye düşürebileceğini, 10 Şubat 1999'da da notu düşürdüğünü açıklamıştı. 10 Ağustos'ta tekrar görüş değiştiren Moody's, notu Ba -2'den Ba -1'e yükseltmişti.

Meksika'ya "Investment Grade"in iki basamak altında derece veren S&P ülkenin geleceğine olumlu bakmakla beraber, derece arttırılması için henüz erken olduğunu, Temmuz ayında yapılacak seçimlerin beklenmesi gerektiğini ve hükümetin batmakta olan bankaların 100 milyar dolar iç borcunu yüklendiğini vurguladı.

Moody's Latin Amerika satış müdürü Mr. Ray McDaniel, Meksika'nın 1994'ten beri petrol dışındaki ihracatını arttırdığını, disiplinli bir para politikası yürüttüğünü, para kurunu serbest piyasa koşullarına bıraktığını belirterek firmanın pozisyonunu korudu.

Latin Amerika pazarına girmek için kampanya açan Moody's'in rakibi S&P'u sollamak için böyle bir karar alması ihtimal dahilinde.

Meksika'ya yalnız 1999 yılında gelen yabancı yatırım miktarı 11 milyar dolar. 2000 yılında bu rakkamın 12.4 milyar dolara yükselmesi tahmin ediliyor. Sayıları 300'ü aşan Avrupa ve Kuzey Amerika şirketlerinin yatırım yapmayı tercih ettiği sektörler; otomotiv, otomobil parçaları, enerji ve elektronik endüstrisi. Yatırımların %80'i fabrika ve imalathaneler için harcanacak. Meksika, ABD ve Kanada ile imzaladığı gümrük anlaşmasına ek olarak, 2000 yılında Avrupa birliği ile ayrı bir gümrük anlaşması imzalamaya hazırlanıyor.

TAHVİLLERİN PİYASA FİYATLARINI ETKİLEYEN FAKTÖRLER

Tahvilin süresi: İtfa tarihi yaklaştıkça, tahvil nominal değerine yakın işlem görür.
Uzun vadeli tahvillerde iki türlü riziko var. Birincisi, bu uzun süre sonunda işletmenin veya özellikle gelişmekte olan ülkelerin ekonomik durumunda beklenmeyen değişiklikler olabilir. İkincisi; faiz oranları artınca tahvil sahibi portföyündeki tahvili itfaya kadar tutsa bile, artan faiz farkını kaybetmiş olur. Bu nedenlerle genelde uzun vadeli tahvillerin faiz oranları yüksek, piyasada fiyat dalgalanmaları fazla, kısa vadeli tahvillerin ise faiz oranları düşük, fiyat oynamaları az olur. Yüksek faizli uzun vadeli tahviller, faiz oranlarında düşme olduğu zaman, prim yapar. Koşulları aynı olan tahvillerin fiyatları bileşik kap gibidir, kuponlar ne olursa olsun faiz değişmelerinde tahvil fiyatları, net getiriyi eşitler.

Şirketin mali durumu: İşletme sürekli kârlılık durumunda ise, tahvilin piyasa değeri, diğer faktörlere bağlı olarak hareket eder. Şirketin işleri bozulup vade sonunda ana parayı ödeyemeyeceğine dair bir kuşku oluşursa, senetler düşer.

Faiz oranlarının değişmesi: Tahvil ve hisse senetlerinin fiyatları, hükümetlerin para politikalarında beklenen değişikliklere çok hassastır. Faiz oranlarının yükseltilmesi işlem görmekte olan tahvillerin ve hisse senetlerinin düşmesine neden olur.

Kalite farkı: Aynı vade ve kupon ile ihraç edilmiş olan tahvillerin fiyatları, derecelerine göre oluşur. AAA notundaki tahviller en yüksek fiyatla işlem görür. Düşük kaliteli tahvillerle, yüksek kaliteli tahvillerin faizleri arasındaki fark - spread - bilhassa ekonominin iyi gitmediği dönemde belirgindir. Geleceğe karamsar bakan yatırımcı, portföyündeki BBB veya BB dereceli tahvilleri satıp AAA kalitesine geçer. Talebin yüksek kaliteye gitmesi, düşük dereceli tahvillerin net getirisini arttırır. Standard & Poor's ve Moody's kredi servislerinin şirketinlerin kalite değerlendirmelerinde yaptıkları olumlu veya olumsuz değişiklikler, hemen tahvil fiyatlarına yansır.

Faiz oranlarını etkileyen faktörler

Enflasyon: Serbest piyasa ekonomilerinde faiz oranlarının değişmesine neden olan en büyük etken enflasyondur. Fiyatların değişeceği yönündeki en küçük beklentiler, derhal faiz oranlarına yansır. Bunun iki nedeni vardır. Birincisi; tasarruf sahibi parasına karşılık enflasyonun üzerinde gelir talep edecektir. İkincisi; hükümetler enflasyonu frenlemek için parayı piyasadan çekecek, faiz oranlarını yükseltecektir.

Hükümetlerin bütçe açığı: Devletler bütçe açıklarını kapatmak için vergileri arttırma, para basma veya borçlanma opsiyonlarına sahiptirler. Seçmenlerinin oyunu kaybetmekten korkan politikacılar yeni vergiler getirmek yerine para basınca, enflasyon ve faiz oranları artar. Devletin tahvil ihraç ederek bütçe açığını kapamaya çalışmasında, ihraç edilen tahviller piyasayı doyurup faiz oranlarının artmasına neden olur. Devletin iç borcu zaman zaman faiz oranlarını etkilemiyor gibi görünüyorsa da uzun vadede mutlaka etkisini gösterecektir. 1989 - 1992 resesyon yıllarında A.B.D'nin bütçesi yılda üçyüz milyar dolar açık vermesine ve bütçenin büyük bir kısmının Amerika'nın dört trilyona yaklaşan borcunun faizini ödemeye gitmesine rağmen, siyasi ve ekonomik nedenlerle faiz oranları seviyesi düşük tutuldu. Durgun giden ekonomide bir müddet daha enflasyon artışının beklenmemesi, Federal Reserve Bankası'nın parayı bollaştırıp ticari aktiviteyi arttırmaya yönelik bir para politikası uygulamaya yöneltmiştir. Bu ortamda zaten serbest sektörden paraya talep yoktur.

Yabancı ülkelerin para politikası: Son on yılda dünya ticareti, global gayri safi hasılasının iki misline çıktı. Artık para, nerede yüksek faiz varsa oraya gidiyor. Merkez bankaları para politikalarında ayarlama yaparken, diğer ülkelerin faiz oranları düzeyini değerlendiriyor. 1980'li yıllarda Federal Reserve Bankası faiz oranlarına karar verirken, Amerikan hazine tahvillerine en fazla yatırım yapan Japon yatırımcısının beklentilerini göz önünde bulunduruyordu. Batı Almanya ile Doğu

Almanya birleşince, Bundesbank; Doğu Almanya'nın altyapısını yenilemek için her yıl gerekli olan 110 milyar doların finansmanını, faiz oranlarını yüksek tutarak global para piyasalarından sağladı. **Fransız ve İngiliz hükümetleri de ekonomik durgunluğa rağmen, iktisadi hayatı canlandırmak için faiz oranlarını indiremeyip Almanya ile paralel düzeyde tutmak zorunda kaldılar.**

Tahvillerde değiş tokuş - swap: Piyasaların dalgalanmasından yararlanılarak ve faiz getirisini arttırmak amacıyla bir tahvili satıp benzer kalite ve vadede diğer bir tahvili satın almaya değiş tokuş "swap" denir. Çok büyük sabit gelir getiren menkul değer fonlarında uygulanır. Örnek; XYZ %8 vadesi 2005 fiyatı @100'dan satılır. ABC %8 vadesi 2005 fiyatı @98'den satın alınır. Bu şekilde net faiz ortalaması biraz arttırılmış ve portföye tahvil başına iki point (20 $) ilave edilmiştir.
Ekonomi durgunluktan çıkmak üzere ise yüksek kaliteli (düşük faiz randımanlı) tahviller satılıp, bir veya iki derece alttaki tahvillere geçilir.

Tahvillerde hedge: Riski minimuma indirmek için yapılan borsa işlemidir. Örnek: Lehman Brothers likit olmayan 10 milyon dolarlık XYZ tahvillerini portföyüne alır, faiz oranlarının ani yükselmesine karşı kendini korumak için aynı kalite ve vadede diğer bir şirketin tahvillerini açığa satar. XYZ tahvillerini dağıttıktan sonra, açığa sattığı tahvilleri geri alarak pozisyonunu sıfırlar.

Tahvil portföyünün işletilmesi: Tahvillere fiyat biçmek için ekonominin nereye gideceğini, faiz oranlarının geleceğini tahmin etmek en önemli faktördür. Yapılan varsayımlara göre portföye uzun veya kısa vadeli tahviller seçilir. Eğer yakın bir gelecekte faiz oranlarının artması bekleniyorsa, nakit çok kısa vadeli kağıtlarda tutulur. Eğer faiz oranlarının düşmesi bekleniyorsa, tam tersine uzun vadeli tahvil satın alarak, hem yüksek faiz ve hem de tahvillerin prim yapması hedeflenmelidir.
Piyasada kısa dönemlerde para piyasasının dalgalanmasından kâr etmek amacıyla yapılan alım satımlara "trading" denir; bu tür operasyonlar için görevlendirilen kişilere de "trader" adı verilir. Oyunun kuralı, ucuz alıp pahalı satmaktır. Trader faiz oranlarının çıkmasını bekliyorsa, nakitte durmak yerine uzun vadeli tahvilleri açığa da satabilir. Bu özel bir sanattır.

Trader günde yirmidört saat ekonominin temel göstergelerinden, zahire borsasına, uluslararası siyasi gelişmelere kadar her türlü haberi soluk kesmeden takip ve analiz ederek anında karar verir. Borsa bankerlerinde, hisse senetleri, opsiyonlar, devlet ve eyalet tahvilleri için ayrı ayrı trading odaları vardır. Trader'ın yönetim yeteneğine, deneyimine ve geçmişteki başarısına göre belirli miktarda fon verilir. Telefonda, "On line" üzerinden milyonlar gider, gelir.

Örneğin: On milyon dolarlık General Motors tahvillerini satmak isteyen sigorta şirketi, Salomon Smith Barney'nin tahvil masasına telefon eder, trader piyasa koşullarına göre toptan alış fiyatı biçer. Teklif edeceği fiyat piyasa koşullarının çok altında veya üstünde olmamalıdır. Borsanın havasını bilmelidir. Fiyatı düşük verirse, müşteri zaten temas kurup fiyat aldığı başka bir broker ile iş görür. Yüksek verirse, Salomon Smith Barney zarara girer. Yapacağı yüzde yarımlık bir hata firmaya elli milyon dolara patlar. Trader satın aldığı tahvillerin üzerine küçük bir kâr koyarak - mark up - Salomon'un sekizbine yakın borsa temsilcisiyle piyasaya dağıtır; eğer yakın bir zamanda faiz oranlarının düşmesini bekliyorsa tahvilleri portföyde tutup, primle satmayı planlayabilir. Görüşünde yanılır ve faiz oranlarında ani bir artış olursa, şirket yüzbinleri geçen zarara uğrar. Salomon'un portföyüne aldığı kısa, orta, uzun vadeli, kaliteli, kalitesiz, hurda, özel sektör, devlet tahvillerinin listesini - inventory - bilgisayara koyarak parekende brokerlerini haberdar ederler. Broker müşterisi adına seçtiği kağıt için trader'a telefon eder. Konuşma çok kısa ve kesindir. Danışman ekranda görünen General Motors tahvilleri için "10 GM %9 2005 tahvillerini @99'dan alıyorum" der. Ve müşterisinin hesap numarasını verir. Trader da "sattım" der ve iş biter. Bilgisayar yoluyla şirketin portföyünden teklif edilen bonoların, New York Borsası'nda benzer, kalite, kupon ve vadede işlem gören tahvillerin fiyatları ile rekabet edecek düzeyde olması gerekir; aksi halde borsa bankerinde bağımsız bir ajan olarak çalışan danışmanın, Salomon'un portföyündeki tahvilleri müşterisine satın alması için hiçbir yükümlülüğü yoktur.

Getiri eğrisi - yield curve: Ekonominin büyümekte olduğu dönemde kısa vadeli tahvillerin faiz oranı düşük, uzun vadeli tahvillerinki yüksektir. Faiz oranı eğrisi dikleşmektedir ve bu şekildeki eğri, ileride kısa vadeli faiz oranlarının yükseleceğini işaret eder.

Ekonomi doruğuna yaklaştığı zaman, faiz oranları arasındaki fark azalır. Faiz oranlarının çok yüksek olduğu dönemde, kısa vadeli tahvil faizleri, uzun vadelilerlerden yüksektir. İzlenen faiz eğimine; ters getiri eğrisi - inverted yield curve - denir. Ekonominin zirveden inmeye başladığına işarettir.

Tahvil fiyatlarındaki dalgalanmaların borsa ile ilişkisi:

1. Yüksek dereceli tahvil fiyatlarındaki ani düşme, hisse senetlerinin de düşeceğine işarettir.
2. Kalitesi düşük tahvil fiyatlarının düşmesi, hisse senetlerinde de gerileme başlayacağını gösterir.
3. Piyasada işlem gören tahvil fiyatlarının yükselmeye başlaması, hisse senetleri borsası için de olumludur. Paranın bollaştığına, iş koşullarının açılmaya başladığına işaret eder.

GELİŞMEKTE OLAN ÜLKELERDE BANKACILIK PROBLEMLERİNİN TAHVİL FİYATLARINA ETKİLERİ

Meksika - Kore - Rusya Örnekleri - Brady Tahvilleri

Meksika krizi: 1973 yılında OPEC'in aldığı kararlarla varil başına otuzbeş dolara kadar yükselen petrol fiyatları, Amerika ve Avrupa bankalarının Latin Amerika'nın geleceğine olan güvenlerini artırarak, bol bol kredi açmalarını getirdi. Petrol fiyatları gerileyince Venezuela ve Meksika aldığı borçları ödeyemez oldu. 200 milyar dolara varan Latin Amerika borçları, Chase Manhattan, Citicorp gibi güçlü bankaları iflasın eşiğine getirdi. Citicorp'un New York borsasında işlem gören hisseleri on dolara düştü. Sıkıntıya düşen banka, Suudi Prensi'ne %15 gibi çok fahiş faiz oranı ile borçlandı.

Bankaların çökmesini önlemek, finansal sisteme olan güveni sağlamak isteyen zamanın maliye bakanı Nicholas Brady, Latin Amerika'nın, Amerikan bankalarına olan borçlarını geri ödeyebilmesi için, ihraç edecekleri yeni tahvillerin ana parasının, ABD'nin çıkaracağı sıfır kuponlu tahvillerle garanti etmesini Kongre'ye kabul ettirdi.Yalnız faiz riski olan bu yeni tahvil türüne Brady Tahvilleri denildi.

IMF tarafından dikte edilen reformları kabul etmek kaydı ile bugüne kadar, Latin Amerika, Bulgaristan, Polonya gibi gelişmekte olan ülkeler tarafından 190 milyar dolarlık Brady Tahvili ihraç edildi.

Yirmi ila otuz yıllık vadelere yayılan tahvillerin bir kısmı, faiz ödemeyen sıfır kuponlu tahviller; bir kısmı, nominal değerden kuponlu tahviller olarak ihraç edildi, diğer bir kısmının ihracında da değişken faizli tahviller "LIBOR + değişken oran" uygulaması tercih edildi.

Çıkarılan bu yeni tip kağıtların ilk üçüncü ve dördüncü faiz ödemeleri de "rolling interest guarantee" işlemi ile garanti edildi. Brady Tahvilleri hakkında bilgi veren **web; http://www.bradynet.com/index.html** ***(Bakınız. BradyNet 11/6/97 tarihindeki Brady Tahvili fiyatları)***

Meksika'nın kronik enflasyon sorununu çözmek isteyen Başkan Salinas, harcamaları kıstı, bütçeyi dengeleyip enflasyonu %159'dan %8'e düşürmeyi başardı. Devlete ait bankaları ve diğer işletmeleri özelleştirdi, sermaye piyasasını yabancılara açtı. Kanada ve Amerika ile kısaca NAFTA diye bilinen Kuzey Amerika Serbest ticaret anlaşmasını imzaladı. Bu anlaşmaya göre, Amerika ve Meksika'da iş yapan şirketlerden alınan çifte vergiler kaldırıldı, yatırımlardan gelen gelirlerin vergileri düşürüldü, üç ülke arasında alınıp satılan 9000 çeşit mala uygulanan gümrük tarifesi silindi.

Meksika'nın kendinden çok güçlü olan iki komşusu ile anlaşmaktaki amacı, kuzeyden gelen yatırımlar ve teknoloji transferiyle ekonomisinin büyüme hızını arttırmaktı.

NAFTA anlaşması ile yabancı paraya güven sağlayan Meksika, ayağını yorganına göre uzatmadı; gümrük duvarları kalkınca ithalat arttı, dükkanlar Amerikan malları ile doldu. Hükümet, şirketler ve bankalar borçlandıkça borçlandı. 1994 yılının sonunda tüm borçlar tekrar 137 milyar dolara tırmandı. Bu miktarın 36 milyar doları 1995 yılında ödenmesi gereken, dolara endeksli Meksika Devlet tahvilleri "Tesebonos" ve Brady tahvilleriydi.

Krizin siyasi ve ekonomik nedenleri: NAFTA anlaşmasının imzalanmasından sonra Başkan Salinas, günden güne artan borçlara ve enflasyona rağmen, peso - dolar kurunu düşürmedi. 1990 - 94 yıllarındaki doların düşük faizinden faydalanarak, çok kısa vadeli borçları yeniden finanse ederek uzun vadeye yaymadı.

Meksika'nın büyüme hızını ve yüksek faiz oranlarını cazip bulan Amerikalı fon yöneticileri 1990'lı yıllarda Meksika Borsası'na ve Brady tahvillerine yüz milyar dolar yatırım yaptılar. Meksika'daki enflasyonun ve borçlarının tekrar artmaya başlamasından, öldürülen iki politikacı ile siyasi istikrarın bozulmasından tedirgin olan fon yöneticileri, vadesi gelen tesebonoları dolara çevirdiler ve yeni yatırımları çok kuvvetli giden Amerikan sermaye piyasasına yönelttiler. Meksika dış ticaret açığını tekrar yabancı para ile finanse etmekte güçlük çekince, Peso düşmeye başladı. Önce dolar satarak parasının değerini korumaya çalışan Zedillo, durumun ümitsizliğini görünce, satışları durdurdu. Peso birkaç günde dolara karşı %39 değer kaybetti. Yapılan devalüasyon, Meksika sermaye piyasasını fena çarptı. Portföyü Latin Amerika hükümet ve özel sektör tahvillerinden oluşan 2.4 milyar dolarlık North America Income Fund fonu bir günde %18 değer kaybetti. Fidelity Latin America fonu %18.6, Merrill Lynch America fonu %17, Brady tahvilleri %20 düşüş kaydetti. Dolar ile borçlanmış olan Meksika şirketlerinin Amerikan borsalarında kayıtlı ADR senetleri de büyük kayıplara uğradı. Telefonos de Mexico 76 dolardan 32 dolara, Grupo Tribasa 28 dolardan 18 dolara, Grupo Televisa 40'tan 32 dolara düştü. Meksika borsasına yatırım yapmış olan Amerikan fonları on milyar dolar kayba uğradı.

Bir anda alt üst olan Meksika sermaye piyasasının etkileri bütün dünya borsalarına yansıdı. Amerika'da Meksika ile büyük ticari ilişkilerde olan, Federal Mogul, Matel, Chemical Bank, Kimberly Clark, Russel kârlarının düşeceğini açıkladı. Arjantin, Brezilya, Şili borsalarında da büyük kayıplar yaşandı.

Sıcak para Latin Amerika'da Dolar'a, Avrupa'da Mark'a, Uzak Doğu'da Yen'e kaçtı. Güney Doğu Asya'daki yatırımcılar, gelişmekte olan ülkelerin likit olmayan hisse senetlerini satıp, kuvvetli paralara geçtiler. Kanada parasını korumak için faiz oranlarını yükseltti.

Meksika, ABD'nin üçüncü büyük ihracat pazarı. İstatistiklere göre, Meksika'ya satılan mallar, Amerika'da yüz bin kişiye iş sağlıyor. Yalnız California eyaletinin bu ülkeye ihracatı 6.5 milyar dolar. Latin

Amerika'daki ekonomik krizin küresel boyutlara uğramasından korkan ve Amerika'nın menfaatlerini korumak isteyen Başkan Clinton tekrar elli milyar dolarlık kredi garantisi paketi için devreye girdi. Amerikan Hazinesi yirmi milyar doları, IMF ise otuz milyar doları yüklendi.

Yeni kredi paketi için Meksika'ya ağır koşullar dikte edildi. Yapılan anlaşmaya göre, Meksika, devletin malı olan Premex Petrol şirketinin satışlarından doğan hasılayı, New York Federal Reserve Bankası'na, borcun garantisi olarak yatırmayı kabul etti. Ücretler donduruldu, kamu harcamaları durduruldu, subvansiyonlar kaldırıldı. Onsekiz banka özelleştirildi, banka reserveleri - requirements - arttırıldı. Şeffaf muhasebe sistemi getirildi. Bankaların kredi verme koşulları ağırlaştırıldı, bundan böyle borcunun faizini bir defa ödeyemeyen, borcun tümünü ödemeye zorunlu kılındı. Bankaların açtığı kredilere karşılık gösterilen teminatlar gerçek değerine göre saptandı.

Alınan önlemler ekonomiyi yavaşlattı, enflasyon ve faiz oranları düştü. Uluslarası sermaye piyasası çevrelerinde güvenini kazanmaya başlayan Meksika, 1997 yılında global borsalara uzun vadeli tahviller ihraç ederek, Amerika'ya olan borcunu zamanından önce ödedi.

Uyguladığı ekonomik kemer sıkma politikasından ve 1995 yılında yaptığı devalüasyondan sonra, 1997 Asya ve 1998'deki Rusya krizlerinin etkisini hafif atlatan Meksika, parasının istikrara kavuşmasının ve NAFTA anlaşması sayesinde yavaş yavaş Kuzey Amerika ekonomileriyle entegre olmanın sonuçlarını görmeye başladı. 1989 yılında Gayri Safi Hasıla'nın % 5.7'si olan ihracat gelirleri, 1999'da % 31.7'ye çıktı. 10 Şubat 2000'de kredi değerlendirme servisi Moody's, Meksika'nın kredi notunu "Investment Grade"e yükselteceğini açıkladı.

Meksika giriştiği finasal reformlardan sapmaz ise, önümüzdeki yıllarda global sermaye piyasalarından daha kolay ve daha düşük faiz ile kredi bulacak.

1995 yılında Peso'nun devalüasyonu ile başlayan krizler domino etkisi gösterip tüm gelişmekte olan devletlerin tahvillerinde büyük düşmelere neden oldu; ayrıca Brady Tahvilleri çıkarmaya hazırlanan Polonya, Filipinler ve Bulgaristan planlarını ertelemek zorunda kaldı.

Güney Kore, Tayland, Endonezya, Malezya, Rusya krizleri: 1997 yılında Güney Doğu Asya ülkelerinde Güney Kore ile başlayan büyük bir para krizi daha yaşandı. Küremiz ekonomisinin üçte birini temsil eden bu ülkelerdeki krizin nedeni; bankaların açtıkları kredilere karşılık aldıkları teminatların bilançolarında gösterdikleri teminatların çok altında olması. Güney Kore'deki bankalar, Türkiye'deki holdinglerin yapısına benzeyen büyük gruplara - chaebols -, sağlıklı olmayan krediler açtılar; politikacılarla sıkıfıkı olan Hyundai, Samsung gibi ağır endüstri şirketleri hükümetlerden aldıkları sürekli destekle ayakta kaldılar. 1987 yılında eski Başkan Chun Doo'nun Chaebols'lardan 900 milyon dolar, Roh Tea Woo'nun 600 milyon dolar rüşvet aldığı ortaya çıktı. Borcunu ödemeyen borçlunun faturasını hükümet çekti. Bankalardaki kronik suistimaller halkın finansal sisteme güvenini yitirdi, 1997'de dünyanın onbirinci endüstrisine sahip Kore'nin parası çoktu. Yaşanan kriz, Güney Doğu Asya ülkelerine dalga dalga yayıldı. Kore'nin dolar bazlı devlet tahvillerinin yarı fiyatına inmesini, hisse senetlerinin %33 düşmesini, Tayland borsası %53, Malaysia borsası %51, Japonya borsası %15 gerileyerek izledi.

IMF, dünya piyasalarında yaşanan kaosu düzeltmek, iflasları önlemek için, bankaların reform edilmesi koşuluyla Kore'ye elli beş milyar dolarlık bir borç paketi getirdi.

Tayland ve Malezya'da benzer bankacılık sorunları yaşandı.

Serbest piyasa ekonomisine adapte olmaya çalışan geri kalmış ülkelerin en büyük sorunu; ekonomik prensiplere göre iş gören bankacılık sistemini rayına oturtamamalarından kaynaklanıyor. Finansal piyasalar ekonomi tekerleğinin yağı değil, tekerleğin kendisidir.

Sermaye, bir gurubun tekeline değil, onu en etkin biçimde kullananlara dağılmalıdır.

GELİŞMEKTE OLAN ÜLKELERİN HURDA TAHVİLLERİNE YATIRIM POTANSİYELİ

Gelişmekte olan ülke piyasalarının kapsamı:

- Dünyada 45 ülke "Gelişmekte Olan Ülke" sınıflamasına girmekte
- Bugüne kadar ihraç edilen hurda tahvillerin - Junk Bonds - miktarı 350 milyar dolar
- Bu kategorideki ülkelerin nüfusu 2.6 milyar civarında, dünya nüfusunun 2/3'ü
- Tüm gayri safi milli hasıla 4 trilyon civarında
- Ekonomi büyüme artışı ortalama %5, birçok batı ülkesinden ileride

Hurda tahvillere yapılan yatırımların getirisi ile kaliteli sabit getirili menkul değerlere yapılan yatırımların kıyaslaması:

- Piyasa koşullarına göre tüm getiri - %17 ila + %32 arasında
- ABD Hazine tahvil getirisi %6 - 7 arasında

Portföy yöneticilerinin yatırımdan önce araştırdığı temel kriterler:

- Ülkenin borçlarının toplamı
- Geçmişte borçlarını zamanında ödeyip ödemediği
- Siyasi istikrar
- Ekonomik koşulları gösteren bilgi akımı
- Yabancı yatırımcılara uygulanan sermaye piyasası kanunları
- Kredi derecesi
- IMF tarafından önerilen roformların yerine getirilip getirilmediği
- Piyasanın likiditesi
- Serbest piyasa ekonomisine geçmek için atılan özelleştirme adımları
- Subvansiyonların kaldırılması
- Enflasyonun kontrolü
- Para kurunun istikrarlı veya en azından tahmin edilebilir olması
- Dış borçlarda azalma olup olmadığı

- Tüketici yelpazesinin yayılması
- Eğitimli insan gücü

Gelişmekte olan ülke tahvillerine yapılan yatırımların performansı:

Gelişmekte olan ülkelerin hurda tahvillerine tek tek yatırım yapıldığında yatırımcının uykuları kaçar. Bu tahvillerden bir havuz oluşturan fon yöneticilerinin performansı, kaliteli tahvil portföylerine yapılan yatırımların getirisini geçmekte. Örneğin; 1995'te Rus hükümetinin dolar bazlı ihraç ettiği; Rusya Federasyonu - USD %9.25 maturity 11.27.2001 tahvilleri 1998 Rus krizinde 35 dolara (1000 dolarlık tahvil 350 dolara) düştü. Ocak 2000 tarihinde 82 dolar oldu.

Kore'nin 1996'da ihraç ettiği; Korea Republic - USD % 8 3/4 4/15/2003 vadeli tahvilleri Kore krizinde 67 dolara düştü. 12 Şubat 2000 tarihinde 102 dolardan primle işlem görmekte.

Türkiye'nin 1998'de ihraç ettiği dolar bazlı tahviller; Türkiye Cumhuriyeti'nin % 9 $^{3/4}$ 2/23/2005 **vadeli** tahvilleri, Rus krizinde 80 dolara düştü. 12 Şubat 2000 tarihinde 98 dolardan işlem görmekte.

RUS KRİZİNDE SEKSENE DÜŞEN BU TAHVİLLERİ ULUSLARARASI PİYASALARDAN TOPLAMASI İÇİN TÜRK HÜKÜMETİNE UYARIDA BULUNDUK. BEŞYÜZ MİLYON DOLARLIK İHRACIN SADECE 100 MİLYONUNU GERİ SATIN ALMAK, DEVLETİMİZE YİRMİ MİLYON DOLAR KAZANDIRACAKTI.

T. Rowe Price Fund'un yaptığı araştırmaya göre 1990 - 1997 yılları arasında, Meksika, Polonya, Filipinler gibi gelişmekte olan ülkelerin devlet tahvillerine yapılan paket yatırmların ortalama getirisi % 20.7 olmasına karşın, aynı devrede Dow Jones ortalaması yılda % 17.6, özel şirket hurda tahvillerinin getirisi % 11.7 oldu.

Gelişmekte olan ülkelerde hükümet tahvillerine dolar üzerinden yatırım yapan birkaç yatırım fonunun web siteleri:

Scudder, Stevents&Clark 325 Milyon dolarlık Emerging Markets Income fund **Web: www.scudder.com**/ Global investing sahifesi

Bear & Stern Broker Firmasının "Emerging Market Debt Portfolio" **http://www.bearstern.com**

T.Rowe Emerging Markets Bond Fund: **http://www.troweprice.com**

MAKRO EKONOMİK YATIRIM STRATEJİLERİ

Global siyasi ve ekonomik gelişmeler

Finansal uzmanlar portföy yönetiminde önce siyasal ve ekonomik durumu, endüstri sektörlerinin gidişatını ve şirketlerin kârlılıklarını etkileyen olayların etüdünü yaparak yatırım potansiyellerini değerlendirirler.

Yatırımları etkileyecek siyasal ve ekonomik sürprizleri büyük bir isabetle kestirmeye olanak yoktur.

Özellikle siyasal gelişmelerin etkileri ancak olaylar geliştikten sonra incelenebilir.

1967 İsrail - Arap çarpışmasında Süveyş Kanalı kapatılınca; petrol taşıyan tankerlerin Afrika'nın güneyinden dolaşmak zorunda kalışları, tanker şirketlerinin hisse senetlerinin artmasına ve Suudi Arabistan'da petrol çıkaran Mobil - Texaco - Exxon firmalarının kağıtlarının düşmesine neden oldu. Araplarla İsrail arasında yapılan ateşkes anlaşmasından sonra, şirketlerin alışılagelmiş üç aylık dönem kâr açıklamalarında, Mobil'in %64, Gulf Oil'in %91, Exxon'un %61 kâr artışı yaptığını gören yatırımcı, çıkan benzin fiyatlarının, düşünülenin tam tersi, petrol şirketlerinin işine yaradığını idrak etti ve düşen petrol kağıtlarını tekrar alışa geçti. Enerji krizinin; Amerikan halkını benzin sarfiyatı az olan ekonomik otomobillere sevkedeceği ve kâr marjı yüksek olan büyük arabaların satışlarının azalacağı, Avrupa'dan ithal edilen küçük otomobillerin yerli oto sanayii ile rekabeti arttıracağı, otomotiv sanayiine çalışan, çelik, cam, lastik endüstrilerini etkileyeceği ihtimallerini hesaplayan fon yöneticileri, karamsarlığa kapılıp portföylerini boşaltmaya başlayınca, Wall Street'te kara bulutlar dolaştı. Chrysler 44 dolardan 17 dolara, Ford 82 dolardan, 42'ye, General Motors 84 dolardan 54'e düştü. Başkan Nixon televizyonda yaptığı konuşmada, ABD'nin dünyadaki mevcut kömür rezervlerinin %48'ine sahip olduğunu, otomobil süratlerinin saatte 70 milden 50 mile indirilerek benzinde tasarruf sağlanacağını, Alaska'daki petrolü güneye indirmek için Pipe Line döşemesinin hızlandırılacağını ve atom enerjisinden yararlanılabilmesi için araştırmalara hız verileceğini açıklaması bile paniği önleyemedi. Dow Jones endeks grafiği, son on yılın en düşük seviyesine düştü.

1990 - 1991'de Irak'la patlak veren körfez savaşı, uçak şirketlerini ve turizm endüstrisini vurdu. Maliyette çok büyük girdi payı olan akar yakıt pahalılandı; terörizmden ürken turis,t seyahatlerini erteledi. Enflasyondan korkan Amerikan hükümetinin faiz oranlarını düşürmemesi ekonomide durgunluk yarattı. 1991 yılında havayolu şirketleri yedi milyar dolar zarar etti. Yıllardır uluslararası hava taşımacılığının öncüsü olan Pan Amerikan kronikleşen mali problemlere göğüs geremeyip iflas etti. Aynı savaş Türkiye'deki turizm endüstrisini de dize getirdi.

Sovyetler Birliği çöküp üçüncü dünya savaşı tehlikesi azalınca, her yıl 300 milyar civarında açık veren bütçeyi dengelemeye çalışan Başkan Bush, milli savunma masraflarını kısmaya başladı. 1986'da 99 milyar dolar olan savunma harcamaları 1993'te 54 milyar dolara çekilince, F 16'ların, Tomahawk Cruise füzelerinin yapıldığı Güney Kalifornia eyaleti, Washington'un kemer sıkma politikasından büyük zarar gördü. General Dynamics, Loral Electric gibi şirketler onbinlerce elamanı işten çıkardılar. İşsizlik domino gibi diğer sektörlere yansıyıp iki yılda 800.000 kişinin işini kaybetmesine neden oldu. Altın Eyalet olarak bilinen Kaliforniya İkinci Dünya Savaşı'ndan bu yana en büyük durgunluğu yaşadı.

Görüldügü üzere Rusya'nın dağılması ile değişen global siyasi dengeler Amerika'nın en güçlü endüstri sektörünü vurdu. (Bakınız. *"Taşı Toprağı Altın Amerika, Scala Yayıncılık."*)

1998 - 1999 yıllarında OPEC kartelinin üretimi kısması 1998'de onbir dolardan işlem gören petrolün varilini 2000 yılında otuz doların üstüne çıkardı. Buna paralel olarak Chevron, Atlatic Richfield, Exxon petrol şirketleri ile bu endüstriye servis veren Schlumberger, Baker Hughes, Halliburton şirketlerinin senetleri ikiye katladı.

1994'te yayınlanan *Profesyonel Para Yönetimi* adlı kitabımızda "Globalleşmenin uluslararası iletişimi ve hava trafiğini arttıracağını, Amerikan şirketlerinden Northwest, United ve American Airline'ın Londra, Frankfurt gibi merkezlerde çok kuvvetli teşkilat kurduklarını; Amerikan, Japon ve Avrupa ekonomilerinin durgunluktan kurtulduğu devrede, bu senetlerin %50 ila %90 arasında artış kaydedebileceğini vurgulamıştık. O zamandan bu yana her üç şirketin senetleri görüşümüze uygun bir trend yaptı.

Siyasal gelişmelerin yanı sıra hisse senedi ve tahvillere yatırım yapmak isteyenlerin dünyadaki ekonomik gelişmelerin ülke ekonomisini ne şekilde etkileyeceğini incelemesi gereklidir. Hiçbir ülke kendi kendine yeterli olmadığına; ve her ülke yaşamını sürdürebilmek için dış pazarlara mal satmak zorunda olduğuna göre, özellikle ihracat yapılan ülkelerdeki siyasi ve ekonomik gelişmeler yakından izlenmelidir.

Körfez savaşından sonra Irak'ta devam gerginlik, Rusya'da patlak veren ekonomik kriz, Türkiye ekonomisine yansımıştır. Türkiye için Ortak Pazar'ın siyasi ve mali politikasındaki değişmeler, özellikle önemlidir. 1999'da yaşanan deprem bir taraftan turizm sektörünü vururken, diğer taraftan çimento şirketlerinin hisse senetlerinin yükselmesine neden oldu.

Wall Street'in ikiyüz yıla yakın tarihinde, her türlü piyasa koşullarında endeks ortalamalarının üstünde getiri sağlayan bir yatırım yöntemi yok. 1956 yılında yüz dolarla başladığı yatırımları her yıl çığ gibi büyütüp 26 milyar dolara çıkaran, finansal çevrelerin en başarılı, en saygıdeğer yatırım uzmanı Warren Buffet'ın yönettiği Berkshire Hathaway fonu, Amerika'daki tüm sermaye piyasası endekslerinin rekor kırdığı 1999'da, %22 geriledi. Buffett'ın yıllarca uyguladığı temel analiz metodunun artık bu günün hızlı iletişim koşullarına uymadığını belirten görüşler var.

Portföy oluşturmak için menkul kıymet seçiminde kullanılan çeşitli yöntemler var: Yukarıdan aşağı - Top down - yöntemi, Aşağıdan yukarı - Bottom up - yöntemi, Kontra yatırım yöntemi, Büyüme yatırımı - Growth Investing - yöntemi, Değer yatırımı - Value Investing - yöntemi ve Teknik analiz. Yüz yıldır sermaye piyasasının temel yapısında fazla bir değişiklik olmadığı için tüm bu metodların geçerli olduğu koşullar var. Başarının sırrı uygulayanın disiplinle çalışmasına, hedeflerini önceden berlirlemesine bağlı.

Yukarıdan aşağı yöntemi - top down: Global ekonomiye makro açıdan bakmaya dayanıyor. Burada yatırım kararlarını verirken ağır basan faktörler, ekonominin temel göstergeleri, büyüme hızları, devletlerin para ve vergi politikaları, faiz oranları, enflasyon düzeyi, siyasi risk, dış ticaret açıkları gibi makro ekonomik veriler ve bu verilere ilişkin gelişmelerdir.

Analist, ülkelerin ekonomik büyüme hızlarını karşılaştırır. Her ülkenin ekonomik döngüsü aynı frekansta değildir. Yatırım uzmanı önce hangi ülkelerin durgunluk içinde, hangilerinin canlanma döneminde, hangilerinin istikrarsızlık içinde olduğunu araştırır. Daha sonra da sıra, seçilen endüstri kollarının incelenmesine gelir.

Aşağıdan yukarı yöntemi - bottom up: Yukarıdaki yöntemin tersidir. Bu yöntemde analist araştırmaya şirketlerden başlar. Onun için zamanlama ve ekonominin gidişatı ikinci planda kalır. Firmanın mali yapısı sağlam mı? Senetlerin piyasa fiyatı, defter değerinin altında mı? Bilançosunda gerçek değerinin altında gözüken varlıklar var mı? Geçmişteki düzeylere ve içinde bulunduğu sektöre göre fiyat/kazanç oranı düşük mü? O sektörü iyi bilen bir sanayici, satışlara, kârlara bakarak şirketin tamamını kaça satın almak isterdi? gibi soruların yanıtını arar. Ayrıca işletmenin borç/özvarlık dengesini, satışların ve gelirlerin büyüme hızını, şirketin global piyasalardaki rekabet gücünü, sektöründe öncü olan firmalar arasında olup olmadığını, şirketin yakın gelecekteki kâr potansiyelini, diğer uzmanlar tarafından bilinmeyen veya çeşitli nedenlerle geçici olarak değerinin altında satılan senetleri bulmaya çalışır.

EKONOMİK GÖSTERGELER

Ekonomik büyüme ve küçülmeler dalgalar halinde hareket eder. Dalganın süreci ve gücü her ülkenin ekonomik koşullarına göre değişir. Bütün sorun ekonomik döngünün nerede başlayıp nerede yavaşladığını saptayabilmektir. Ülkenin üretim kapasitesi, işsizlik oranı yaratılan yeni iş sahaları, vatandaşların harcama eğilimleri ekonomik göstergeler analiz edilerek ölçülmeye çalışılır.

En önemlileri

Gayrisafi milli hasıla - GSMH: Ülkenin belirli bir sürede ürettiği mal ve hizmetlerin toplam değeridir. GSMH vatandaşların hayat standartlarının en tutarlı ölçüsüdür. Bir dönem öncesine kıyasla büyüyen milli gelir, "vergi braketi düşük olan kesime de yansıması kaydıyla" refahın artması demektir.

Konuyu basitleştirerek ifade etmek istersek, enflasyon payı çıkarıldıktan sonra vatandaşın geliri artıyorsa, ev veya otomobil gibi pahalı malları satın almakta tereddüt etmez. Tatile gider. Yaptığı her harcama ayrı bir sektöre yansır.

GSMH'yı oluşturan birimler vatandaşların harcamaları + hükümet harcamaları + yatırımlardır. ABD'de en büyük kalemi "%70" vatandaşların harcamaları oluşturur. Nüfusun yavaş arttığı batı ülkelerinde %2'nin altındaki büyüme yavaş, %2 - 5 arasındaki büyüme sağlıklı olarak değerlendirilir ve %5'in üstündeki büyümede de ekonominin çok iyi gittiği kabul edilir. Türkiye gibi nüfus artış hızının %2'nin üstünde olduğu ülkelerde ise tatmin edici oran yüzde beşin üzerinden başlar. Artan satışlar ve kârlar iş olanaklarının genişlemesi anlamına gelir. Global ekonomide, özellikle zengin ülkelerdeki durgunluk, gelişmekte olan ülkelerin ihracatlarını ve turizm endüstrisini olumsuz etkiler.

GSMH'daki yavaşlama derecesine göre "durgunluk" ve "çöküntü" olarak adlandırılır.

Üniversitedeki hocam "Eğer komşun işini kaybettiyse durgunluk, eğer sen işini kaybettiysen çöküntüdür" demişti. Ekonominin büyüme hızı üst üste üç çeyreklik bir dönemde sıfır ile %2 arasında kalırsa, durgunluktur.

Ekonomik konjonktürün rüzgarı büyüme yönündeyse talep ve satışlar arttığı için, mevcut kapasite kullanımları artar; artan satışlar ve talepler iş adamlarını yeni yatırım kararları almaya yöneltir.

- GSMH'daki değişikliklerin hisse senedi ve tahvil fiyatlarına olan etkisi çok büyüktür. Sermaye piyasası, büyüme hızının üç kez düşmesini beklemez. Olayları daha ilk yavaşlamada sezen yatırımcılar , ikinci ve üçüncü düşmeleri beklemeden portföylerini boşaltmaya başlarlar. Zaten ekonomistlerin görüşleri medyada tüm kamuya duyurulmuştur. Durgunluğun halka yansıması borsanın düşmesinden altı ay sonra olur.

Kişisel gelirler: Vatandaşların cebine giren gelirlerin tümüdür. Ücret, maaş, kira geliri, faiz, kâr payı v.s. GSMH'yı oluşturan kalemler içerisinde en büyük paya sahip olan kişisel gelirler birkaç ay düşüş gösterirse, ekonomiyi canlandırmak isteyen Federal Reserve Bankası kısa vadeli faiz oranlarını indirip, bankaları tüketiciye kredi açmaya teşvik eder.

- Yatırımcı faiz oranlarının ilk düşüş sinyalinde uzun vadeli tahvillere yatırım yaparak yüksek oranlardan yararlanmalıdır. ***(Bakınız tahvillere yatırım)***

Tüketici kredileri: Kredi kartları borçlarını belirleyen grafik, ekonominin yönünü gösteren diğer bir ibredir. Tüketicinin geleceğe güven duyduğu dönemlerde kredi kartını kullanıp bol para harcaması, ekonominin büyümesini kamçılar. Tüketici işinden emin değilse, geleceğinden endişe ediyorsa harcamalarını kısar.
Bu göstergenin önemi: Biraz durgun giden ekonomide kredi kartı ile yapılan harcamalar artıyorsa ülke durgunluktan çıkıyor; eğer iyi gitmekte olan ekonomide kredi kullanımı düşmeye başlıyorsa resesyona doğru bir eğilim var demektir.

Otomobil satışları: Belirli bir sürede imal edilen otomobil ve kamyon satışlarının tümüdür. Ekonominin lokomotifi olarak algılanan otomotiv sanayii, Amerikan ekonomisinin trendini ölçmeye yarayan dört kalemden biridir. (Diğerleri; kredi kartları borcu, parekende satışları, alınan inşaat ruhsatları)
Sermaye piyasası için anlamı:

- Eğer otomobil satışları iki ay peş peşe düşerse, otomotiv hisse senetlerini elinden çıkar, ekonomide yavaşlama bekle.
- Rekor seviyedeki otomobil satışları gelen enflasyonun sinyalidir.
- Durgunlukta oto satışları kıpırdamaya başlarsa, ekonomide canlanma olacak demektir.

Parekende satışlar: Wal - Mart, Kmart, Sears gibi Amerika'nın en büyük mağaza zincirleri satışlarını her ay açıklar. Bir yıl öncesine kıyasla parekende satışlarda artış yoksa, ekonomide yavaşlama var demektir. Ekonomistler, Federal Reserve Bankası ve portföy yöneticileri, açıklanan bu rakkamları çok yakından izlerler.
Sermaye piyasası için anlamı:

- Parekende satışlar yıldan yıla artış göstermiyorsa, faiz oranlarında düşme olacaktır.
- Faiz oranlarında düşme bekleniyorsa, yatırımcı tercihini uzun vadeli tahvillere yöneltmelidir.

İnşaat ruhsatları: Başlanan konut inşaatlarının tümüdür. Çıkan rakkamlar Ticaret Bakanlığı tarafından her ayın üçüncü haftasında yayınlanır. İnşaat sektörün canlanması faiz oranları seviyesine ve halkın ekonomiye güvencesine bağlıdır. Genelde ekonominin durgunluğa girmesinden altı ay önce yeni başlanan konut inşaatı düşme eğilimine geçer.

Sermaye piyasası için anlamı:

- İnşaat sektöründe başlayan kıpırdama önce, çimento, cam ve kerestey, iskan izinleri verildikten sonra da beyaz eşya sektörlerine yansır.
- Eğer ruhsatlarda düşme varsa, bu sektörleri temsil eden kağıtlardan uzak dur.

İşsizlik oranı: İşsizlerin sayısı, tüm çalışanların sayısının, iş arayanların sayısına bölünmesiyle bulunur.

Sermaye Piyasası için anlamı:

- Ekonominin hızlı büyüdüğü dönemde açıklanan işsizlik oranı beklenenin üstünde gelirse, borsayı negatif etkiler. Hükümetin enflasyonu frenlemek için faiz kurlarını arttıracağından korkulur.

Toptan ve parekende satış fiyatları endeksleri: Enflasyonun trendini belirtir.

Kapasite kullanım oranı: İşletmelerin üretimini ölçer. Talebin canlı olduğu dönemlerde yükselir. Satışlar artınca sanayiciler ikinci vardiyayı devre sokarlar. Faiz oranları düşük düzeydeyse ve işletme yöneticileri talebin yüksek düzeyde devam edeceğini tahmin ediyorlarsa, ilave yatırımlara girerek üretim kapasitesini arttırırlar. Bu şekilde kapasite kullanımı normal düzeylere iner.

Sermaye piyasası için anlamı:

- Ekonomik büyümenin hızlı olduğu dönemlerde, kapasite kullanım oranının beklenilenden yüksek çıkması, enflasyonist baskıların sinyalidir. Kapasite kullanım oranının düşük olması ise ekonomik durgunluğun bir işaretidir.

Sanayi maddeleri üretimi: Uçaktan otomobile, beyaz eşyadan, çimentoya, tekstil ürünlerine kadar sanayi mallarının üretimini bir yıl önceki aynı dönem ile karşılaştıran istatistiktir. Ekonominin performans düzeyini yansıtan ölçülerden biridir.

EKONOMİK DÖNGÜLER

Üretim, tüketim, kredi kullanımları, tasarruf gibi ekonomik kalemler devamlı değişikliklere uğrar. Tüketicinin otomobil, beyaz eşya veya satın alacağı ev için bankadan ipotek alması, şirketlerin yeni yatırımlar için banka kredisi kullanması, paranın arzını arttırıp ekonomiyi canlandırır. Bir müddet sonra borç yükü artan tüketici, harcamalarını kısmaya başlayınca, ekonomi büzülür, işsizlik oranı artmaya başlar.

Başlayan durgunluk her sektöre aynı şekilde yansımaz. İlaç, gıda gibi yaşama gerekli olan sektörlerdeki yavaşlama; beyaz eşya, otomotiv, çelik endüstrisilerinden çok daha az olur. Ekonominin ivmesini kaybettiği bu devrede;

GSMH düşer,
Endüstri üretimi düşer,
Kapasite kullanımı azalır,
İşçilik maliyetleri düşer,

Durgunluk başlayınca hükümetler işleri tekrar canlandırmak için faiz oranlarını düşürürler. Ucuz kredi ve ucuz işcilik, tüketiciyi harcamaya, üreticiyi de yeni yatırımlara özendirir. Tekrar bollanan para arzı ile rüzgarı arkadan alan ekonomide yavaş yavaş, mallara olan arz ve talep dengesi değişir; artan hammadde ve işçilik maliyetleri satış fiyatlarına yansıtılınca enflasyon başlar. Enflasyonu kontrol altına almak isteyen hükümetler para arzını kısıp, faiz oranlarını derece derece yükseltmeye başlarlar.

Sermaye piyasası için anlamı:

- Fon yöneticisi faiz oranlarının yüksek olduğu devrede portföye uzun vadeli tahvil satın alır. Faizlerde düşme olunca tahvillerin piyasada işlem gören değerleri nominal değerlerinin üstüne çıkar. (Bakınız tahviller)
- Düşük faizler iş hayatını kamçılayacağından borsanın yükselmesine neden olur.

PARA VE ENFLASYON

Enflasyon, bol para arzının mallara olan talebi arttırması sonucunda fiyatların yükselmesi demektir.

Ekonomiye giren paranın kaynakları bankalar ve hükümettir. Düşük faiz oranları ile kredi alan tüketici, harcamalarını arttırmaya başlayınca, talebi karşılamak isteyen iş adamları da ucuz kredi kullanarak üretimi arttırır.

Fiyatları çıkaran yalnız tüketici değildir. Bütçelerini denkleştiremeyen hükümetlerin savunma ve kamu hizmetleri için yaptıkları harcamalar, memurlara ödenen ücretlerin artması, kamu iktisadi teşekküllerinin açıklarının kapatılması, batan bankaları kurtarmak için yapılan operasyonlar, dış borçların yükselmesi, enflasyonist baskıları hep arttırır.

Özet: Yukarıdaki açıklamalardan anlaşılacağı üzere, ekonomik göstergeler iktisadi hayatın nabzıdır. Bu göstergeleri yakından izleyen hükümetler, durumun gereğine göre mali politikalarını belirler.

Hükümetlerin para politikaları ile borsa hareketleri arasında çok sıkı bir ilişki vardır. Borsa analistleri göstergelere bakarak hükümetin gelecekte nasıl kararlar alacağını tahmin etmeye çalışırlar. Faiz oranlarının artması hisse senetlerini olumsuz etkiler. Frenlenen ekonomide yükselen faiz oranları, tahvillere yatırımı daha cazip hale getirir. Yatırımcı hisse senetlerinden çıkıp sabit gelir getiren kağıtlara yönelir.

SEKTÖR ANALİZİ

Menkul değer seçerken çeşitli sanayi sektörlerini karşılaştırıp içlerinden en fazla gelecek vaat edenini seçmek için yapılan araştırmadır. Başlıcaları:

- Bir endüstri dalının satış artışları, diğer sektörlerin satış artışları ve GSMH'nın artışı ile kıyaslanmalı,
- Sektörlerin kârlılıkları biribiriyle karşılaştırılmalı,
- Seçilmesi düşünülen endüstri koluna gerekli hammadde kaynakları incelenmeli,
- Mal ve hizmetlerin üretiminde, işçi ücretlerinin diğer giderlere oranı hesaplanmalı,
- İşçi sendikaları ile olan ilişkiler gözden geçirilmeli,
- Endüstri kolunun mevsimsel ya da genel ekonomik devirlere bağlı olup olmadığı incelenmelidir.

Araştırmalar yapılırken mevsimlik değişimler göz önüne alınmalıdır. Her sanayi dalının kendine has bir üretim ve satış temposu vardır. Türizm sektörü sezona bağlıdır, yani mevsimseldir; global ekonomi ve siyasal gelişmelerle de çok yakın bir ilişkisi vardır. İlaç sektörü ise bütün dünyada hızlı bir gelişme göstermektedir. Ortalama insan ömrünün uzayıp sosyal sigortalar kapsamının gelişlemesi, hayat standartlarının yükselmesi, bu endüstri dalına yapılan yatırımların riskini azaltmakla beraber, Amerikan sermaye piyasasında işlem gören ilaç şirketlerinin senetleri, hükümetin siyasi görüşlerine göre büyük dalgalanmalar göstermiştir.

ABD'de enflasyonun önü alınamayan tek sektör, sağlık sektörüdür. 1982 seçim kampanyasında halka; sağlık endüstrisinde reform yapmayı, sürekli tırmanan ilaç fiyatlarını kontrol etmeyi vaad eden Clinton'dan ürken yatırımcılar satışa geçince, Merck, Pfizer, American Home Products, Abbot Laboratories gibi dünyanın en güçlü ilaç şirketlerinin senetleri % 40 - %50 düştü. Clinton ilaç şirketlerini dize getiremeyince tüm kağıtlar tekrar yükseldi. 2000 yılı seçimleri için başkan adayı olan siyasetçilerin tekrar bu sektörü hedef alan görüşleri, Wall Street için çok parlak bir yıl olan 1999'da ilaç grubundaki senetlerin % 27 düşmesine neden oldu.

Sektör mukayesesi yapan mali uzmanlar; değişik endüstri karakterlerine göre ayırıp,

- Hangi grubun geçmişte kârlarında daha başarılı olduğunu,
- Hangi grubun satışlarının devamlı artış gösterdiğini,
- Mali bünyeleri sağlam ve özvarlık kârlılığı artan sektörleri,
- Eğer dengesiz bir büyüme varsa, ekonomi ile ilgili sonuçlara bakıp bu koşulların devam edip etmeyeceğini,
- Gerileyen sektörse, ileride toparlanma olasılığını,

- İncelemeye alınan sektörün dış pazarlarla rekabet gücünü araştırır. Örnek: Schwab & Company web sitesinden (**http://www.schwab.com**) alınan ve ilişikte görülen tablolarda A harfinden C harfine kadar olan endüstri gruplarının karşılaştırmasında;

Wall Street'te, havayolu şirketlerinin senetlerinin 13.2 fiyat/kazanç oranı, otomotiv endüstrisinin 12.1 F/K oranı, İlaç ve Biokimya sanayinin ise 41.6 F/K oranları ile işlem gördüğünü izlemekteyiz.
Nedenleri;
On yıl önce havayolu şirketlerinin kârlarının %50'si sık sık seyahat eden iş adamlarından gelmekteydi. Fax, e mail ve video konferansları ile iletişim hızlanınca bu kâr dilimi %37'e düştü, trendin devam etmesi bekleniyor.
Bu sektörün masraf girdilerinin aşağı yukarı üçte ikisini personel ve mekanik ücretleri oluşturuyor; uçaklar eskidikçe masraflar artmakta.
Benzin masrafları da net kârları olumsuz etkileyen kalemlerden biri.
Önümüzdeki yıllarda petrol fiyatlarının nereye tırmanacağını kesin bir şekilde tahmin etmeye olanak yok.
Bu endüstrinin kârları ekonominin gidişatına paralel olarak dalgalanmakta.
Tüm bu faktörler nedeniyle Wall Street bu sektöre düşük bir F/K oranı takdir etmekte.

Otomotiv Sanayii de kârları ekonominin inip çıkmalarına bağlı diğer bir sektör.
Tüketicinin geleceğe güven duyduğu, işlerin iyi gittiği, faiz ve enflasyon oranlarının düşük olduğu devrelerde satışlar, kârları arttırmakta; ve yatırımcı doğan iyimser ortamdan dolayı senetlere daha yüksek F/K oranı ödemekte. Amerikan ekonomisinin 1990 - 91 resesyonundan çıktığı 1993 yılında GM'in F/K oranı 8.97, Ford'un 9.07 idi. Tabloda görüldüğü gibi bu oran ekonominin ve borsanın çok kuvvetli olduğu 1999'da 12.1'e çıktı.

Bioteknoloji ve İlaç sektörüne bakıldığında kâr marjının -7.0 olmasına karşın F/K oranlarının 41.6 olduğu ve özvarlık kârlılığının ise negatif -1.3 olduğu görülmekte. Şaşırtıcı olan bu rakkamların nedenlerini, yepyeni bir teknoloji ile insanoğlunun genlerinde araştırma yaparak kanser gibi hastalıklara ilaç bulmaya çalışan biotech grubu ile, geleneksel ilaç üreten çok güçlü şirketleri karşılaştıran tabloda görmekteyiz. Mucize tedavi yöntemleri bulmak için birkaç yıl devamlı araştırmaya para harcayan biotech şirketlerinin başlangıçta zarar göstermesi ve bilançolarının zayıf olması endüstrinin kabul edilen karakteri. İlaç sanayii ürettiği ilaçlarda sentetik kimya bileşimlerini kullandığından her ilacın bir yan etkisi var. Biyokimya endüstrisi ise protein yapmak için, hamur yapmada kullanılan maya gibi, insan ve bitkilerin genlerindeki DNA'ları manipule etmekte. Şimdiden kan pıhtılaşmasını önlemek, kanser tedavisinde kullanılan kemoterapinin yan etkilerini gidermek, domates v.s. gibi bitkilerde kurtlara, böceklere dayanıklı tohum yetiştirmekte biyokimya endüstrisinden faydanılmakta. Bu teknoloji ile kalıtımsal hastalıkların önüne geçmek için sürekli araştırmalar yapılmakta. Gelecekteki potansiyelden çok ümitli olan Wall Street, bugünkü kârlarına değil bir iki yıl sonraki bulguların potansiyeline baktığından özvarlık karlılığı şimdilik eksi 1.3.

Geleneksel ilaç şirketlerinin kâr marjı (16.8) ve özvarlık kârlılığı (18.6) otomotiv ve havayolları şirketlerinden çok yüksek olduğundan F/K oranı da yüksek.

All Industry Compare SEKTÖR KARŞILAŞTIRMASI

This view compares all industries in the market. All figures are industry averages, with the exception of Sales, which is tota sales for that industry. The Market Guide data is updated daily.

Click on the column headings to sort the report on any of the variables shown. The first 25 industries are displayed in each sort.

Select Sort Order (•) Ascend ( ) Descen

Industry (SECTOR)	# of Companies	P/E TTM	Profit Margin %	Price/ Sales	ROE %	Sales ($ Bil)	LT Debt/ Equity	Next 5 yr Grow
Advertising (SERVIC)	50	45.1	0.5	16.8	17.6	18.7	0.6	8
Aerospace & Defense (CAPGDS)	60	15.7	4.6	0.7	17.4	124.3	0.6	
Air Courier (TRANSP)	14	18.9	3.8	0.8	13.3	23.7	0.6	1
Airline (TRANSP)	33	13.2	7.1	0.9	21.5	97.1	0.7	4
Apparel/Accessories (CYCLIC)	111	21.5	5.5	1.4	15.5	44.3	0.4	1
Appliance & Tool (CYCLIC)	23	18.8	5.6	1.2	29.0	34.0	0.9	2
Audio & Video Equipment (CYCLIC)	29	35.1	39.5	79.3	41.1	2.4	0.0	-1
Auto & Truck Manufacturers (CYCLIC)	33	12.1	3.8	0.4	24.9	500.8	4.2	3
Auto & Truck Parts (CYCLIC)	79	11.0	4.8	0.9	26.1	112.0	1.0	1
Beverages (Alcoholic) (NONCYC)	29	23.5	10.0	2.6	29.8	19.3	1.0	1
Beverages (Non-Alcoholic) (NONCYC)	27	42.1	13.0	5.8	31.6	67.5	0.4	1
Biotechnology & Drugs (HEALTH)	419	41.6	-7.0	20.7	-1.3	76.5	0.4	2
Broadcasting & Cable TV (SERVIC)	89	46.3	2.4	17.3	1.2	45.8	1.6	7
Business Services (SERVIC)	293	33.5	0.8	10.8	3.0	91.1	0.5	3
Casinos & Gaming (SERVIC)	71	30.4	1.8	1.2	5.5	26.4	1.9	
Chemical Manufacturing (BASICM)	127	25.2	6.7	2.0	13.9	138.5	0.8	2
Chemicals - Plastics & Rubber (BASICM)	22	26.0	4.5	1.2	10.0	21.6	0.9	3
Coal (ENERGY)	9	11.2	-1.2	0.4	1.0	2.5	1.5	-1
Communications Equipment (TECHNO)	227	62.3	1.9	12.1	16.4	109.8	0.2	3
Communications Services (SERVIC)	296	29.5	-3.8	11.6	8.8	288.8	1.2	1
Computer Hardware (TECHNO)	71	46.6	6.7	5.4	34.0	290.1	0.2	3
Computer Networks (TECHNO)	105	45.5	12.9	25.7	18.0	32.0	0.1	3
Computer Peripherals (TECHNO)	116	43.4	2.8	10.7	17.5	36.1	0.2	4
Computer Services (TECHNO)	323	43.1	1.1	27.1	11.5	93.8	0.2	9

Market Guide

Next

Industry Compare SAĞLIK SEKTÖRÜ

This view compares the industry you have selected to all other industries within the market sector. All figures are industry averages, with the exception of Sales, which is total for that Industry. The Market Guide data is updated daily.

Click on the column headings to sort the report on any of the variables shown. The first 25 industries are displayed in each sort.

Compare All Industries

Select Sort Order ○ Ascending ◉ Descending

Industry Name	# of Companies	P/E TTM	Profit Margin %	Price/ Sales	ROE %	Sales ($ Bil)	LT Debt/ Equity	5 yr EPS Growth %
Healthcare (Sector)	--	39.1	0.0	9.0	26.4	381.3	0.3	17.7
▸ Major Drugs	16	38.5	0.0	7.1	35.2	160.9	0.2	18.3
Medical Equipment & Supplies	303	44.6	9.8	6.3	18.6	52.0	0.5	11.0
▸ Major Drugs	16	38.5	16.8	7.1	35.2	160.9	0.2	18.3
Healthcare Facilities	174	30.9	4.1	1.4	8.3	91.9	1.0	6.9
Biotechnology & Drugs	419	41.6	-7.0	20.7	-1.3	76.5	0.4	23.2

Market Guide

Market Guide

İLAÇ ŞİRKETLERİ

Major Drugs

Help

ymb	Company Name	Market Cap. (mil. $)	P/E (TTM)	Profit Margin (%)	Price to Sales (TTM)	ROE (TTM)	Sales per Share (TTM $)	Debt To Equity	EPS Growth (5 Yr.)
	Industry Average	38.57	1.59	35.25	1.43	10.93	14.04	13.03	0.38
BT	Abbott Laboratories	56,416.15	23.77	18.48	4.40	39.69	8.43	0.20	12.34
HP	American Home Products	51,249.55	NM	-11.05	3.92	-16.97	10.02	0.64	9.55
MGN	Amgen, Inc.	55,353.91	55.29	33.25	18.37	39.21	2.95	0.07	20.29
VE	Aventis	84,237.62	129.58	6.01	NA	NA	NA	NA	24.13
MY	Bristol-Myers Squibb Co.	132,288.32	38.33	17.91	6.87	44.80	9.71	0.16	10.38
.Y	Eli Lilly & Co.	74,428.06	32.56	23.65	7.71	50.22	8.85	0.58	36.44
LX	Glaxo Wellcome PLC	97,893.90	59.87	23.25	NA	NA	NA	NA	-7.55
XL	Impax Laboratories Inc.	8.86	NM	NM	NM	NM	NA	0.00	NM
J	Johnson & Johnson	132,886.09	37.89	13.02	4.93	24.10	19.38	0.13	10.22
RK	Merck & Co., Inc.	163,035.25	29.43	18.28	5.38	44.30	12.96	0.25	18.07
VTSY	Novartis AG	97,241.60	25.35	19.21	NA	NA	NA	NA	NM
FE	Pfizer, Inc.	132,106.71	52.42	16.40	8.59	29.03	3.98	0.06	24.08
NU	Pharmacia & Upjohn, Inc.	24,499.08	34.87	10.01	3.46	13.60	13.65	0.06	4.00
GP	Schering-Plough Corp.	65,466.17	32.77	22.65	7.42	47.96	6.01	0.00	17.99
BH	Smithkline Beecham	70,615.37	60.18	9.13	NA	NA	NA	NA	-15.47
LA	Warner-Lambert Company	73,093.52	46.95	12.93	6.07	40.14	14.03	0.28	33.22

M = Not Meaningful NA = Not Available

OTOMOTİV SEKTÖRÜ

Market Guide

Auto & Truck Manufacturers

Help

Symb	Company Name	Market Cap. (mil. $)	P/E (TTM)	Profit Margin (%)	Price to Sales (TTM)	ROE (TTM)	Sales per Share (TTM $)	Debt To Equity	EPS Growth (5 Yr.)
	Industry Average	11.65	6.00	25.14	3.31	2.34	35.27	2.39	4.27
ARGNA	Amerigon Incorporated	6.09	NM	NM*	9.60	-615.13	0.33	0.00	NM
ATPC	Athey Products Corp.	5.71	NM	-16.17*	0.12	-42.11	12.97	0.00	NM
CBA	Brilliance China Automot.	489.13	8.95	18.83	NA	NA	NA	NA	79.81
COLL	Collins Industries, Inc.	42.43	7.90	2.76*	0.22	25.46	26.11	0.96	NM
DIN	Consorcio G Grupo Dina	40.32	NM	-6.07	NA	NA	NA	NA	NM
DCX	DaimlerChrysler AG	73,251.51	15.72	3.35	0.52	14.58	140.15	1.60	NM
DSYT	Dorsey Trailers, Inc.	6.13	2.01	1.79*	0.04	NM	34.26	NM	NM
FTHR	Featherlite, Inc.	36.62	8.05	2.08	0.17	14.76	33.62	0.95	11.31
FIA	Fiat S.p.A	11,447.06	41.81	1.90	NA	NA	NA	NA	28.87
F	Ford Motor Company	63,792.03	10.10	4.22	0.42	25.82	126.43	5.33	53.29
GM	General Motors Corp.	46,615.61	7.92	3.77	0.27	38.69	266.14	7.43	14.46
GLAR	Glas-Aire Industries	9.70	10.59	8.00*	0.84	14.45	5.99	0.01	-9.93
HMC	Honda Motor Co., Ltd.	38,611.00	13.92	4.50*	0.64	15.88	123.26	0.40	66.75
MCCL	McClain Industries, Inc.	24.14	5.73	2.97*	0.17	14.90	30.42	1.63	6.91
MTRNE	Metrotrans Corporation	0.08	NM	-27.35*	0.00	-168.89	16.85	0.40	NM
MLR	Miller Industries, Inc.	128.41	NM	-0.94*	0.10	-2.75	26.74	0.71	-21.83
MNC	Monaco Coach Corporation	433.83	11.04	5.30	0.59	36.69	39.31	0.00	39.61
NAV	Navistar International	2,893.07	5.54	6.29*	0.35	62.34	130.27	2.00	42.78
NSANY	Nissan Motor Co., Ltd.	10,523.36	NM	-0.27	NA	NA	NA	NA	NM
OTRKB	Oshkosh Truck Corporation	477.01	12.74	2.55*	0.34	22.09	90.10	1.77	23.92
PCAR	PACCAR Inc.	3,617.58	7.00	5.83	0.41	27.42	113.17	0.75	23.74
RVMI	RVM Industries, Inc.	9.21	6.56	1.63	0.11	15.24	44.47	2.54	5.19
SMCC	SMC Corporation	22.77	20.30	0.55*	0.11	5.24	36.69	0.43	-26.73
SPAR	Spartan Motors, Inc.	50.14	11.46	1.42	0.16	9.05	24.70	0.65	-18.97
AJX	Standard Automotive Corp	34.04	9.24	4.56	0.31	11.76	29.53	1.69	21.00
STS	Supreme Industries, Inc.	66.40	6.79	4.43	0.30	21.92	20.16	0.68	16.23
KROG	The Kroll-O'Gara Company	354.02	37.86	2.94	1.10	6.35	14.54	0.24	120.86
TM	Toyota Motor Corporation	178,389.84	40.06	3.53	NA	NA	NA	NA	29.38
VCAR	Vector Aeromotive Corp.	0.68	NM	-12.79	0.70	NM	0.09	NM	NM
VLKAY	Volkswagen AG	17,155.60	14.73	1.67	NA	NA	NA	NA	90.85
VOLVY	Volvo	10,982.81	2.76	4.08	NA	NA	NA	NA	-11.33
WNC	Wabash National Corp.	333.20	13.25	1.92	0.24	7.12	61.83	0.44	1.97
WSH	Western Star Trucks	243.56	12.57	1.62	0.21	12.51	79.50	0.54	-1.57

NM = Not Meaningful **NA** = Not Available

HİSSE SENETLERİNE YATIRIM YÖNTEMLERİ

1999 yılının Ocak ayında 46.00 $ olan Gillette şirketinin New York Borsası'ndaki kayıtlı senetleri, Nisan ayında 64.00 $'dan işlem gördükten sonra, sürekli bir iniş trendine girdi. Ekim'in ortalarında 33.00 doları gören Gillette, iki ayda on puan artarak Aralık ayının yedisinde 43 dolara tırmandı. Warren Buffet'ın portföyünde bulundurduğu bu şirketin hisse senetlerinin gerçek değeri nedir? Bu günkü ekonomik koşullar altında Gillette şirketinin senetleri gelecek vaad ediyor mu? Yatırım uzmanları bu soruya değişik yatırım metodları ile yaklaşırlar. Önce teorik olarak dış etkenlerin şirketin senetlerini ne şekilde etkileyebileceği saptanmaya çalışılır.

Başlıca dış faktörler:

- Şirketin uluslararası piyasalara ve para kurlarına olan bağımlılığı
- Faiz oranları
- Hükümet organlarının mevcut kanunları değiştirme olasılığı
- Petrol fiyatları - enerji masrafları
- Likidite
- Enflasyon
- Market capitalization - senetlerin piyasa değeri

Örneğin: Gillette'in şirket satışları ve kârlarının yarısından fazlası ihracattan gelmekte. Global ekonomide yaşanan yavaşlama ve şirketin ürettiği malları satışlara göre ayarlayamayıp stokların büyümesine, şirket kârlarının ve senetlerinin düşmesine neden oldu. Fotokopi makinaları yapan Xerox'ta da paralel gelişmeler yaşandı. Şirketin en büyük ihracatını gerçekleştirdiği Brezilya ekonomisinin yavaşlaması, para kurunun dolar aleyhine işlemesi ve satış teşkilatını tekrar organize etmek için yapılan masraflar, rakiplerine göre teknolojide geri kalması, adı fotokopi makinasıyla özdeşleşen Xerox senetlerinin 1999'da 65 dolardan 8 dolara kadar düşmesine neden oldu. Yönetim, şirketi eski önder durumuna getirmek için çalışmakta; ancak Wall Street, atılan adımların neticesini görmeden Xerox'a fazla fiyat/kazanç oranı ödemiyor.

Türkiye'de turizm ve tekstil endüstrileri dış etkenlere en açık iki sektör. Avrupa'daki ekonomik kriz tekstil ihracatını yavaşlatacağı gibi, ülkemizdeki terör hareketleri, siyasi istikrarsızlık turizm şirketlerine yansıyan dış olaylardır.

Merkez bankalarının faiz oranlarını yükseltip indirmesi şirket senetlerini etkileyen en büyük dış faktör. 17 Şubat 2000 tarihinde Amerikan ekonomisindeki pozitif haberlere rağmen, Federal Reserve'in başkanı Alan Greenspan'in enflasyonu önlemek için faiz oranlarının yükselteceği yolundaki konuşması Dow Jones Ortalaması'nın bir günde 295 puan, Nasdaq'ın 137 ve S&P 500 endeksinin 42 puan birden düşmesine neden oldu.

Türkiye'de 2000 yılının başında faiz oranlarının aşağıya çekilmesi borsada bir patlama yarattı.

Hükümetin alacağı kararlar bazı şirketlerin senetlerine tesir eden dış etkenlerden biridir. Tekel yarattığı iddiasıyla Amerikan hükümetinin Microsoft şirketini parçalamaya çalışması, sigara şirketlerine karşı açılan kampaya ile Philip Morris'in yetmiş dolardan yirmi dolara kadar düşmesi, tipik örneklerdir.

Petrol fiyatlarının artması tüm imalat sektörünü, özellikle de havayolu şirketlerini etkiler.

Likidite bilhassa fon yöneticileri için önemli. Seçilen hisse senedinin alımına veya satışına geçildiğinde, piyasada işlem gören fiyatın aşırı oynama göstermemesi aranır.

Yukarıdaki örneklerden görüleceği üzere, portföy oluşumunda önce ekonominin sağlıklı olup olmadığı; kısa, orta ve uzun vadede faiz oranlarının seviyesini ve endüstri dallarını etüt edilir. Sonra bu konjonktür içerisinde en cazip sektörler seçilerek, portföye aday olan firmaların bilanço ve kâr - zarar defterleri incelenerek işletmenin ileriye dönük kâr trendi saptanmaya çalışılır. İşletmenin satılığa çıkarılması halinde fiyatının ne olacağı sorusuna cevap aranır, değer biçmeye çalışılır.

Uzun vadeli yatırımcılar dış etkenlerle dalgalanan borsalarda mali bünyesi kuvvetli olan şirketleri araştırırlar.

Her sektörün ekonominin içinde bulunduğu döneme duyarlılığı ayrı ayrıdır.

Örneğin; finans ve inşaat sektörlerinin kârları hükümetin para politikasına çok hassastır. Faiz oranlarının düşürülmeye başladığı devrede banka, sigorta şirketleri ve aracı kurumların kağıtları çıkış trendine geçer. Gıda ve ilaç sektörü ise dönemsel dalgalanmalardan fazla etkilenmez. Borsanın düşmesinin beklendiği zamanlarda bu tür endüstri gruplarındaki kağıtlara rağbet artar.

Makro ekonomik koşullardaki gelişmeler, sermaye piyasalarında bazı sektörlere olan rağbeti arttırır. 1995 yılından beri ekonomide yeni bir çığır açan İnternet tekonolojisi, bu gruptaki senetlerin astronomik düzeylere çıkmasına neden oldu. 1990'lardan beri varil başına 10 dolarla 13 dolar arasında oynayan petrol fiyatları, 1999'da OPEC kartelinin üretimi kısma kararı alması üzerine uzun zamandır hareket göstermeyen enerji grubunu tekrar fon yöneticilerinin gözde haline getirdi.

Portföy yöneticilerinin birkaç canlı sektörü seçip, yatırımları o sektördeki endüstri şirketlerine kaydırması, moda olmayan endüstri grubundaki mali yapısı kuvvetli şirketlerin bile kağıtlarını olumsuz etkiler.

Örneğin 2000 yılının ilk dört ayında portföy yöneticileri eski ekonomideki Dow Chemical, Coca Cola, Honeywell, American Express, J.P. Morgan senetlerini satıp, internet için fiber optik yapan Corning, SDL, internette iletişimi sağlayan J.D Uniphase, İnternet bağlantılarını üreten Cisco System, elektronik, ve bilgisayar chipleri üreten PMC Sierra, Applied Micro Service ve biotek şirketlerinin senetlerini geleneksel seviyelere çıkardılar.

Yılların gözde ilaç sektöründeki Warner - Lamber, Pfizer ve Merck son oniki ayın en düşük noktalarına geldi.

Tercih edilen sektördeki senetler aşırı derece şiştiğinde kâr realizasyonuna geçen yatırımcı, eline geçen nakiti tekrar değerlendirmek için bu sefer, uzun zaman sönük kalmış sektörlerdeki fırsatları araştırır. Piyasanın ihmal ettiği, çok düşük fiyat/kazanç oranları ile işlem gören senetlerde bir canlılık başlar.

Örneğin: Portföy yöneticileri, 2 Nisan 2000 tarihinde artık mantığın almadığı rakkamlarla satılan Nasdaq'taki teknoloji senetlerini boşaltıp eski ekonomi senetlerine yüklendiler. Nasdaq endeksi bir günde 359 puan düşerken, Dow Jones ortalaması 300 puan çıktı. Çok spekülatif teknoloji senetleri ile oynayanlar böyle bir piyasa düzeltme olayını akıllarının ucundan bile geçirmemişti. (The Wall Street Journal 4/3/00)

Yılın başında 5000 olan Nasdaq Mayıs ayında 3600'a gerilerken Dow Jones endeksindeki American Express ve diğer bankalar ve bilhassa ilaç sektörü %17 artış kaydetti. Iki ay önce 30 dolardan alıcı bulamayan Pfizer 44 dolara çıktı. Değerini araştırmadan her internet ve teknoloji senedinin alım satımından kâr yapmaya alışmış olan acemi yatırımcılar, piyasa değerine önem vermemenin bedelini çok pahalı ödediler.

Atılımcı portföy yöneticisi, gözde olan senetlerin daha da çıkacağına inanarak yüksek fiyat/kazanç oranları öderken, muhafazakâr yatırımcı beklemeyi göze alır ve fiyat/kâzanç oranı düşük senetleri tercih eder.

THE WALL STREET JOURNAL.

TUESDAY, APRIL 4, 2000 C1

Commodities: *Two men arrested in gold-coin deal* Page C21.

Online Trading: *Firms' biggest fear is system outages* Page C22.

MONEY & INVESTING

Restricted Stock: *Level of shareholder sales soared in '99* Page C22.

Foreign Exchange: *Dollar rises against yen after intervention* Page C23.

MARKETS DIARY 4/3/00

STOCKS Dow Jones Industrial Average **11221.93 +300.01**

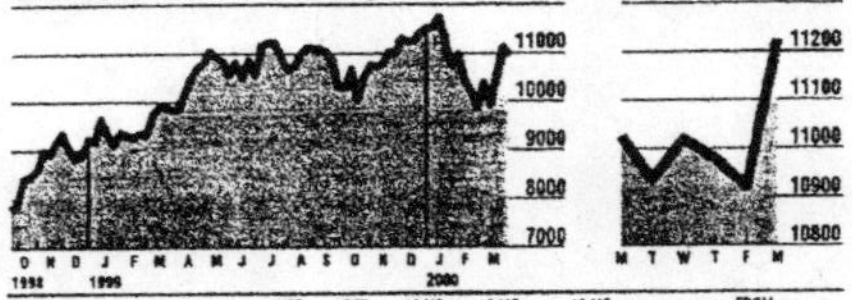

INDEX	CLOSE	NET CHNG	PCT CHNG	12-MO HIGH	12-MO LOW	12-MO CHNG	PCT	FROM 12/31	PCT
DJIA	11221.93	+300.01	+ 2.75	11722.98	9796.03	+ 1214.60	+ 12.14	− 275.19	− 2.39
DJ US Total Market	350.95	− 3.45	− 0.97	396.38	285.95	+ 51.87	+ 17.34	+ 9.39	+ 2.75
S&P 500	1505.97	+ 7.39	+ 0.49	1527.46	1247.41	+ 184.85	+ 13.99	+ 36.72	+ 2.50
NasdaqComp.	4223.68	−349.15	− 7.64	5048.62	2345.61	+ 1663.62	+ 64.98	+ 154.37	+ 3.79
Russell 2000	516.04	−r23.03	− 4.27	606.12	397.77	+ 113.75	+ 28.28	+ 11.29	+ 2.24

INT'L STOCKS DJ World Stock Index (excl. U.S.) **188.51 −2.05**

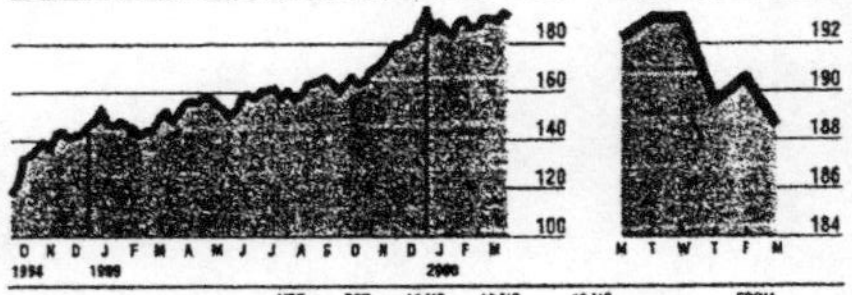

INDEX	CLOSE	NET CHNG	PCT CHNG	12-MO HIGH	12-MO LOW	12-MO CHNG	PCT	FROM 12/31	PCT
DJ World (ex. U.S.)	188.51	− 2.01*	− 1.06	195.28	149.37	+ 38.18	+ 25.40	− 4.88	− 2.52
MSCI EAFE (Prelim.)	1730.70	− 22.49	− 1.28	1774.13	1393.80	Closed		− 25.34	− 1.67
London (FT 100)	6462.1	− 78.1	− 1.19	6930.2	5869.2	Closed		− 468.1	− 6.75
Tokyo (Nikkei 225)	20726.99	+389.67	+ 1.92	20726.99	15972.68	+ 4392.21	+ 26.89	+ 1792.65	+ 9.47
Frankfurt (Xetra DAX)	7429.22	−170.17	− 2.24	8064.97	4978.45	Closed		+ 471.08	+ 6.77
Paris (CAC-40)	6130.27	−155.78	− 2.48	6545.98	4223.64	Closed		+ 171.95	+ 2.89

BONDS 30-Year Treasury Bond Yield (4 p.m.) **5.803% −0.030**

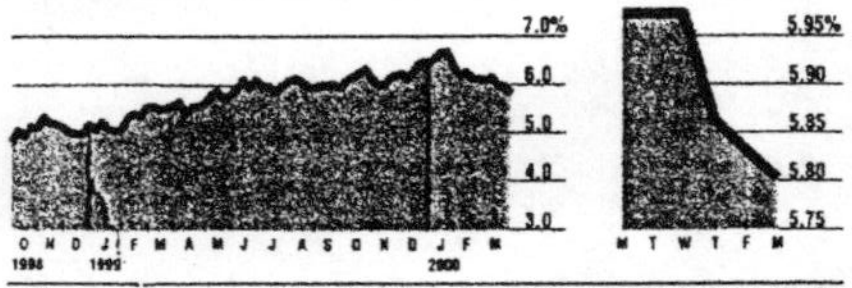

INDEX	MON	MON YIELD	FRI	FRI YIELD	12-MO HIGH	12-MO LOW	YTD %CHG
Lehman Brothers Long T-Bond	8561.89	6.17%	8542.63	6.19%	8561.89	7817.09	+ 8.09
DJ 20 Bond (Price Return)	95.23	8.07	95.22	8.06	104.51	94.65	− 2.00
Merrill Lynch Mortgage	877.96	7.64	871.34	7.65	877.96	833.75	+ 1.62
Bond Buyer municipal -a	95-15	6.07	95-15	6.09	106-13	91-04	+ 3.49
Merrill Lynch corporate	1015.66	7.76	1013.44	7.80	1023.88	976.88	+ 1.77

Nasdaq Falls 349.15 on Microsoft News

Tech Sell-Off Comes as DJIA Surges 300.01

MONDAY'S MARKETS

By E.S. Browning
Staff Reporter of The Wall Street Journal

In a remarkable day for the U.S. stock market, even by its recent standards for startling moves, the Nasdaq Composite Index posted one of its sharpest drops ever even as the Dow Jones Industrial Average was roaring to one of its best days this year.

Never had investors imagined that the Nasdaq Composite Index could drop 300-plus points on the same day that the Dow Jones Industrial Average soared 300-plus, but that is exactly what happened yesterday.

Fueled by the collapse of efforts to settle the government's antitrust suit against Microsoft Corp., investors accelerated last week's race away from technology stocks, turning it into a headlong flight. The Nasdaq composite fell 7.64%, or 349.15 points, to 4223.68. That was by far its heaviest point drop ever. But more significant, in real terms, was the percentage drop, which was the heaviest since Aug. 31, 1998, during the world financial crisis following Russia's debt default. The percentage drop also is the fifth-sharpest on the all-time list for the index, which was created along with Nasdaq itself in 1971.

The Old Economy, as measured by the industrial average, had its best day since March 16. The industrial average soared 300.01 points, or 2.75%, to 11221.93. Microsoft is part of both the Nasdaq index and the Dow (making it one of the few tech stocks in the latter), but its decline couldn't hold down the Dow. For all its recent gains, the industrial average remains 2.4% short of its value when the year began, leaving many investors and traders persuaded it

Deep Impact

Mutual funds that count Microsoft as a big holding feel the pain. Meanwhile, the Microsoft news rocks global markets. Articles on C28 and C18.

ing to Prudential Securities. (The 30 stocks in the Dow industrials added $50.45 billion of market cap, to $4.12 trillion yesterday.)

One of the more amazing finishes was that of the Standard & Poor's 500-stock index, which closed marginally ahead, rising

point between Old Economy and New Economy" stocks. "What we've seen for the past day and the past two or three weeks may just be work in progress. Just because you have moved prices around for the day

Tech Sputters, As Old Reliables Spark

The Dow Closes Ground on the High-Speed Indexes...

The Dow Jones Industrial Average *(left axis)*, the Nasdaq Composite Index *(bold, right axis)*, and DJ Internet index *(lightface, right)*, daily closes and year-to-date percentage change.

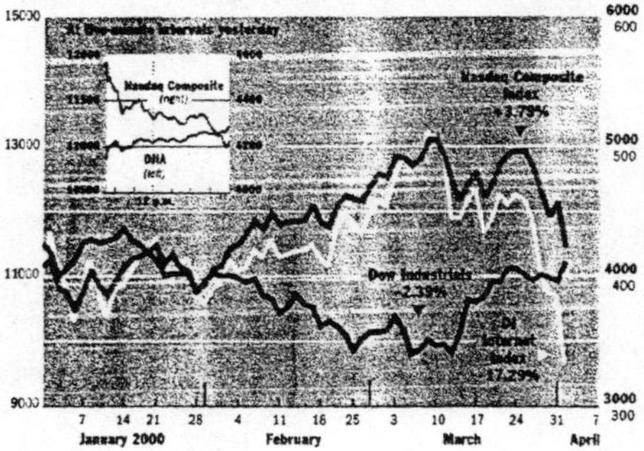

Amid a Tech-Stock Sell-Off...

Performance of selected stocks

	Yesterday's close	% change from 52-week high	% change from Dec. 31 close
Akamai Tech.	$119.000	−63.7%	−63.7%
Cisco Systems	72.938	−8.9	29.0
Intel	130.625	−9.3	58.7
Microsoft	90.875	−23.7	−22.2
Qualcomm	140.750	−21.5	−20.1
Rambus	256.938	−42.3	281.0
Yahoo!	160.125	−32.6	−26.0

Sources: Baseline, WSJ Market Data Group, NYSE

And More Investor Debt

Debit balances in margin accounts, in billions of dollars

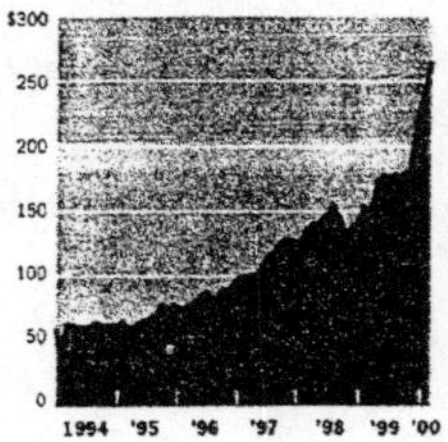

For Investors, Margin Calls Follow Gloom

By Greg Ip
And Ruth Simon
Staff Reporters of The Wall Street Journal

This hurts.

Investors enriched by technology stocks' romp in the past year are wincing now as their profits start to melt away.

"I'm not enjoying this at all," says Paula Stringham, a stay-at-home mother and technology-stock investor in San Antonio. Ms. Stringham usually watches CNBC-TV throughout the day, but yesterday she had to keep switching it off to avoid seeing her holdings get clobbered. "I'm cleaning the windows outside so I don't get sick to my stomach; it's just nauseating."

The Nasdaq Composite Index's 7.64% slide yesterday brings its pullback from its record high on March 10 to 16.3%. But it's still up 3.8% for the year, and that's on top of last year's nearly 86% gain, so most investors are still sitting on nice profits. That said, the fact that the market seems to be going down even faster than it went up makes it tough on the nerves.

That goes double for investors who bet heavily on tech stocks with borrowed money, or buy on margin. Investors generally can borrow as much as 50% of the value of stocks they own. Once the purchase is completed, an investor's equity—the current value of the stock less the amount of the loan—must be equal to at least 25% of the current market value of the shares. But some brokerage firms set even stricter standards. If falling stock prices reduce an investor's equity below the minimum margin requirement, a broker may require him or her to put up extra cash or securities, or sell some securities.

At Charles Schwab Corp., margin calls "were running about twice normal levels" at the end of last week, says spokesman Dan Hubbard. Given yesterday's sharp Nasdaq decline, "it would be a fair assumption that tomorrow we will be making a higher number of margin calls," he adds.

Margin debt at the nation's brokerage firms soared 48% from September to Feb-

HİSSE SENEDİ SEÇERKEN KULLANILAN YÖNTEMLER

Değer yatırımı - value investing

Borsada işlem gören şirketlerin bilanço ve gelirler tablosunu inceleyerek, defter değerine ve aynı sektördeki diğer kağıtlara göre değerinin altında fiyat/ kazanç oranlarıyla satılan kelepir senetleri bulmayı amaçlayan yatırım stratejisine Değer Yatırımı - Value Investing - denir. Değer yatırımcısı genelde senetleri ucuz aldığı için riski düşüktür.

Büyüme yatırımı - growth investing

Yatırım uzmanlarının kârları devamlı olarak enflasyonun ve bileşik borsa endekslerinin üzerinde artan, çok başarılı şirketleri portföylerine almasına "growth investing" denir. Bu tür kağıtlara ödenilen fiyat/kazanç oranı, piyasa koşullarına ve şirketin ileriye dönük stratejilerinden doğan beklentilere göre değişir. Fon yöneticisi, her yıl kârları %20 artan bir şirketin gelecek yıllarda daha hızlı büyüyeceğine inanırsa, kârının 20 yerine 25 mislini (Fiyat/Kazanç oranı) ödeyerek portföyüne alır.

Wall Street; internet, iletişim, biyoteknoloji gibi yeni teknolojiler uygulamak için kurulan genç şirketlerin kârlarına değil, yıldan yıla ve hattâ her üç ayda bir açıklanan satış artışlarına bakarak değerlendirmekte. Amazon, Yahoo, Microsoft 1999 yılında çok yüksek fiyat/kazanç oranı ile işlem gören tipik örneklerdir. Favori sektördeki "Growth" senetlerinin fiyat/kazanç oranlarının abartılmış noktalara gelmesinin bir nedeni de, daha önce bu gruba yatırım yapmamış olan portföy yöneticilerinin ne pahasına olursa olsun son treni kaçırmama gayretinden doğar. Uzmanlar tarafından tahmin edilen kâr artışlarındaki en ufak bir sürpriz, sadece beş - on cent'lik beklenmeyen bir kâr düşüşü, kağıtların dramatik bir şekilde tepetaklak olmasına yolaçar. Çünkü artık işletmenin büyümesinin yavaşladığından korkulmaktadır; öyle yüksek Fiyat/Kazanç oranı ödemeye sebep yoktur.

Örneğin: Telekomünikasyon endüstrisine fiber optik donanımı yapan ve son birkaç yılda kârlarını devamlı arttıran, Wall Street'in teknoloji yıldızı Lucent Technology'nin genel müdürü Richard McGinn, 6 Ocak 2000 günü borsa kapandıktan sonra yaptığı basın toplantısında, işletmenin son üç aydaki hisse senedi başına düşen kârlarının analistlerin beklediği gibi 54 cent olmayıp, 36 ila 39 cent arasında geleceğini açıkladı.

6 Ocakta 69 dolardan kapanan senetler, ertesi sabah elli iki dolardan açıldı. Bir günde 136 milyon hisse el değiştirerek, New York Borsası'nda işlem gören en aktif kağıt oldu. Dow Jones endeksi o gün 269 puan birden artmasına rağmen, aynı sektördeki rakip şirketlerin (Nortel, Cisco Systems) senetleri de birkaç puan geriledi.

Lucent Technologies şirketinin borsadaki tüm hisse senetlerinin kıymeti 169 milyar 662 milyon dolar, ihraç edilmiş hisse senedi sayısı ise 3 milyar 141 milyon dolar civarında. Toplam 2325 kurumsal yatırımcı senetlerin %42.2'sini portföylerinde tutuyor. Bu sürpriz açıklama ile donakalan borsa bankerleri Merrill Lynch, Salomon Smith Barney, NetDeutsche Bank Alex. Brownworks müşterilerine Lucent'i artık tavsiye etmeyip şimdilik izlemeye aldıklarını bildirdiler.

Yukarıdaki örneklerden izleneceği üzere, "Growth Investing" stilinde yönetimin atılgan olması son derece önemlidir. Portföy yöneticisinin araştırma yaptığı şirketin kültüründe aradığı yetenekler:

- Yönetimin yatırımların getirisini arttırmak için ne gibi programları olduğu,
- Şirket kendi işine hangi açıdan bakıyor? Başarılı bir iş modeli var mı?
- İşletme; kendilerinin dışında gelişen teknoloji değişmelerine ayak uydurabiliyor mu? Ve yeni teknolojinin getirdiği fırsatlardan faydalanabilmek için yeterince deneyimi var mı?
- Şirketin başkanı, akıllı insanları etrafına toplayıp, onları motive edebiliyor mu? Uzmalara kendi sahalarında geniş yetki veriyor mu?
- Şirketin malları veya hizmetleri için uzun vadede talep ne olabilir?
- İmal edilen malı veya verilen hizmeti başka bir şirket kolayca yapabilir mi?

Büyüme modelinde analistler seçtikleri senetleri ucuz olduğu için değil, şirketin başarılı bir iş modeli olduğu için yatırım yapıyor. Örneğin; Günlük hayatımızda bilgisayarların gittikçe artan rolünü anlamak için doktora diplomasına gerek yok. Dünyadaki kişisel bilgisayarlarda kullanılan işletme sistemlerinin telif hakkını elinde bulunduran Microsoft şirketi senetlerini ilk defa 1988'de, bir dolardan piyasaya çıkardı. IBM ve IBM klonlarını kullanarak PC üreten şirketlerin tümü aynı sistemi kullandığından artık rekabette kimin başarılı olacağını bilmeye bile gerek yoktu.

1992 yılında Microsof'un çıkardığı Windows 3.1 modeli altı haftada üç milyon kopya sattı. Sadece bu satış rakkamlarına bakarak, yatırım yapanlar koydukları parayı dörde katladılar. 1995'te çıkan yeni model Windows 95 bugüne kadar kırk milyonun üzerinde sattı; yeni yazılım çıktığı zaman senetleri alanlar, yüzde yüz kâr etti.

Bilgisayar kullananların çoğu mikroçipin ne işe yaradığı hakkında kesin bir bilgiye sahip değildir. Fakat bütün satılan yeni bilgisayarların üzerinde "intel inside -içerde intel var" damgası var. Bilgisayarın çalışması için mikroçip gerekli. Intel'in bu sektörde önder bir şirket olduğu gayet açık. Kısaca borsada başarının bir yolu herkesin bildiği olayları yukarıdaki kriterlere göre değerlendirebilmek sezisi.

Değer yatırımı kavramının kutsallaşmış hocaları

Portföye alınacak menkul değerleri seçerken şirketlerin bilanço ve gelir tablolarını matematiksel bir yaklaşımla analiz etme yönteminin son derece başarılı öncüleri Benjamin Graham, onun öğrencisi Warren Buffet ve John Templeton'dur. Benjamin Graham'in 1934 yılında yazdığı *Menkul Değerler Analizi*'nin aradan 66 yıl geçmesine rağmen, portföy işletme konusunda en sağlam ilkeleri veren kitap olduğu, Amerikan sermaye piyasası çevrelerinde kabul edilir.

Bu klasik eserde okurlarına bir ölçme ve sayıya dökme eğilimi kazandırarak, portföy oluşturmaya konusuna son derece muhafazakâr bir yaklaşımla giren Benjamin Graham'in yatırım felsefesini ve yöntemlerini özetliyoruz:

Graham'a göre; yatırımların başarılı olmasının temel koşullarından biri fazla borcu olmayan, mali yapısı sağlam şirketleri seçmektir. Hisse senetleri sermaye piyasalarında değerlerine göre işlem görmemektedir. 100 hisse senedinden 99'unun fiyat seviyesi ucuz veya pahalıdır. En büyük kayıplar yatırımcının fiyatını sormadan aldığı hisse senetlerinde gerçekleşmiştir.

Şirketlerin finansal verilerini analiz etmek, abartılmış kalemleri bulmak yıllar süren bir eğitim ve deneyime bağlı olmakla beraber, normal zekada bir yatırımcı, yatırım kurallarından ayrılmamak koşuluyla fazla gayret sarfetmeden iyi sonuç alabilir.

Bir yatırım sepeti oluşturarak borsa endekslerinin üzerinde getiri sağlamak, uzaktan bakıldığı kadar kolay değildir. Bunu deneyip büyük zararlara uğrayanların sayısı pek çoktur. Finansal uzmanlar tarafından yönetilen yatırım fonlarının çoğunun performansı, endeks getiri düzeyinin altında kalmıştır. Kısa yoldan sağlam portföy oluşturmak, mali yapıları güçlü olan şirketlerin tahvillerini almaktan ibarettir. Eğer yatırımcı hisse senetlerini düşünüyorsa, önce kağıtların gerçek değeri ile piyasa değeri arasındaki farkı iyice anlayıp hedefini tayin etmelidir. Yatırımcıların "tüyo"ları değerlendirmeye çalışması, çok yanlış bir yoldur.

Piyasadaki işlemlerin büyük bir kısmı ne yaptığını bilmeyen kişilerce yapılmaktadır.

İhmal edilmiş, rağbet edilmediğinde ucuz kalmış bir hisse senedini satın alıp uzun süre bekletmek sabır işidir. Piyasadaki çok spekülatif ve fazla şişmiş bir kağıdı açığa satmak, kişinin cesaretini ve cebinin derinliğini test eder. Açığa satılan kağıt düşmek yerine yukarı çıkarsa ya zararla kapatılması veya borsa bankerindeki hesabına çıkış kadar para koyması gerekmektedir. (Bakınız. Açığa Satış) Bu, bireysel yatırımcının zor erişeceği bir beceridir.

Bireysel yatırımcı, spekülasyon ile yatırım kavramları arasındaki farkı tam olarak bilmiyor. Sermaye piyasası endeksleri dibe vurduğu dönemlerde borsaya spekülasyon olarak; bilakis menkul değerlerin gerçek değerleriyle açıklanamayacak kadar asgari derecede siştiği dönemlerde ise yatırım olarak bakıyor. Kredi kullanılarak yapılan tüm borsa işlemleri spekülasyondur. Yatırımcı ancak fonlarının küçük bir kısmını spekülasyona ayırmalı ve borsa aşırı yükselince kâr realizasyonuna geçerek portföyündeki yatırım fonlarına asla ilave para koymamalıdır. Bazen temel değerlerde bir değişiklik olmadan, piyasada spekulatif bir tırmanma gelişebilir.

1949 - 69 yıllarında şirketlerin kârları sadece iki misline çıkmasına karşın, Dow Jones endüstri endeksi beş misline çıkmıştı. Bu artış ne yaptığını bilmeyen spekülatör sürüsünün borsaya bakış açısındaki kavram değişikliğinden kaynaklandı.

Yazarın notu: *1999 yılında Technoloji sektörünü temsil eden ; America On Line, Cisco Systems, Dell Computer, Intel, IBM, Lucent Technology, MCI World Com, Microsoft, Sun Microsoft şirketlerinin kârları sadece %25 artış gösterirken,bu senetlere piyasa 2 trilyon dolar değer biçti, kağıtlar borsada %77 artış gösterdi. 2000 yılının Ocak ayında "top heavy - üstü ağır" olarak adlandırılan bu grubun gelecekteki performansı Graham ve Warren Buffet yönteminin sınavı olacak*

Genelde Wall Street'te bilinmeyen bir şey yok. Son yılın sonuçları temel alınarak beklenen gelecek yılın kâr sonuçları borsa fiyatlarına yansımıştır. Buna bir de yatırım uzmanlarının yanılma payını ekleyebiliriz. Bu nedenlerden yatırımcı, piyasada yaygın olmayan yatırım stratejisi uygulamalıdır.

Yatırımcının portföyü borsanın bir kesitidir. Sermaye piyasasının geçmişteki değişik aşamalarında, işletmelerin kârları ile hisse senetleri arasındaki ilişki hakkında temel bilgilere sahip olursa, mevcut piyasa seviyesinin tehlikelerini sezebilecek yargıya sahip olur.

Sağlam bir yatırım için Dow Jones endeks seviyesi çok yüksek sayılabilir mi?

Yüksek değilse, hangi seviye tehlike arz eden yükseklik olacak? Bu soruya yanıt arayan Benjamin Graham muhafazakâr yatırımcının fonlarının %50 sini yüksek kaliteli tahvillere yatırmasını önermiştir ve diğer yarısını da:

a. Geçmiş yıllarda kesintisiz kâr payı dağıtan,
b. Fiyat kâr oranının 20 veya 25 'ten fazla olmayan,
c. Finansal yapısı kuvvetli, cari pasifleri cari aktiflerinin yarısından az ve sermaye yapısında borçların öz kaynaklara olan oranı düşük olan, (Bakınız. oranlar - ratios)
d. Sektöründe öncü veya ilk yüzde otuza giren,
e. Yılda en az elli milyon dolarlık satış yapan işletmelerin kağıtlarına yöneltmesini doğru bulmuştur.
f. Seçilen strateji, o sırada diğer yatırımcıların seçtiği yoldan farklı olmalıdır.

Sıradan yatırımcının tüm bu araştırmayı yapma olanağı yoktur; fakat en azından menkul analistin dilini bilmeli ve yapılan sığ bir araştırma ile köklü bir araştırma arasındaki farkı görebilmelidir.

Menkul kıymet analisti ise, çok iyi bildiğini düşündüğü bir sektör veya birkaç şirket üzerine konsantre olursa daha iyi sonuçlar alır. Böyle iyi seçilmiş bir grup hisse senetlerinden oluşan portföyün piyasa değeri, borsanın koşullarına göre maliyetinin altına düşebilir, bu da muhafazakâr yatırımcının riskidir. Fakat bu risk uzun zaman devam etmez.

Portföy'e girecek hisse senetlerini seçerken gözden düşmüş, mali yapısı çok sağlam şirketleri araştırmakla başlanmalıdır. Senetlerin piyasada işlem gören fiyatları defter değerinin yüzde otuzundan fazla olmamalıdır. En iyi kelepir yaklama fırsatı borsaların dibe vurduğu zamanlarda olmakla beraber; uzmanların önerdiği geleceği çok parlak gibi görünen fakat fahiş fiyat/kazanç oranları ile satılan gruplardan uzaklaştığı taktirde her zaman bu reçeteye uygun fırsatlar vardır.Yatırımcı seçimini yaptıktan sonra günlük piyasa oynamalarına kulak asmamalı, uzun vadeli gelişmeleri izlemelidir. Bu temel yaklaşımdan ayrılırsa, yakaladığı fırsatlar dezavantaj olacaktır.

Yazarın notu: *Bu model yatırımın en güzel örneği 1990 yıllarında banka sektöründe yaşandı. Citibank, Chase Manhattan gibi bankaların Latin Amerika'ya açtıkları kredilerin geri ödenmemesini fazla abartan Wall Street, Dow Jones endeksi 17 fiyat/kazanç oranı ile işlem görürken, banka sektörüne 12'den fazla fiyat/kazanç oranı tanımadı. Bankaların potansiyelini ve Amerikan ekonomisi içindeki yerini bilip ileriyi görebilen fonlar Citi Bank'ın senetlerini 10 - 12 dolardan, Chase Manhattan'ı 22 dolardan topladılar. Birkaç yılda yatırımlar on misli kâr yaptı.*

Benjamin Graham'in büyüme yatırımına ilişkin düşünceleri

Büyüme yatırımı - Growth Investing - yöntemi de "Son birkaç yıl içerisinde kârlarında devamlı artış gösteren şirketlerin hisse senetlerine yatırım yapma yolu" mantıklı değildir. Geçmişte ortalama kârlardan daha iyi kâr göstermiş firmaları istatistikleri karıştırarak bulmak veya böyle elli, yüz şirketin listesini borsa bankerlerinden temin etmek ve içlerinden en parlak görünen 15 - 20 kağıdı seçip portföy oluşturmak kolay bir iştir.

Bu çok basit gibi görünen yöntemde iki kuşkulu nokta vardır. Birincisi; bu şirketler zaten Wall Street 'in gözünden kaçmadığından senetlerin fiyatları yüksektir. Bir başka deyişle, yatırımcı ileride beklenilen kârlar için prim ödemekte ve hisse senedi piyasasının kendisini haklı çıkarmasını beklemektedir. İkincisi; en iyi performans gösteren şirketlerin bile yıldan yıla kâr artışı ilelebet devam etmez. Belli bir aşamada büyüme hızı yavaşlar ve çoğu zaman aşağı döner.Bu yolla oluşturulan portföy performanslarının yüksek olma ihtimaline karşı, büyük kayıplara uğrama şansı da fazladır. Bu kategorideki kağıtların büyük dalgalanmalara maruz olduğu gerçektir.

Büyümekte olan genç şirketlerin ilk yıllarında hisse senetlerini satın alıp büyük bir sabırla yıllarca bekleterek 100 katına çıkabilme olasılığını soranlara yanıtım "evet" olacaktır. Genelde kağıtların tırmandığı her yeni düzeyde satıp kâr realize etme arzusuna karşı koyanlar, şirkete çok yakın olan kişilerdir; bu ilişkiye sahip olmayanlar, piyasanın her dalgalanmasında kuşkuya düşecekler ve sonuçta, senetler zirveye varmadan çok önce kağıtları ellerinden çıkaracaklardır.

Graham geliştirdiği yöntemde endüstrileri biribiriyle karşılaştırmış ve her sektörün finansal karakteristiklerini belirleyerek, aynı sektördeki şirketlerden hangilerinin başarılı ve piyasada gerçek değerinin altında satıldığını araştırmıştır.

Sadece bilanço ve kâr - zarar defterlerinin analizinden çıkılan bu yolda değişen sosyal trendlere, geliştirilen yeni teknolojilere ve işletme yöneticilerin kalitelerine fazla önem vermemiştir.

Warren Buffett

Bill Gates ve Microsoft'un başkanı Steve Ballmer ve Paul Allen'den sonra ABD'nin en zengin adamı Warren Buffett'ın portföy yönetimindeki başarısına 30 yılı aşkın br süredir hiç kimse erişemedi.

Benjamin Graham'in öğrencisi ve o ekolün uygulayıcısı Warren Buffett, "Hisse senedi satın almayın, şirketin işini satın alın," diyor. Buffett'a göre, birçok sektördeki işler zaten para etmez; çoğunun hisse senetleri, gerçek değerinin çok üzerinde satılmakta.

Buffett, "Zaman zaman son derece cazip bir sektördeki şirketlerin senetleri borsada inanılmaz kelepir fiyatlarla işlem görür. İşte o zaman ekonomiye, borsa koşullarına kulak asmadan o şirketin senetlerine yüklü yatırım yapın" diyor.

Buffett'a göre cazip olan iş; başka işletmelerin kolayca giremeyeceği bir yeteneğe veya markaya sahip olan iştir. Bu şekilde çok az iş sahası vardır. Global reklam ajansları, sigorta şirketleri, TV. ve gazete gibi medya şirketleri, American Express, Coca Cola bu tarife uyan birkaç örnektir. Sigorta şirketlerinin en güzel tarafı önce primlerin toplanmasıdır. Ağır endüstri şirketleri, otomotiv sanayii ayakta durabilmek, rekabet edebilmek için üretim araçlarını sürekli yenilemek zorundadır. Döner sermaye için gerekli ek sermaye de, ya tekrar hisse senedi ihraç etmekle veya tahvil çıkarmakla temin edilir. Birinci şık, hisse senedi sahibinin payını küçültmekte, ikinci alternatif ise, işletmeye ödenmesi gereken borç yükü altına sokmaktadır. Kâr etmek için sürekli yatırım yapmak zorunda olan işletmeler hisse senedi sahiplerine fazla bir sey kazandırmaz.

Başarılı yatırımcı olmanın reçetesi

Herşeyden önce sabırlı olun, acele ederseniz kaybedersiniz.

Bir defa yatırım yapınca artık o işin ortağısınız. Attığınız adımdan emin olun; New York borsası on yıl kapalı bile kalsa fark etmez, eğer doğru bir sektörde sağlam yapılı bir işletmenin kağıtlarını seçtiyseniz, eninde sonunda borsa, gerçek değerini tanıyacaktır. Sermaye piyasaları bazen geleceği toz pembe görür ve bazen de gereksiz yere karamsardır. Piyasanın davranışı ne kadar saçmaysa, işini bilen yatırımcının önüne gelen fırsatlar o kadar fazla olur.

Finansal uzmanların piyasanın geleceğini bildiren görüşleri sadece tahminlerden ibarettir; herkesin bildiği tahminlerden bağımsız hareket edin.

Her yatırımdan önce o işletmeyi neden seçtiğinizi bir kağıda yazın; eğer şirket hakkında yeterli bilginiz yoksa karar vermeyin.

Sadece anladığınız sektörlerde piyasada işlem gören; fiyatı gerçek değerinin altında olan ve sürekli kâr gösteren şirketlerin hisselerini satın alın.

1998 yılında, teknoloji sektörüne neden yatırım yapmadığını soranlara meşrubat işini (Coca Cola), komputer çipi işinden daha iyi biliyorum" yanıtını verdi.

Şirketin gerçek değerini ölçerken hisse senedi başına düşen makyajlı kârlara bakmayın; bilanço ve gelir tablolarını analiz ederken dikkat edilecek kalemler, işletmenin faaliyetlerini sürdürmesi için gereken masrafların üzerinde gelir elde etmesidir. Şirketin gerçek büyüme odağı, her yıl özvarlıklara ilave edilen yedek akçedir. (Net kârlar +Amortisman - yeni yatırımlar)

İşletmenin dağıtılmıyan kârları - retained earnings - nasıl kullandığına bakın. Özellikle piyasadan kendi hisse senetlerini satın alan şirketleri tercih edin.

Yakından izlediğiniz ve çok iyi bildiğiniz birkaç sektöre konsantre olun.

Portföylerini beş - on çeşit senetten fazla dolduranlar ne yaptığını bilmeyenlerdir.

"2000 yılının Ocak ayında Buffet'in yönettiği 83 milyar dolarlık Berkshire Hathaway'in portföyü sadece; American Express, Coca - Cola, Gillette, Walt Disney, Freddie Mac, Washington Post, Wells Fargo, Geico Insurance şirketlerinin senetlerinden oluşuyordu"

Yatırım yapacağınız işletmenin yöneticileri hisse senedi sahiplerine karşı sorumlu hareket ediyor mu, kendi çıkarlarını gözetip, hisse senedi sahiplerinin çıkarlarını arka plana mı itiyor? Başarılarının yanında karşılaştıkları güçlükleri, düş kırıklıklarını da halka açıklıyor mu? Wall Street bir defa yalan söyleyen yönetime uzun süre güvenmez.

Warren Buffett yönteminin zayıf ve kuvvetli yönleri

Buffett'ın, hisse senetlerini portföyüne aldığı şirketlere alelade bir yatırımcı gibi pasif kalmayıp bu şirketlerin yönetim kuruluna girmesi, kendisine işletmenin güçlü ve zayıf yönlerini gösteren bir öncelik sağlamakta.

Buffett'ın seçtiği şirketler derhal Wall Street'in ilgisini çekerek piyasaya "satın al" sinyali vermekte ve o senetlere olan arz ve talep dengesini değiştirmekte.

Buffett, son beş yılda devrim yaratan iletişim sektörüne, internet'te kaydedilen teknolojik gelişmelere ilgi duymadığından ve yeni ürünler çıkarmak için araştırma ve geliştirmeye büyük para harcayan işletmelerin, rakiplerinden daha üstün başarı sağlayacağına inanmadığından, 1999 yılında Dow Jones endeksinin %25.2, Nasdaq %82 ve S& P 500 birleşik enseksinin %19.7 çıkmasına karşın, Berkshire Hathaway fonu %23 değer kaybetti.

Örneğin; Microsoft şirketinin devamlı olarak rakiplerinin önüne geçmesinin nedeni 1995 yılında satışlarının %12.5'ini, 1996'da %13, 1997'de %14.5, 1998'de %16.5 ve 1999 yılında ise %16.9 'unu araştırmaya harcaması.

Bu kitabı yazdığımız şu sıralarda vergisini ödedikten sonra, yılda iki milyar dolar net kâr etmesi beklenen Berkshire'e sermaye piyasasının 83 milyar fiyat biçmesine karşılık, 2000 yılında 200 milyon dolar kazanması bile şüpheli olan Yahoo şirketi hisselerinin borsadaki değeri 120 milyar dolar. Önümüzdeki beş yılda "değer yatırımı" yönteminin modası geçmiş bir yatırım stratejisi olup olmadığını göreceğiz.

TEMEL ANALİZ: BİLANÇO VE GELİR TABLOLARI

Bilançonun tanımı

İşletmenin mali durumunun sağlıklı olup olmadığını belirtir. İşletmenin belirli bir tarihteki portresidir.

Gelir tablosu: İşletmenin belirli bir sürede yaptığı kâr ve zararı gösterir. Üst düzey yöneticilerin performansını belirler.
Bilançoda aktifler, daima pasiflerin ve öz sermayenin toplamına eşittir. Bilançoyu açılmış bir defter olarak düşünürsek, sol sahifede şirketin sahip olduğu varlıkların tümü gözükür. Sağ sahifede ise bu varlıkları satın almak için kullanılan sermayenin kaynağını belirtir.

Bilançodaki kalemler

Cari Aktifler: Bir yıl içerisinde nakite dönecek para

Kasa: Bankadaki para

Menkul Değerler: Derhal ihtiyaç duyulmayan, gelir getirmesi için kısa vadeli likit menkul değerlere yatırılmış meblağdır.

Kısa vadeli ticari alacaklar: Müşterilere yapılan 30 - 60 - 90 günlük vadeli satışlardan doğan alacaklardır.

Geriye dönmesi şüpheli alacaklar: Müşterilerden tahsil edileceği kuşkulu olan borçlar.

Stoklar: Üç çeşittir

a. Ham maddeler

b. Yapılmakta olan yarı bitmiş mallar

c. Bitmiş müşteriye satılmak üzere bekleyen mallar

İştirakler: Şirketin diğer işletmelerde sahip olduğu pay

Duran Varlıklar: Fabrika, arsa, ofis binası gibi gayrı menkullerle üretimde kullanılan ve hemen hemen nakite dönüştürelemeyecek sabit değerlerdir.

Üretim araçları bir süre sonra eskiyip işe yaramayacağından ilk yatırım, makina ve aletlerin beklenen ömrüne bölünür ve çıkan rakkam mortisman masrafı olarak bilançoya girer.

Amortismanın hesaplanması: Üretim mallarının ilk maliyeti - Hurda kıymeti/Tahmin edilen kullanma süresi = Yıllık Amortisman masrafı ömrü

$$\text{Yıllık amortisman} = \frac{\text{üretim mallarının ilk maliyeti - hurda kıymeti}}{\text{tahmin edilen kullanma süresi}}$$

Önceden ödenmiş kalemler: Yıllık sigorta,altı aylık kira v.s.

Görünmeyen varlıklar: Şirketin ticari itibarı, patentleri, telif hakları bu kategoriye girer.

Toplam Aktifler: Yukarıdaki kalemlerin tümü

Pasifler ve öz sermaye:

Kısa vadeli borçlar:

a. Cari pasifler: Bir yıl içerisinde ödenecek ticari borçlar

b. Bankalara olan kısa vadeli kredi borçları

c. İşletme masrafları; ücretler, ofis masrafları, kira v.s..

d. Vergi yükümlülüğü

Uzun vadeli borçlar: İşletmenin yatırımlarda kullanmak için ihraç ettiği tahviller (Bakınız tahviller) bir yılı geçen ipotek borçlarıdır.

Toplam pasifler: İşletmenin borçlarının tümüdür.

Öz Kaynaklar: Hisse senetleri sahiplerinin işletmeye yatırdıkları sermaye artı kâr payı olarak dağıtılmayıp şirketin bünyesinde tutulan kârlardır.

Dip Notlar: Amortisman yöntemini, yapılan yatırımları, şirket birleşmelerinde bir defaya mahsus masrafları - write - off -, defter değerinin üzerinde satılan bir araziyi v.s. gösterir. Bilançonun incelenmesi gereken önemli bir parçasıdır.

- Bilançoyu incelerken gözden kaçırılmaması gelen kalemler stoklar ve ticari alacaklardır. Eğer stoklar büyümekte ise depodaki mallar, artık ticari kıymeti olmayan modası geçmiş mallar olabilir. Örnek: Compaq şirketinin deposundaki 10.000 bilgisayarın çarşıdaki satış değeri, teknolojideki hızlı gelişme yüzünden kıymetini kaybediyor. Şirketin eldeki modası geçmiş stoğunu eritmesi için %80 iskonto ile satması gerekmekte. Mali yıl sonunda Compaq, depoda kalan bilgisayarlar için realize edilmiş kayıpları gösterir.
- Alacaklar satışlardan daha fazla büyüme gösteriyorsa, yönetimin kredi politikası veya satışların kontrolünde sorunları var demektir.
- Uzun veya kısa vadeli borçlarda artış varsa, nedenleri araştırılmalıdır.

GELİR TABLOSU

Bilanço işletme varlıklarının aynasıdır. Gelir tablosu ise belirli bir sürede şirketin net kârını bildirir. Bilanço ile gelir tablosu arasındaki ilişkiyi çok basit benzetmeyle şöyle açıklayabiliriz: Bir vatandaşın sahip olduğu portföy, bankadaki tasarruf hesabı, ev, otomobil, arsa gibi varlıklardan, tüm borçları çıkarılırsa geriye kalan meblağ net varlığını - bilançosunu ortaya koyar. Aynı vatandaşın yıllık gelirinden yiyecek, kira gibi yaşam masraflarını çıkardıktan sonra geriye kalan nakitin, bir yıllık gelir tablosunu gösterdiğini söyleyebiliriz.

Gelir tablosundaki kalemler

Satışlar: Satılan mal veya verilen hizmetler karşılığında şirkete ödenen para.

Satılan mal veya hizmetlerin maliyeti: Genelde imalatçı şirketlerin ürünlerinin hammadde alımından fabrikada işlenip satışa hazır, bitmiş mal şekline dönüşünceye kadar harcanan paradır.

Genel işletme masrafları: Pazarlama ve yönetim masrafları, amortisman v.s.

İşletme Kârları: şirketlerin faaliyetlerinden doğan kârlar.

Faaliyet dışı kârlar: Birçok şirketlerin normal faaliyetleri dışında yapılan yatırımlardan gelen gelirlerdir.

Vergi öncesi kârlar: Vergi ve diğer masraflar çıkmadan önceki brüt kârlardır.

Net kâr: Tüm gelirlerden masrafların çıkarılmasıyla bulunur. Kâr payları ve varsa tercihli hisse senetlerinin kâr payları net gelirden ödenir. Net gelir, işletme sermayesinin artıp eksildiğini gösterir.

Döner Sermaye : Şirketin faaliyetlerini yürütmesi için gereken nakit paradır. İşletmelerin döner sermayesi; kârlarından, amortisman masrafı olarak ayrılan paradan, hisse senedi ve tahvil ihraçlarından oluşur.

Yedek Akçeler: Elde edilen kârların kâr payı olarak dağıtılmayıp şirketin bünyesine ilave edilmesidir. Özsermayenin değerinin artması demektir.

Örnek: ABC şirketinin gelir tablosu

	ABC ŞİRKETI 31 Aralık.1999
Satışlar	$1,000,000
İmalat maliyeti	(500,000)
İşletmenin brüt kârı	500,000
Genel masraflar	(100,000)
Operasyonlardan yapılan net kâr	400,000
Diğer iştirak gelirleri	200,000
Diğer masraflar	(50,000)
Vergi öncesi kâr	550,000
Gelir vergisi için provizyon	(240,000)
Net Gelir	**$ 310,000**
Hisse Sendi başına düşen kâr	$3.10
(İhrac edilmiş hisse senedi sayısı	100.000)

Bilanço ve gelir tablolarının karşılaştırılması

İşletmelerin bünyesindeki değişiklikleri izlemek isteyen mali uzmanlar, bilanço ve gelir tablolarındaki belirli kalemlerin geçmiş yıllara göre karşılaştırmasını yaparak büyüme şirketin oranlarını bulurlar. Örnek:

Cari Oranlar	1998	1997	1996
Nakit	$ 15,000	$12,000	$10,000
Ticari alacaklar:	150,000	120,000	100,000
Stoklar	75,000	100,000	100,000
Diğer Nakitler	+ 25,000	+ 15,000	+ 10,000
Cari Aktifler	$265,000	$247,000	$220,000
Brüt Satışlar	$600,000	$550,000	$500,000
Geri iade edilenler	- 25,000	- 15,000	10,000
Net Satışlar	$575,000	$535,000	**$220,000**

Yukarıdaki tablodaki kalemleri yüzde olarak ifade ederek işletmenin finansal yapısında üç yılda oluşan net değişikliği daha açık biçimde izleyebiliriz.

	1998	1997	1996
Cari Oranlar	%	%	%
Nakit	5.7	4.8	4.5
Ticari alacaklar	56.6	48.6	45.5
Stoklar	28.3	40.5	45.5
Diğer Nakitler	+ 9.4	+ 6.1	+ 4.5
Tüm Cari oranlar	100.00	100.00	100.00

Yukarıdaki yüzdelerden nakit ve ticari alacakların artmakta, stoklarda ise azalma olduğu görülmektedir.

Aynı yöntemle şirketlerin nakit artışını karşılaştırabiliriz.

1998 Bilançoları

	ABC Şirketi	XYZ Şirketi
	%	%
Nakit	5.7	5.2
Ticari alacaklar	56.6	35.2
Stoklar	28.3	59.8
Diğer nakitler	+ 9.4	+ - -
Tüm Cari oranlar	100	100

ABC şirketinin nakit akışının daha iyi durumda olduğu izlenmekte. Enflasyonist bir ortamda XYZ daha avantajlı olabilir.

HİSSE SENETLERİ ANALİZİNDE KULLANILAN FİNANSAL ORANLAR

Yatırım yapılacak hisse senetlerini elekten geçirip gerçek değerini bulmaya çalışan muhasebe ölçekleridir. İşletmeye kredi verecek olan bankalar veya şirketin senet ve tahvillerini piyasaya sürmeyi yüklenen yatırım bankaları - Investment Banker, Underwriter - finansal oranları uygulayarak aşağıdaki noktaları araştırır:

- İşletme kârlı mı?
- Şirket borçlarını zamanında ödeyebilecek güçte mi? (Likit mi?)
- Finansal yapısı, o güne kadar yapılan yatırımları nasıl finans etmiş?
- Önceki yıllara kıyasla kâr durumu nedir?
- Aynı sektördeki rakip şirketlere göre performası nedir?

Finansal oranlar sektörden sektöre geniş çapta değişiklik gösterir. Genelde, otomotiv, rafineri, çelik gibi ağır sanayi şirketlerinin borç oranlarının yüksek olmasına karşın, yazılım şirketleri gibi beyin gücüne, teknik bilgiye dayanan işlerde fazla altyapı olmadığı için borçları hiç yok denecek kadar azdır.

Finansal oranları dört kategoride toplıyabiliriz:

A - Kısa vadeli likidite - akışkanlık - oranları
B - Kârlılık oranları
C - Uzun vadeli borçların likiditesi
D - Sermaye getirisi

A - Kısa vadeli likidite oranları

Cari Oran - Current Ratio or Working Capital Ratio : $\frac{\text{Toplam Dönen Varlıklar}}{\text{Toplam kısa Vadeli borçlar}}$

İşletmenin kısa vadeli borçlarını ödeme gücü hakkında bilgi verir. Döner sermayenin bir yıl içerisinde ödenmesi gereken kısa süreli borçlarına bölünmesiyle bulunur.

Örnek: XYZ şirketinin kasasında;
$ 5.000, - üç ay vadeli bono,
$ 1.500, - nakit
Bir yıla yayılan dört bin dolarlık ticari alacakları var.
Sekiz ayda ödemesi gereken ticari borçlarının toplamı $ 9.000
Cari Oran: $ 5.000 + $ 1.500 + $ 4.000 / $ 9.000 = 1.7
Demek ki her bir dolar borca karşılık işletmenin kasasında 1,70 $ var.

Değişik endüstri sektörlerine göre optimal cari oran düzeyi değişir. Cari oranın birin altına düşmesi tehlike sinyalleri verir. **Şirket borçlarını ödemekte zorlanıyor demektir.**

İki ve üzeri, işletmenin sağlıklı bir finansal yapısı olduğunu belirtir. Bu oranın geçmiş yıllara göre büyümesi firmanın cari borç ödeme gücünün yükseldiği anlamına gelir.

İki ayrı şirketin cari oranlarının karşılaştırılmasına örnek:

	A İşletmesi	B İşletmesi
Cari aktif:	$ 200.000	$ 800.000
Carif Pasif:	- $ 100.000	- $ 700.000
Cari Aktif fazlası:	$ 100.000	$ 100.000

Yukarıdaki örnekte Cari oranı 2 olan A şirketi, cari oranı 1,14 olan B şirketinden daha sağlıklıdır. Bu oran şirketten şirkete değişir. Nakit para ile çalışan, stokları az olan işletmelerin döner sermaye oaranları küçük olur.

Asit testi: Derhal nakit paraya çevrilebilecek cari aktiflerin, cari pasiflere bölünmesiyle çıkar. Cari aktiflerden stokların çıkarılması derhal nakite çevrilen cari aktifleri verir. Bu testin önemi şirketten şirkete değişır. Örneğin; telefon işletmesi düşük sermaye oranı ile çalışır, zira işletmenin verdiği hizmetle, hizmetin karşılığı olan ödemeler arasında az zaman farkı vardır. Buna karşılık makina imalatı yapan bir şirketin hammaddeyi alıp, malı yapana kadar uzunca bir süre geçer, bu zaman zarfında gerekli masrafları karşılamak için kasada yeterince nakit olması gerekir.

B - Kârlılık oranları

Borçlar toplamı / öz sermaye - Debt to equity ratio: İşletmenin tüm borçları ile öz sermayesi arasındaki ilişkidir. Bilançoda görünen tüm borçların öz sermayeye bölünmesinden çıkan sonuçtur. Kısaca şirketin varlıklarına karşı ne kadar borcu olduğunu belirler.

Örnek: Tüm borçlar 3,400,000 $

Defter değeri (Öz varlıkların değeri) 2,500,000 $

Borçların öz varlıklara oranı 3,400,000 $/ 2,500,000 $ = 1.36 Rakkamın anlamı, şirketin her bir dolar varlığına karşılık 1,36 $ borcu olması demektir.

Borç iki tarafı keskin bir bıçaktır; iyi kullanıldığı zaman işletmenin kârlarını arttırır. Coca Cola, Citigroup gibi dev şirketler yüksek finansman oranı taşıyan son derece başarılı firmalardır ve hisse senetleri sürekli yükseliş trendindedir.

Sabit masrafları (borçları) yüksek olan şirketlerde satışların %1 düşmesi, %10 kâr kaybına neden olur. Örneğin borç oranı yüksek olan Xerox şirketinin 1999 yılında, işletmenin değişen piyasa koşullarına ayak uyduramaması ve en büyük dış pazarlarından biri olan Brezilya'da patlak veren ekonomik kriz nedeniyle satışları yavaşlayınca, ödenmesi gereken borçların sabit faizleri kârlara yansıdı. Mayıs ayında New York Borsası'nda 64 dolardan işlem gören senetler, Aralık ayının onikisinde 20 doların altına düştü.

Aynı şekilde, bütün dünyaya tarım aletleri satan Deere şirketinin yılda üç milyar dolara varan sabit masrafları, satışlardaki en küçük dalgalanmalara son derece hassas. 1998 yılında bir milyar dolar kâr eden şirketin satışları, 1999'da Asya'daki krizden dolayı %30 düşünce, işletme dönemi elli milyon dolar zararla kapadı. Wall Street kârların düşmesini hiç affetmez. Yılın başında New York Borsası'nda 61.00 dolardan işlem gören hisse senetleri, Aralık ayının sonunda 41.00 dolara geriledi. Bu sektörü takip eden Salomon Smith Barney'nin yatırım uzmanı Tobias Levkovich canlanmakta olan global ekonominin 2000 yılında Deere'in satışlarını %12 arttıracağını ve işletmeyi beşyüz milyon dolar kâra geçireceğini tahmin etmekte. Tobias uzun vadeli yatırımcılara senetleri önermekte.

Deere & Co. web sitesi **www.deere.com**

Optimal borç seviyesi işletmeden işletmeye değişir. Genelde arttırılan borç miktarı şirketin büyüme hızına paralel gitmelidir. Eğer işletme, kullandığı kredilere ödediği faizin üzerinde kâr sağlıyorsa, borçlanma hisse senedi sahibinin lehinedir.

İşletmelerin ne amaçla kredi kullandıkları da çok mühimdir. Alınan fonlar yeni yatırımlarda mı kullanılacak, yoksa vadesi gelen eski borçları tekrar mı finanse edecek?

Borçların kaynağı da şirketin yakın gelecekteki durumu hakkında ipucu verir. Bankadan kullanılan kredilerin vadesi çabuk gelir, tahvil borçları ise şirkete nefes alacak zaman tanır.

Temel analistlerin dehası Ben Graham borç oranı birin üstünde olan şirketlerden uzak durun diyor. Çünkü şirket kendi öz varlığının üstünde borç almış demektir.

İşletme oranı - operating ratio: İki şekilde hesaplanır:

a - İşletmenin tüm masrafları brüt gelire bölünür

b - İşletmenin tüm masrafları brüt satışlara bölünür.

Bu işlemden çıkan oran 5 ise, firma bir dolarlık mal imal edip sat ması için yarım dolar harcıyor demektir.

C - Uzun vadeli borçların likiditesi

Tahvil faiz giderlerini karşılama oranı - bond coverage ratio: Faiz karşılama oranı =Vergiden ve faiz masrafından önceki net kâr/ödenen faizler.

Şirketin gelirleri ile uzun vadeli borçları arasındaki ilişkiyi belirtir. İşletmenin vergi öncesi kârları, ödemekle zorunlu olduğu yıllık tahvil faizleri toplamına bölünür. Çıkan rakkam özellikle tahvillerin değerlendirilmesinde önemlidir. Şirketin finansman giderlerinin kaç katı kâr elde ettiğini gösterir. Genelde kârların faiz masrafının dört misli olması, şirketin sağlıklı bir finansal yapıda olduğunu kanıtlar.

Örnek: Şirketin vergi öncesi kârları 3.053.000 $

Çıkarılan tahvillerin yıllık faiz masrafı 600.000 $

Tahvil masraflarının ödeme gücü: 3.053.000 / 600.000 = 5.09 misli. Demek ki şirket ödemeye zorunlu olduğu her bir dolar için beş dolar kazanmakta.

Kaldıraç Oranı: (Uzun vadeli borçlar/ öz sermaye + Uzun vadeli borçlar

- Kâr payı ödeme oranı: Şirketin kazandığı net kârın yüzde kaçını kâr payı olarak dağıttığını gösteren orandır.

Örnek: Şirketin ihraç edilmiş hisse senedi sayısı 50.000 ve net kârı 200.000 $

20.000/ 50.000 = 4 $, - Şirket hisse senedi başına kazandığı dört doların bir dolarını kâr payı olarak dağıtırsa, 1 $, -/4 $, - = 0.25 olur. Kârın yüzde 25'ini temettü olarak dağıtmış. Genç şirketler kârlarını sürekli yeni yatırımlarda kullandıkları için kâr payı dağıtmazlar.

D - Sermayenin üretkenliği

Öz sermaye kârlılığı - return on equity veya return on investment ROE:
İşletme yatırımlarının gelir sağlama becerisini belirleyen orandır. Her bir dolar öz sermayenin ne kadar gelir getidiğini belirtir. Vergi ve faiz masraflarından önceki kârın, öz sermayeye bölünmesinden çıkan neticedir.

Öz sermaye kârlılığı = Net Gelir/Öz sermaye

Örnek: IBM şirketinin 1998 yılındaki öz sermayesi 19.2 milyar

Vergi ve faiz önceki kârları ise 6.3 milyar dolar

Öz sermaye kârlılığı 6.3 / 19.2 = 32.8%. Demek ki IBM'in her bir dolar öz sermayesi yaklaşık %32.8 kâr etti.

Yüksek öz sermaye kârlılığı işletmenin işlerinin iyi gittiğini belirtir. Örnek;

1999 yılında ABC şirketinin öz sermaye kârlılığı	%23
1998 yılında ABC şirketinin öz sermaye kârlılığı	%11
Sektördeki ortalama öz sermaye kârlılığı	%15

Yıldan yıla kârını arttıran ve rakiplerinin üstünde kâr sağlayan ABC şirketi, yatırımlar için cazip bir işletmedir.

Tüm varlıkların getirisi - return on assets, ROA veya return on total assets, ROI: Kaynağı ne olursa olsun şirketin tüm varlıklarının ne kadar başarılı yönetildiğini gösterir.
Vergi ödendikten sonra kalan net kârın, tüm varlıklara bölünmesiyle bulunur. Çıkan rakkam ne kadar yüksek olursa, işletme o kadar başarılıdır demektir. Şirket kâr etmemişse, tüm varlıkların getirisinin anlamı yoktur. Şirketin borcu yoksa, öz sermaye kârlılığı ve tüm varlıkların getirisi biribirine eşittir.

Nakit akışı - cash flow: Belirli bir devrede satışlardan gelen nakit paradan masrafların çıkarılmasıdır.
Örneğin: Bir ay içerisinde şirketin satışı 200.000 dolar; çalışanlara ödenen ücretler 50.000 dolar, satın alınan mallara 70.000 dolar ödenmiş ve diğer ofis malzemeleri için 7.500 dolar harcanmış.
Şirketlerin geçmiş beş veya on yıldaki mali özetine bakarak karşılaştırma yapılır.

Cash Flow:	
Satışlar	$ 200.000
Alınan mal	- 70.000
Ücretler	- 50.000
Ofis Malzemesi	- 7.500
Cash Flow	$ 72.500

Brüt kâr marjı - gross profit margin: (Brüt kârın satışlara bölünmesi) Satışlardan gelen her bir doların kâra nasıl yansıdığını gösteren orandır. Rakip şirketlerin brüt kâr marjı karşılaştırılarak yönetimin performansı ölçülür.
Örnek: XYZ şirketinin satışları 6.019.040 $,
Satılan malların imalat masrafı 3.912.376 $
6.019.040 $ - 3.912.376 $ = 2,106.664 $ brüt kâr. (Amortisman ve nakit ödenmeyen masraflar bu rakkamlara dahil değildir)

Net kâr marjı - net profit margin: Vergi ve faiz masrafları çıktıktan sonra kalan net kârın, satışlara bölünmesiyle çıkan sonuçturr. Örnek:

Satışlardan gelen hasıla:	2,000,000 $
Net kâr	: 500,000 $
500.000/2,000.000 =. 25	

Yukarıdaki iki oran birlikte etüd edilmelidir.

Defter değeri - book value: Teorik olarak işletme tüm mallarını satıp borçlarını öderse, geri kalan sermaye şirketin defter değerini verir. Muhasebe işlemlerinde şirket sahiplerinin net sermayesini gösteren kalemdir. Çok kere açıklanan defter değeri ile şirketin gerçek değeri arasında fark vardır. Örneğin daktilo üreten Smith Crona şirketinin defter değeri, bilgisayar teknolojisi geliştikten sonra değerinin çok altına düştü. Aynı şekilde hazır giyim üreten bir şirketin deposunda bulunan ve değişen modaya uymayan giysiler, defterde mala ilk biçilen fiyat üzerinden stok olarak gözükebilir. Diğer yandan işletmenin on yıl önce fabrikasını genişletmek için aldığı arazinin gerçek değeri, kentin genişlemesi nedeniyle defter değerinin çok üzerinde olabilir. Defter değerinin hisse senedi sayısına bölünmesiyle bir tek hisse senedi başına düşen değeri çıkar. Portföy yöneticileri piyasada işlem gören senetlerin fiyatlarını defter değeri ile karşılaştırırlar. Buna defter değerine göre fiyat - price to book value - denir.
Bu oran sektörden sektöre değişir. Genelde banka hisse senetleri defter değerinin birbuçuk misline işlem görür. Büyümekte olan işletmeler kârlarını kâr payı olarak dağıtmayıp yeni yatırımlarda kullandıklarından, senetlerinin piyasa değeri, defter değerinin çok üstündedir. Bazı analistler Dow Jones veya S & P 500 ortalamasının defter değerini geçmişteki yıllarla karşılaştırırlar. Çıkan rakkam yüksekse, borsa fazla şişkindir. Yatırımcılar şirketlerin gerçek değerlerine göre değil hayali beklentilere göre spekülasyon yapmaktalar. Buna karşın internet veya biotech gibi değeri yarattıkları üstün teknolojiden gelen sektörlerdeki şirketlerin defter değerinin hesaplanması çok zordur. Sektöründe tekel olan Microsoft şirketinin hisse senetleri defter değerinin 1822 misline işlem görmektedir. Temel analizden yola çıkan portföy yöneticisi için şirketlerin hisse senetlerinin piyasa değerinin, tasfiye değerinin altına düşmesi, satın almak için kaçınılmaz bir fırsattır. Analistler devamlı olarak büyük şirketlerin parçalarının tümünden daha değerli olup olmadığının hesabını yaparlar (break up value).

HİSSE SENETLERİNİN DEĞERLENDİRİLMESİNDE KULLANILAN DİĞER ORANLAR

Hisse başına düşen nakit akışı* - cash flow per share:* Analistlerin hisse senetlerini değerlendirmekte kullandıkları önemli ölçülerden biridir. Net kârlara amortismanın ilave edilerek hisse senedi sayısına bölünmesiyle bulunur. İşletmenin dış kaynaklara başvurmadan kendi kaynakları ile üretim araçlarını yenileme gücünü gösterir. Eldeki yüksek nakit akışı hisse senedi değerini dört şekilde etkileyebilir:

- Şirket borçlarını öder
- İşletme kendi hisse senetlerini piyasadan geri satın alabilir
- Kâr payı öder
- Yeni bir iş satın alabilir

Fiyat/Satış oranı - price to sales ratio: Önce işletme satışlarından gelen gelir piyasaya sürülmüş hisse senetleri sayısına bölünerek, tek bir hisse senedi başına düşen satış miktarı bulunur. Senetlerin piyasada işlem gören fiyatı, hisse senedi başına düşen satış miktarına bölünerek fiyat satış oranı bulunur.

Örneğin; XYZ şirketinin borsada fiyatı 72.00 $
Hisse senedi başına düşen satış miktarı 32.00 $
Fiyat/satış oranı 72/32=2.25

Düşük fiyat/satış oranı kağıdın ucuz olduğunu belirten işaretlerden biridir. İşletme ürettiği mal ve hizmetleri satmakta, fakat yüksek masraflar kârları olumsuz etkilemektedir. Analist işletmenin kemer sıkarak veya yeni teknoloji uygulayarak kâr marjlarını arttırabilme olanağını araştırır.

Yıllık satış ciroları muhasebeciler tarafından yapılan ayarlamalara, makyajlara daha az esnektir. Çok düşük oran, tek başına kağıdın kelepir olduğunu gösteren bir ölçek değildir.

Parekende mağazalar zinciri gibi düşük kâr marjı ile çalışan sektörlerdeki şirketlerin fiyat/satış oranları da düşüktür ve kârlılığın arttırılma şansı azdır.

Fiyat/satış oranı, kâr yapmayan şirketlerin değerlerinin ölçülmesinde de kullanılan bir mihenk taşıdır. Örneğin; MCI Worldcom şirketi 1994, 1995, 1996 ve 1998 yıllarında diğer şirketleri satın alıp, reorganizasyon için yaptığı harcamaları masrafa geçtiğinden, işletme sürekli zarar gösterdi. Aynı dönemde satış/fiyat oranı 1.4'ten 5.1'e büyüdü.

Fiyat/Kazanç oranı - price earnings ratio: Piyasada işlem gören hisse senedi fiyatının tek bir hisse senedi başına düşen kâra bölünmesiyle çıkar. Senetlerin borsadaki fiyatının pahalı olup olmadığını ölçen en önemli mihenk taşlarından biridir. Kısaca yatırımcının şirketin kârlarına ne kadar ödemek istediğini belirler. Diyelim ki XYZ şirketinin hisse senetleri borsada 20.00 dolardan işlem görüyor. Hisse senedi başına düşen kârı da 2.00 dolar; demek ki XYZ senetleri kârının on misline satılıyor. Başka bir deyişle yatırımcı her bir dolar kâr için on dolar ödemeye razı. Bu oran arttıkça senetler pahalılaşıyor demektir.

Örneğin: Borsada yüz dolardan işlem gören ABC şirketinin fiyat/kazanç oranı sekiz ise, piyasada yirmi dolardan işlem gören fakat fiyat/kazanç oranı 10 olan XYZ senetlerinden ucuzdur.

Hisse senedi satın almak, piyango bileti satın almak değil, bir işletmeye ortak olmanın bedelidir. İşletmenin varlıkları ve kârları ödenen paranın karşılığıdır. Yatırımcı şirketin ilerideki tarihte daha çok kâr etmesini beklerse, senetlere büyüme oranına göre fiyat biçer. Fiyat /kazanç oranı, yapılan yatırımın kaç yılda geri döneceğinin parmak hesabıdır.

Diyelim ki Boeing şirketi son yılda hisse senedi başına 3.50 $ kâr göstermiş ve senetler de New York Borsa'sında 35.00 dolardan işlem görmekte. Demek ki bir tek Boeing senedi satın alan yatırımcı parasını on yılda geriye alacaktır. Eğer fiyat/kazanç oranı beş olsaydı, ilk yatırım beş yılda geriye dönecek. Bu düşünce tarzından giderek 25 - 30 gibi çok yüksek fiyat - kazanç oranları ile işlem gören şirketlerin hisse senetlerine yatırım yapanlar, yakın bir gelecekte bu şirketlerin kârlarının büyük bir artış göstereceğine bahse giriyorlar demektir.

Her sektörün fiyat/kazanç oranları aynı değil. Aşağıdaki tabloda görüleceği üzere, 1999 yılında Wall Street'teki yatırımcı, portföy yöneticisi, hayat kurtaracak yeni ilaçlar bulmasını beklediği ilaç şirketlerine, biotech sektörüne, teknoloji şirketlerine yüksek fiyat/kazanç oranı ödedi. Buna karşılık büyümesi durmuş olan çimento, elektrik şirketlerine rağbet olmadığından, bu sektörler düşük fiyat/kazanç oranları ile işlem gördü. Örnek:

Sektör	1999 Fiyat/ kazanç oranı	5 yıllık fiyat/ kâr ortalaması oranı
Elektrik şirketleri	14.9	11.5
Finansman	24.3	15.0
Teknoloji	43.0	38.8
İlaç	30.0	29.0
Parekende	24.0	24.4

Borsaların genel fiyat/kazanç oranları, riski belirten önemli bir göstergedir. 1987-1988 yıllarında Tokyo Borsası'nda işlem gören senetlerin fiyat/kazanç oranları 50 - 60'lara çıkmıştı. "Japon piyasası başka bir piyasa" deniyordu, çok sişen gayri menkul yatırımlarına ipotek veren bankaların likidite sorunlarıyla başlayan kriz, Tokyo Borsası'nın iki yılda %60 değer kaybetmesine neden oldu.

1993 - 1998 yıllarında S&P 500 endeksine baktığımızda yatırımcı psikolojisine göre fiyat/kazanç oranlarında çarpıcı farklılık görmekteyiz.

Yıl	En Yüksek	En Düşük	Yıl Sonu Kapanışı
1993	24.79	22.32	23.05
1994	23.6	16.48	16.86
1995	17.75	15.71	17.47
1996	20.92	17.01	20.58
1997	24.02	19.40	23.99
1998	32.27	24.12	32.27

Yatırımcı artık içinde yaşadığı ülkenin değil uluslararası borsaların fiyat/kazanç oranlarını karşılaştırmakta ve para fiyat/kazanç oranı düşük, istikrarlı ülkelerin sermaye piyasalarına kaymaktadır. 1999 yılında Dow Jones ortalamasının yükselişi rekorlar kırdı; birçok sektörü temsil eden senetler alışılagelmiş fiyat/kazanç oranlarının üzerinde işlem gördü. Yukarıdaki tabloda finans sektörü fiyat/kazanç oranının, son beş yıldaki fiyat/kazanç oranı ortalamasından % 60 yüksek olduğu görülmekte. Acaba bu yüksek fiyat/kazanç ortalamaları devam edecek mi?

Bu kitabı kaleme aldığım şu sırada iki ayrı görüş var. Boğa olanlar; Amerika'nın son yıllarda yaptığı çok büyük teknoloji atağının üretkenliği arttırdığını, enflasyonun kontrol altında olduğunu, bu nedenle senetlerin daha değerli olduğu görüşünde.

Boğa'lar belki haklı fakat borsanın tarihi, onların tarafında değil. 1987 yılından beri S&P 500's senetlerinin en yüksek fiyat/kazanç oranı 26 oldu; en düşük fiyat/kazanç oranı ise 13, senetlerin düşme riski daha fazla. Çok yüksek fiyat/kazanç oranlı senetlerin portföye alınmasını haklı gösteren nedenlerin başında, işletmenin yıldan yıla devamlı kâr artışı göstermesi gelmekte. Bu iyimser havada her çeyrek dönemde sürekli kâr artışı bekleyen Wall Street, en küçük bir sürprizde, şirketlerin kârlılık istikrarının bozulduğuna ve büyüme hızının kesildiğine karar vereceğinden menkul değerlerin 1987 "Kara Salı" gününü tekrarlama ihtimali var. Bazen aşırı optimizm, senetleri fiyat/kazanç oranları ile açıklanamayacak düzeylere çıkarır.

Yatırımcı satın alacağı şirket hisse senedinin fiyat/kazanç oranını, borsada işlem gören tüm senetlerin fiyat/kazanç ortalaması ve kendi sektöründeki şirketlerin ortalama fiyat/kazanç düzeyi ile karşılaştırır. Senetlerin seçilmesinde fiyat/kazanç oranı, işletmenin büyüme hızı ile karşılaştırılır. Büyüme hızı - P/E to growth ratio, PEG oranı - fiyat/kazanç oranının, işletmenin yıllık büyüme hızına bölünmesiyle bulunur. Eğer fiyat/kazanç oranı, kârların büyüme oranından düşükse, senetler kelepir addedilir. Wall Street'in ünlü yatırım bankası Morgan Stanley'in 1000 hisse senedinin 10 yıl süreli fiyat/PEG ilişkisi araştırmasında düşük PEG'li senetlerin yılda % 21.7 getiri sağladığı, yüksek büyüme hızı olan ve yüksek fiyat/kazanç oranıyla işlem gören senetlerin ise yıllık ortalama getirisinin %14.9 olduğu saptanmıştır. Kâr büyüme oranı geçmişteki gelir tablolarının karşılaştırılmasıyla bulunur. Firmanın gelecekteki büyüme oranı, geçmiştekinden çok daha önemlidir. Şimdi 25 fiyat/kazanç oranları ile işlem gören işletmenin kârları önümüzdeki yılda %35 artış gösterecekse, senetler pahalı değildir. Defterlerini zarar göstererek kapatan şirketlerin senetlerine, fiyat/kazanç oranına bakarak değer biçmek pratik olmaz. Eğer şirket fabrikayı yeni kurmuş, işe yeni başlamışsa, organize masraflarından dolayı başlangıçta zarar etmesi normaldir. Mühim olan, firma kâra geçinceye kadar masrafları karşılıyacak nakit paranın elde olmasıdır. Kredi kullanmayan, kasasında gereğinden fazla nakit bulunduran "nakit zengini" işletmelerin yönetimine; yatırım fırsatı yaratamayan beceriksiz bir yönetim olarak bakıldığı gibi, bu şirketler yutulmaya, zorla şirket evlilikleri yapmaya hedeftirler.

Finansal analistin baktığı bazı kalemler:

- Amortisman masrafları artı net kârların, yapılacak yatırım masrafları artı ödenen kâr paylarından fazla olup olmadığı,
- Büyüyen nakit akışı,
- Yeni üretim araçları için ayrılan provizyon, şirketin gelecek için yatırım yaptığına işaret eder,
- Piyasadan kendi şirketinin senetlerini geri alması (Bakınız. senetlerin geri alınması)
- Borçların düşmesi
- Şirketin stokları ve alacakları satışlardan fazla büyüyorsa bu bir tehlike işaretidir.

Microsoft şirketininin finansal analizi:

Kaynak: http://www.quicken.com

İngilizce bilmeyen okurlarımızı düşünerek verdiğimiz örneği Türkçe'ye çeviriyoruz. MSFT'nin satışlarının (revenue) 1990'dan 1999'a devamlı olarak artmasına paralel, net gelirlerinin (net income) ve nakit akışının (cash flow) da arttığını izlemekteyiz. Sonuçlar kendi sektörü ve S&P 500 ortalamasıyla kıyaslandığında da şirket üstün bir performans gösteriyor. Yalnız satış artışları sektör ortalamasından %38.62 fazla. Burada dikkati çeken, son yılın kâr artış büyüme oranının endüstriden % 6.5 düşük olması. Analistlerin geleceğe dair kâr artışı beklentileri, senetlerin portföye alınmasına karar verilmeden önce göz önünde tutulması gereken kıstaslardan biri. ***(Bakınız tablo 1)***

Tablo I

Quicken.com

MyFinances Home Investing Mortgage Insurance Taxes Banking Retirement •Shopping •Small Business

Investing Home | Portfolio new! | Alerts | Markets | Stocks | Funds | News | Quotes | Boards

MICROSOFT CORP

Quote | **Chart** | **Intraday** | **News** | **Evaluator** | **Analyst Estimates** | **Analyst Research** | **Rate & Discuss** | **Insider Trading** | **Profile** | **Fundamentals** | **Financial Statements** | **SEC Filings**

Powerstreet

Symbol(s): MSFT Go

Tip: You can enter multiple tickers (ex: **AOL INTU**)

▸ **Don't know the symbol?**
▸ **Compare stock to competitors**
▸ **Add to My Portfolio**

Click the numbered steps below for a detailed analysis of stocks that includes historical trends and industry comparisons.

1. GROWTH TRENDS 2. FINANCIAL HEALTH 3. MANAGEMENT PERFORMANCE 4. MARKET MULTIPLES 5. INTRINSIC VALUE 6. SUMMARY

Examine revenues (sales), net income (earnings), and cash flow to see how well a company is translating revenues into earnings, which are necessary for growth. Look for companies whose revenues, net income, and cash flow are rising steadily--or at faster rates than their competitors.

GROWTH EXPERT'S VIEW VALUE EXPERT'S VIEW FAQ

Maximize as little as free.

My Last
Symbol
MSFT
AOL

Cle

Get strea quotes wit Quotes Li

Historical Growth

Linear | Logarithmic **Annual** | Quarterly

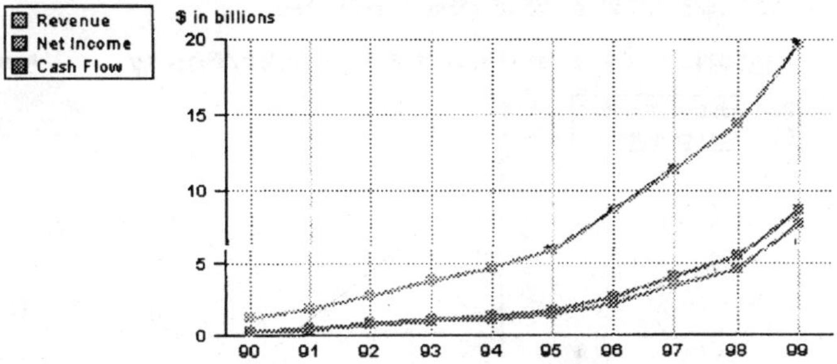

$ in millions	90	91	92	93	94	95	96	97	98	99
Revenue	1183.4	1843.4	2758.7	3753	4649	5937	8671	11358	14484	19747
Net Income	279.2	462.7	708.1	953	1146	1453	2195	3454	4490	7785
Cash Flow	325.5	538.5	820.4	1104	1383	1722	2675	3996	5486	8767

Growth Rates Comparison

1 Year | 3 Years | 5 Years | 10 Years

	MSFT	Industry	Sector	S&P 500	Ranking*
Revenue	34.17%	24.65%	14.68%	11.72%	
Net Income	37.52%	40.13%	24.73%	21.14%	
Cash Flow	40.5%	38.16%	21.71%	22.56%	

Tablo II

Quicken.com

MyFinances | Home | Investing | Mortgage | Insurance | Taxes | Banking | Retirement | Shopping | Small Business

Investing Home | Portfolio new! | Alerts | Markets | Stocks | Funds | News | Quotes | Boards

MICROSOFT CORP

Quote | Chart | Intraday | News | Evaluator | Analyst Estimates | Analyst Research | Rate & Discuss | Insider Trading | Profile | Fundamentals | Financial Statements | SEC Filings

Powerstreet

Symbol(s): MSFT Go

Tip: You can enter multiple tickers (ex: AOL INTU)

- Don't know the symbol?
- Compare stock to competitors
- Add to My Portfolio

Try Turbo Web for fr

My Last Symbol: MSFT, AOL Cle

Get strea quotes wit Quotes Li

1. GROWTH TRENDS 2. FINANCIAL HEALTH 3. MANAGEMENT PERFORMANCE 4. MARKET MULTIPLES 5. INTRINSIC VALUE 6. SUMMARY

Long-term and total debt/equity compare the company's debt to its assets minus its liabilities to reveal how much debt is cutting into the bottom line. The higher the debt, the more important it is to have positive earnings and steady cash flow--at some point, the company must pay off the debt, or interest payments will sap its finances. Some industries have more debt, so compare the company's debt to the industry average and competitors' debt.

GROWTH EXPERT'S VIEW VALUE EXPERT'S VIEW FAQ

Historical Total and Long-Term Debt/Equity

Annual | Quarterly

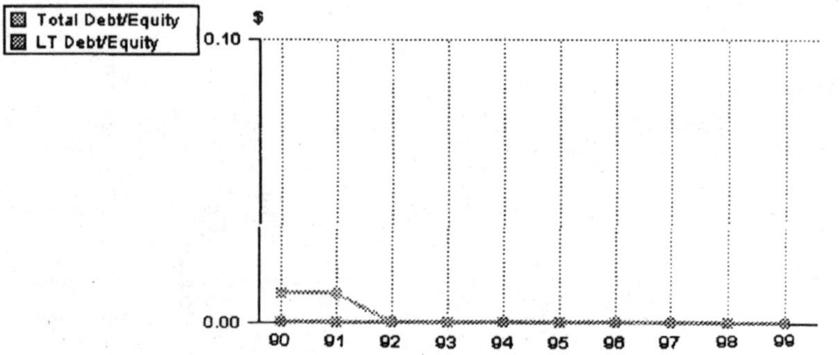

	90	91	92	93	94	95	96	97	98	99
Total Debt/Equity	0.01	0.01	0	0	0	0	0	0	0	0
LT Debt/Equity	0	0	0	0	0	0	0	0	0	0

Trailing 12 Months Comparison

	MSFT	Industry	Sector	S&P 500	Ranking*
Total Debt/Equity	0	0.09	0.63	1.65	
LT Debt/Equity	0	0.07	0.48	1.04	

Şirketin finansal durumu: (Borçların öz varlığa oranı - Total Debt/Equity) (Tahvillerin öz varlığa oranı - LT Debt/Equity) Tabloda Microsoft şirketinin uzun ve kısa vadeli borcu olmadığı görülüyor. Amerika'da ve belki de dünyada borcu olmayan ender şirketlerden biri. Araştırma yapmak, büyümek, başka şirketleri satın almak için gerekli sermayeyi iç kaynaklarından sağlıyor. ***(Bakınız tablo 2)***

Öz varlıkların getirisi - return on equity, ROE: ROA- Return on Assets şirketin sahip olduğu tüm malların getirisi, ROIC -Return on Invested Capital, yatırılmış sermayenin getirisi. Şirketin borcu olmadığından öz varlıkların ve yatırılmış sermayenin getirisi biribirine eşit. Tüm kategorilerde sektör ve S&P 500 ortalamasının çok üstünde seyrediyor. Öz varlıkların getirisi, sektör ortalamasının % 30.41 üzerinde.

Tablo III

Quicken.com

MyFinances Home | Investing | Mortgage | Insurance | Taxes | Banking | Retirement | •Shopping •Small Business

Investing Home | Portfolio new! | Alerts | Markets | Stocks | Funds | News | Quotes | Boards

MICROSOFT CORP

Quote | Chart | Intraday | News | Evaluator | Analyst Estimates | Analyst Research | Rate & Discuss | Insider Trading | Profile | Fundamentals | Financial Statements | SEC Filings

Symbol(s): MSFT Go

Tip: You can enter multiple tickers (ex: AOL INTU)

▸ Don't know the symbol?
▸ Compare stock to competitors
▸ Add to My Portfolio

1. GROWTH TRENDS 2. FINANCIAL HEALTH 3. MANAGEMENT PERFORMANCE 4. MARKET MULTIPLES 5. INTRINSIC VALUE 6. SUMMARY

Return on Equity, Return on Assets, and Return on Invested Capital are used to measure a company's profitability. Are managers successfully converting shareholders' equity, assets, and invested capital into net earnings? Compare to the industry average and competitors to gauge the company's success.

GROWTH EXPERT'S VIEW VALUE EXPERT'S VIEW FAQ

My Last
Symbol
MSFT
AOL
Cle

Historical ROE, ROA, and ROIC Annual | Quarterly

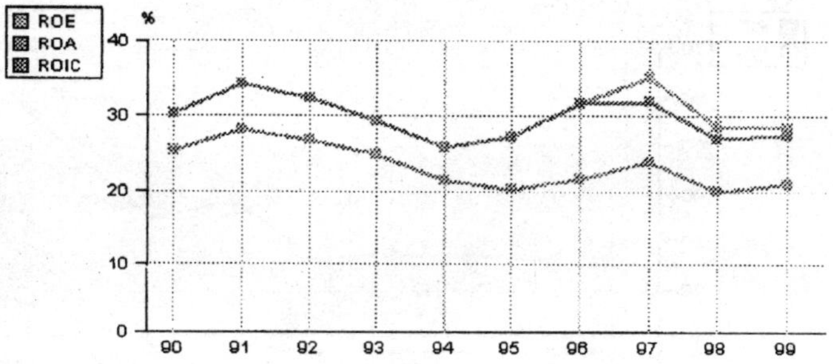

	90	91	92	93	94	95	96	97	98	99
ROE	30.4	34.3	32.3	29.4	25.8	27.2	31.8	35.3	28.7	28.4
ROA	25.3	28.1	26.8	25	21.4	20.2	21.7	24	20.1	21
ROIC	30.4	34.3	32.3	29.4	25.8	27.2	31.8	32	27	27.4

Returns Comparison 1 Year | 3 Years | 5 Years | 10 Years

	MSFT	Industry	Sector	S&P 500	Ranking*
ROE	25.3%	19.4%	9.8%	17.1%	
ROA	19.4%	12.3%	4.1%	2.9%	
ROIC	25.3%	17.7%	6.5%	8.3%	

Fiyat/Kazanç ve Fiyat/Satış oranları: Hisse senedi başına düşen kârlarını sektördeki diğer şirketlerle karşılaştırınca Microsoft'un sektör ortalamasından % 43.86 düşük sattığını görmekteyiz. Yani senetler ucuz. Bunun nedeni, federal hükümetin tekelcilik yasalarına göre Microsoft'un tekel yarattığına, rekabete fırsat vermediğine karar vermesi. Davanın sonucunun nereye varacağını bilmeyen yatırımcı geçmişteki gibi yüksek F/K ödemiyor.

Tablo IV

Quicken.com

MyFinances Home Investing Mortgage Insurance Taxes Banking Retirement • Shopping • Small Business

Investing Home | Portfolio new! | Alerts | Markets | Stocks | Funds | News | Quotes | Boards

MICROSOFT CORP

Quote
Chart
Intraday
News
Evaluator
Analyst Estimates
Analyst Research
Rate & Discuss
Insider Trading
Profile
Fundamentals
Financial Statements
SEC Filings

Symbol(s): MSFT Go

Tip: You can enter multiple tickers (ex: **AOL INTU**)

▸ **Don't know the symbol?**
▸ **Compare stock to competitors**
▸ **Add to My Portfolio**

1. GROWTH TRENDS 2. FINANCIAL HEALTH 3. MANAGEMENT PERFORMANCE 4. MARKET MULTIPLES 5. INTRINSIC VALUE 6. SUMMARY

Price/earnings, price/sales, and PEG ratios measure how the market values a stock compared to its earnings, sales, and estimated earnings growth. A low P/E ratio (in comparison to the industry) indicates the market is undervaluing a stock. The P/S ratio is especially important when the company has no reported earnings (and thus no P/E). A lower PEG ratio is better because the market is paying a lower price for future earnings.

GROWTH EXPERT'S VIEW VALUE EXPERT'S VIEW FAQ

Find the ri funds with and Morni

My Last
Symbol
MSFT
AOL
Cle

Try MyFin own page news, and

Historical Price/Earnings and Price/Sales **Annual** | Quarterly

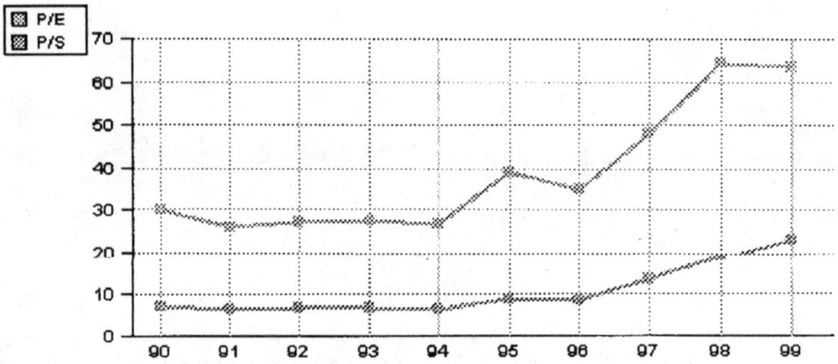

	90	91	92	93	94	95	96	97	98	99
P/E	30.2	25.8	27.3	27.5	26.8	39	34.9	47.9	64.5	63.5
P/S	7.29	6.45	6.94	6.63	6.25	8.97	8.25	13.5	18.62	23.3

Trailing 12 Months Comparison

	MSFT	Industry	Sector	S&P 500	Ranking*
P/E	46.6	83	95	29	
P/S	17.17	13.47	5.27	2.09	
PEG	1.5	2.7	---	1.8	

Yapılan temel analizde analistlerin 2000 ve 2001 yılında hisse senedi başına bekledikleri kâr belirtiliyor. 2000 yılı için konsensus 1.54 ile 1.75 $ arasında, 2001 yılı içinse 1.70 ila 2.00 $ arasında. Microsoft'u takibe almış olan 31 para uzmanından 11 tanesi senetlerin çok cazip bir yatırım olduğunu belirtiyor; 17'si portföye alınabilinir görüşünde ve "al" diyor, 3 tanesi ise "elinizde tutun*" tavsiyesinde bulunuyor. Sat önerisinde bulunan yok. Microsoft'a ilişkin genel kanı birkaç ayda 130 dolardan düşen MSFT senetlerinin 75 dolarda iyi bir yatırım olduğu yolunda.

Tablo V

Quicken.com

MyFinances | Home | Investing | Mortgage | Insurance | Taxes | Banking | Retirement | • Shopping • Small Business

Investing Home | Portfolio new! | Alerts | Markets | Stocks | Funds | News | Quotes | Boards

MICROSOFT CORP

Quote | Chart | Intraday | News | Evaluator | Analyst Estimates | Analyst Research | Rate & Discuss | Insider Trading | Profile | Fundamentals | Financial Statements | SEC Filings

Symbol(s): MSFT Go

Tip: You can enter multiple tickers (ex: **AOL INTU**)

▸ Don't know the symbol?
▸ Compare stock to competitors
▸ Add to My Portfolio

For investing tips, subscribe to a free Quicken.com newslet

MSFT 75 7/8 +1 3/4

Analyst Ratings	Today	1 month ago	2 months ago	3 months ago
1=Strong Buy	**11**	12	14	13
2=Buy	**17**	18	17	17
3=Hold	**3**	3	3	3
4=Sell	**0**	0	0	0
5=Strong Sell	**0**	0	0	0
Consensus (mean) (strong buy) 1 - 5 (strong sell)	**1.68**	1.67	1.62	1.64

My Last 5 Quote

Symbol	Last	Ch
MSFT	75.88	+
AOL	58.50	+

Clear this list

Get streaming real-ti quotes with Quicken Quotes Live.

Consensus EPS Estimate	This Qtr 03/2000	Next Qtr 06/2000	This Fiscal Year 06/2000	Next Fiscal Year 06/2001
Avg Estimate (mean)	$0.41	$0.44	$1.68	$1.92
# of Estimates	24	22	29	25
Low Estimate	$0.39	$0.42	$1.54	$1.70
High Estimate	$0.44	$0.46	$1.75	$2.00
Year Ago EPS	$0.35	$0.40	$1.39	$1.68
EPS Growth	17.0%	8.8%	20.7%	14.4%

EPS Estimate Distribution Data as of 04/15/2000

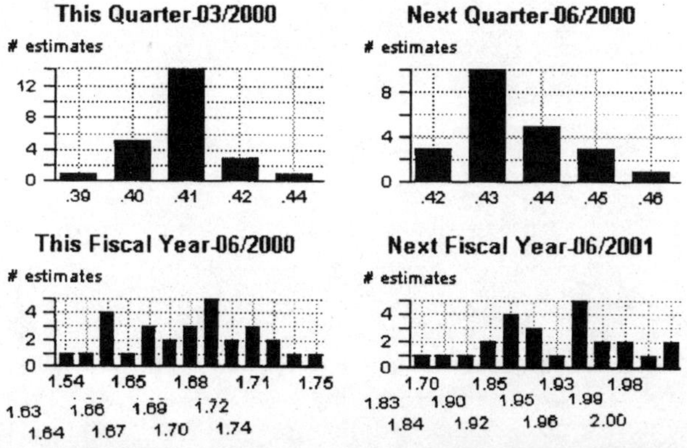

Tablo VI

Microsoft hisse senetlerinin bir yıllık fiyat grafiği.

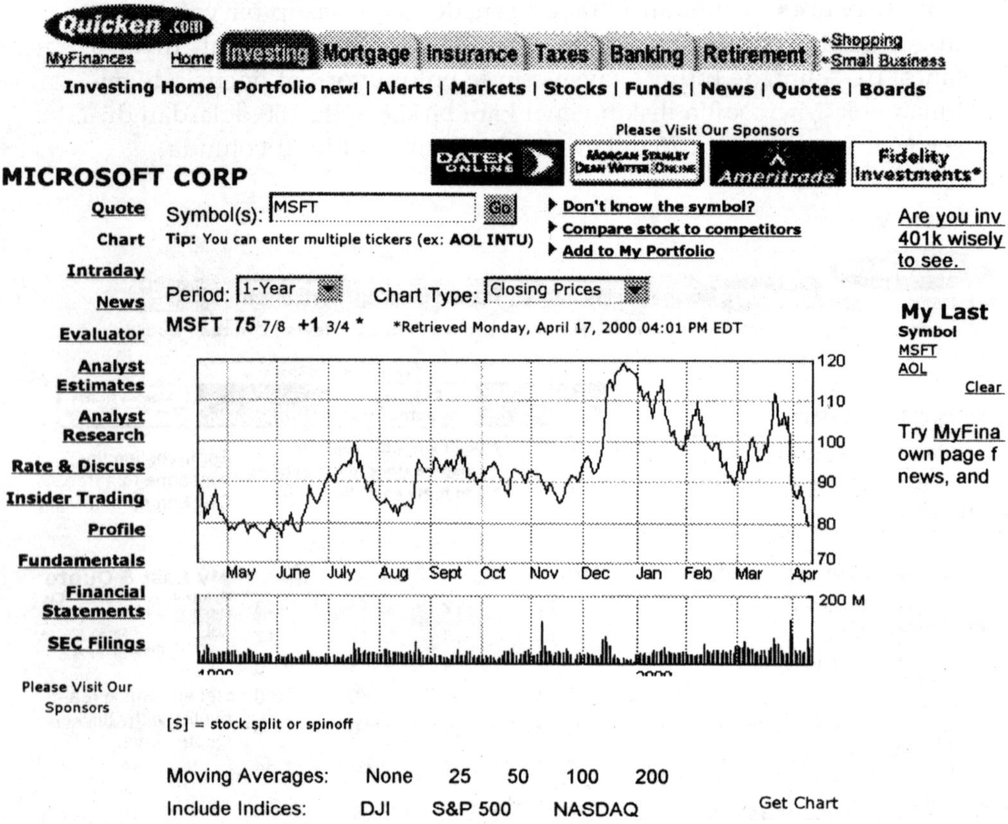

Tablo VII

Microsoft'un bir günlük fiyat hareketleri ve işlem hacmi.

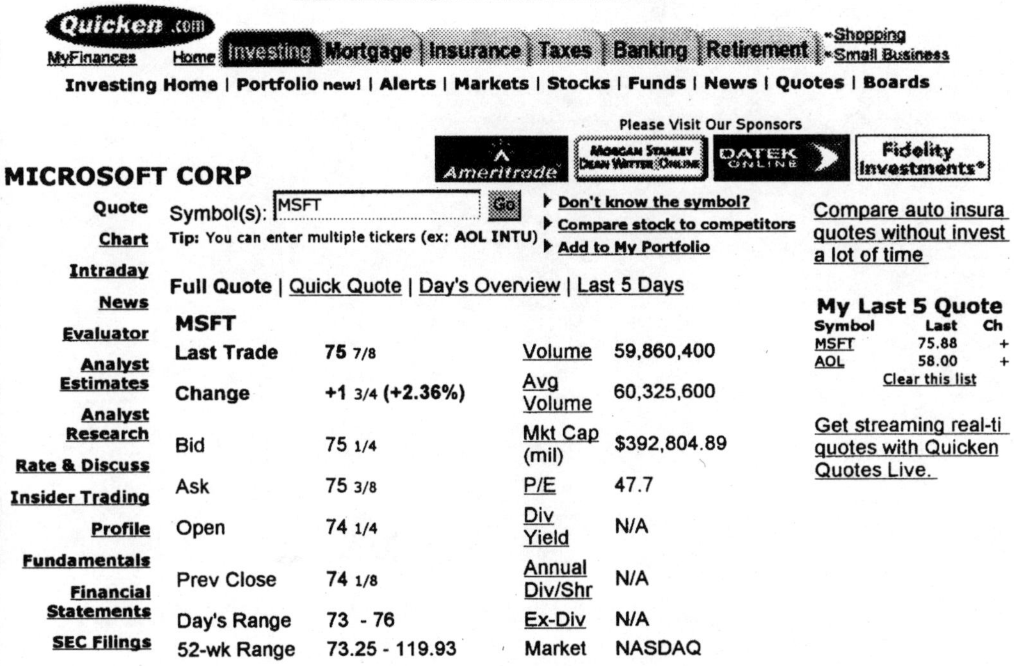

Quicken.com

MyFinances | Home | Investing | Mortgage | Insurance | Taxes | Banking | Retirement | •Shopping | •Small Business

Investing Home | Portfolio new! | Alerts | Markets | Stocks | Funds | News | Quotes | Boards

Please Visit Our Sponsors: Ameritrade | Morgan Stanley Dean Witter Online | Datek Online | Fidelity Investments

MICROSOFT CORP

Quote | Chart | Intraday | News | Evaluator | Analyst Estimates | Analyst Research | Rate & Discuss | Insider Trading | Profile | Fundamentals | Financial Statements | SEC Filings

Symbol(s): MSFT Go

Tip: You can enter multiple tickers (ex: AOL INTU)

▸ Don't know the symbol?
▸ Compare stock to competitors
▸ Add to My Portfolio

Full Quote | Quick Quote | Day's Overview | Last 5 Days

MSFT

Last Trade	**75 7/8**	Volume	59,860,400
Change	**+1 3/4 (+2.36%)**	Avg Volume	60,325,600
Bid	75 1/4	Mkt Cap (mil)	$392,804.89
Ask	75 3/8	P/E	47.7
Open	74 1/4	Div Yield	N/A
Prev Close	74 1/8	Annual Div/Shr	N/A
Day's Range	73 - 76	Ex-Div	N/A
52-wk Range	73.25 - 119.93	Market	NASDAQ

Compare auto insura quotes without invest a lot of time

My Last 5 Quote

Symbol	Last	Ch
MSFT	75.88	+
AOL	58.00	+

Clear this list

Get streaming real-ti quotes with Quicken Quotes Live.

* *Investment Banking şirketlerinde analistler bir gün yüklenicisi olabileceklerini düşünerek, halka açık şirketlerle olan ilişkilerini bozmamak için çok istisnai hallerde "sat" önerisinde bulunurlar.*

BÜYÜMEKTE OLAN ŞİRKETLERİN HİSSE SENETLERİNE YATIRIM YÖNTEMİ

Portföye alınacak hisse senedinin seçimine, şirketlerin son üç yılda yaptığı kâr artışlarının bir önceki yılın aynı dönemiyle karşılaştırılması sonucunda gerçekleştirilen analizlerden çıkan neticelere göre karar verilir. Bu yöntemle çalışan yatırım uzmanlarının aradığı başlıca koşullar şunlardır:

Kâr artışları

ABD'de borsalara kayıtlı şirketler her üç ayda bir kârlarını açıklarlar. Büyüme Yatırımı'nda - Growth Investing - kullanılan ölçü değeri, her çeyrek dönemde hisse senedi başına düşen kârın, bir önceki yılın aynı dönemine düşen kârdan en az % 25 fazla olmasıdır.

New York Borsası'na kayıtlı senetlerin ancak % 2- %3'ü bu niteliğe sahip. Yatırımcının, son dönemlerde hiç kâr artışı göstermemiş veya %8-10 gibi sıradan kâr artışı gösteren işletmelerin kağıtlarını portföyüne almasına gerek yok.

Çoğu kere, yalnız sıradan yatırımcı değil, profesyonel portföy yöneticileri dahi, kârları düşen fakat geçmişteki şöhreti iyi olan, herkesin bildiği, tanıdığı işletmelerin kağıtlarını, nasılsa bir gün durum düzelir ümidi ile satın almakta. Gelecekte, gerçekleşmesi kuşkulu olan kâr artışları yerine, bugün kârları artan şirketlerin senetleri seçilmeli.

Eğer bir yıl önce kâr artışı sadece %15 olan bir şirketin bu yılın aynı dönemindeki kârı %40 artmışsa, senet fiyatlarında önemli bir artışın koşulları oluşmaktadır.

Peşpeşe iki çeyrek dönemde zarar eden veya bir yıl önceye kıyasla kârlarında düşüş olan şirketlerin senetlerinden mutlaka uzak durulmalı. Aynı sektör içerisinde en az bir rakip şirketin de kârlarının paralel artış göstermesi gereklidir, aksi halde yanlış sektör seçilmiştir.

Aranan şirketin son beş yıldaki kârları tutarlı olmalıdır.

Fiyat/Kazanç oranları

Kârları hızla artan şirketlere yatırım yapan finansal uzman için fiyat/kazanç oranının düşük olması, o kadar önemli değil. Yapılan araştırmaya göre, 1955 -1985 yılları arasında en üstün performansı gösteren şirketlerin başlangıçtaki fiyat/kazanç oranları 20 civarında. Aynı dönemde Dow Jones ortalamasının fiyat/kazanç oranı 15. Doğal olarak bu istatistikler sadece ortalamaları vermekte. Bir senedin piyasada 8-10 gibi çok düşük fiyat/kazanç oranıyla işlem gömesinin mutlaka bir nedeni vardır.

Bu yöntemde analist, normal sektör kârlarının üstünde kâr gösteren şirketleri araştırır. Örneğin S & P 500 birleşimindeki şirketlerin yıllık kârları %10 artıyorsa, büyüme yatırımcısı, yıldan yıla en az %20 kâr artışı yapan işletmelerin kağıtlarına, yüksek fiyat/kazanç primi ödemeye razıdır. Eğer şirket önümüzdeki yıllarda kârlarını %20 yerine %25 - %30 artırabilirse, yatırımcının kârı büyük olur. Son yıllarda biyokimya ve teknoloji senetlerine 50-60'ı geçen fiyat/kazanç oranları ödenmiş ve bu senetler astronomik rakkamlara çıkmaya devam etmiştir. Fon yöneticilerinin bir türlü alışamadığı bir paradoks var: Borsada çıkma ivmesine giren senetler, tırmanmaya uzun süre devam etmekte ve düşmekte olanlar da düşmeyi sürdürmekte.

Bu yaklaşımdan yola çıkarak, boğa piyasasının başında, büyük hacimle yılın en yüksek noktasına gelen senetler yatırıma aday olan kağıtlardır. Tam tersi, yılın en düşük fiyatını vuran senetler ise cazip değildir.

Büyüme hisselerini değerlendirmek

Büyümekte olan şirketlerin bilançosu ve kâr-zarar cetvellerinde bakılacak en önemli rakkamlar; satışlar, hisse senedi başına düşen kârlar ve ödenen kâr paylarıdır.

Satışlar artmadan nakit ve kârların yükselmesi devamlılık gösteremez. Nakit ve kâr artışı olmadan da kâr payları yükselmez.

Eğer kârlar, satışlardan daha hızlı artış gösteriyorsa, net kâr marjları artıyor demektir. Kâr payı artışları kârlara paralel olmalıdır.

Gerçeğini bilmeden yüksek fiyat/kazanç oranlı kağıtların açığa satılması da son derece tehlikelidir.

Şirket yönetiminin performansı

Bir işletmenin başarısındaki en önemli unsur yönetimdir. İşi planlayan da, uygulayan da, yöneten de insandır. Hedef belirlemeyi, planlamayı, organize etmeyi öğrenmiş insan faktörü, her sektördeki şirketi başarıya götürür.

Yatırım uzmanı, üst düzey yöneticilerin sadece o güne kadar yapılagelmiş işleri başarmaktan başka inisiyatifi olup olmadığına bakar. Firmanın verdiği hizmetler, ürettiği mallar, daha iyi mal ve hizmetlerin rekabetine uğrayabilir, yeni buluşlar, yeni uygulamalar ortaya çıkabilir; değişen iş koşullarına adapte olmak, vasıflı ve hırslı üst düzey yöneticilerle mümkündür. Değişen iş dünyasında eskiden ürettiği mal ve hizmetlere göre müşteri arayan şirketlerin sonu hüsranla biter. Tüketicinin tercihlerini belirleyip ona göre mal ve hizmet hazırlayan işletmeler daima başarıya ulaşır.

Üst düzey yöneticilerin kalitesi, fırsatları bulup değerlendirmelerinden belli olur. Yönetim üstün bir teknoloji uygulayamıyorsa, üretimdeki kapasite kullanımı ve işçilerinin performansı rakiplerinden ileri değilse, özel bir satış tekniği yoksa; kısaca sektöründe liderliğe soyunmamışsa büyüyüp kârlarını arttıramaz.

Değer ve büyüme yöntemlerinin birlikte uygulanması: Peter Lynch Modeli

Amerikan sermaye piyasası çevrelerindeki en saygın fon yöneticilerinden Peter Lynch, "*Borsa'da Tek Başına*" adlı kitabında (Scala yayıncılık) portföyüne alacağı hisse senetlerini seçmeden önce şirketleri, "Ağır tempoyla büyüyen şirketler, orta tempoyla büyüyen şirketler, hızlı büyüme gösteren şirketler, döngüsel şirketler, mal varlığı açısından zengin şirketler ve bir durgunluk döneminden sonra yeniden canlanan şirketler" şeklinde kategorilere ayırmış. Büyümekte olan şirketlere yatırım yapmakta çok başarılı olan bu usta, zaman zaman kelepir hisse senetlerini portföyüne alarak çok büyük kazançlar sağladı. Chrysler, Penn Central gibi iflasın eşiğine gelen ve kurtulması hükümet yetkililerinin iki dudağının arasında olan şirketler söz konusu olduğunda, bu çeşit spekülasyon yapmak her babayiğidin harcı değilse de, Magellan Fonu'na konulan yatırımları on yılda 20 katına çıkaran Peter Lynch'in 10 milyar doların üstünde bir fonu yönetirken uyguladığı stratejiler, tüm portfoy yöneticilerine, bireysel yatırımcılara ışık tutmaktadır.

Bir şirketin büyüme hızını, ekonominin büyüme hızı ile karşılaştıran Peter Lynch, kârlarının artışı, gayri safi milli hasıla artış oranının biraz daha üzerinde olan eski büyük şirketlerin, ya ulaşabilecekleri en yüksek noktaya geldiklerini veya risk almaya çekindiklerinden yeni atılımlara girmediklerini ve bu nedenle ellerindeki işletemedikleri parayı, kâr payı olarak dağıttıklarını belirtmekte ve ağır tempoyla giden şirketler hakkında "Benim portföyümde yüzde iki ile dört arası bir hızla büyüyen şirketlere yer yoktur, çünkü şirketler hızla ilerlemiyorlarsa fiyatlarının ilerlemesini beklemek de boşuna olacaktır. Kâr artışı bir şirketin başarısının ana göstergesi olduğuna göre, zamanı uyuşuk şirketlerle harcamanın hiç bir anlamı yok" ilkesini koymuştur.

Yıllık kârlarını yüzde on - oniki arasında arttıran şirketleri "Orta Tempoyla Büyüyen Şirketler" kategorisine alan Peter Lynch, Coca Cola, Colgate Palmolive, Bristol-Myers gibi tüketiciye dönük bu dev işletmelerin hisse senetlerinin, ekonominin durgunluk dönemlerinde değerlerinden fazla kaybetmediğine işaret etmekte. Bu şirketler piyasa koşullarından dolayı, gerçek değerlerinin altında, hak etmedikleri seviyeye düşerlerse alışa geçeceğini belirten Lynch, orta tempoyla büyüyen şirketleri kısa vadeli, % 30-%40 kâr potansiyeli olan "al-sat" senetleri olarak tanımlamakta.

Hızlı büyüyen şirketlerin mutlaka favori bir sektör içerisinde olması gerekmediğini vurgulayan Peter Lynch; işletmelerin başarılı olmasının sırrını, bir bölgede uygulanan iş modelinin diğer bölgelere yayılarak pazarı büyütmesine bağlamakta. O da Warren Buffett gibi anlayamadığı teknoloji şirketlerinin senetlerinden uzak durmakta.

Yılda %10 kâr artışı gösteren ve piyasada hisse senedi başına düşen bir dolar kârını 10 misline (10.00 $) satan bir şirketle, her yıl %20 kâr artışı gösteren ve hisse başına düşen bir dolar kârını 20 misline (20.00 $) satan iki şirketin karşılaştırmasını yapan Peter Lynch, on yılda birinci işletmenin hisse başına düşen kârının 2.59 $ olacağını ve senetlerinin de piyasada aşağı yukarı 26.00 dolardan işlem göreceğini; ikinci şirketin kârlarının ise, 10 sene sonra 6.19 dolara erişeceğini ve senetlerin fiyat/kazancı borsada 15 katına satılsa bile, 92.85 dolardan işlem görmesi gerektiğini vurgulamakta.

Yatırımlara Peter Lynch'in yaklaşımıyla girmek isteyen portföy yöneticileri, gerçek değer sistemi ile büyüme yöntemini birleştirdiler ve büyümekte olan şirketlere makul bir fiyat/kazanç oranı ödeyerek portföye alma yöntemini geliştirdiler: Growth at a reasonable price, GARP. Başka bir deyişle yıllık kârları %20 artan bir şirketin senetlerine, 15-16 fiyat/kazanç oranından fazla fiyat ödememekteler.

Peter Lynch kitabında, ekonominin gidişatını öğrenmek için yılda 15 dakika harcadığını ve koşullarına uyan senetleri satın almakta zamanlamayı hiç düşünmediğini vurgulamakta. Genç ve atılgan şirketlerin genelde mali yapısının zayıf olduğunu ve en küçük güçlükler karşısında iflas tehlikesi ile karşılaşabileceklerini de belirtmekte.

Kârları ekonominin gidişatına paralel olarak inip çıkan döngüsel şirketlere yatırım yaparken zamanlamanın çok mühim olduğuna işaret eden Peter Lynch, bu endüstri dallarına sektörleri çok yakından tanıyanların yatırım yapması gerektiğine işaret etmekte.

Lynch, mal varlığı açısından zengin şirketleri analiz ederken Benjamin Graham ve Warren Buffett'ın kurallarını uygulayarak derinlemesine incelenmesini ve sonra sabırla beklenmesini önermekte.

Yatırım Fonları büyüdükçe, fonun getirisini artıracak yatırım fırsatlarını bulmak güçleşir. (Bakınız. Yatırım Fonları). Yıldan yıla borsa ortalamalarının üzerinde performans gösteren 10 milyar dolarlık Magellan Fonu'na seçilen menkul değerlerin dağılım dengesinde en büyük ağırlık, büyümekte olan şirketlerde.

TEKNİK ANALİZ

Menkul değerlere yatırım yaparken borsa trendini fiyat hareketlerinden, alım ve satımdaki hacim değişikliklerinden izleyerek, kısa vadeli spekülasyonlara ve yatırımlara karar verme yöntemidir. Teknik analist piyasadaki tüm değişmeleri, grafiğini çizerek belirler; ne zaman ve hangi menkul değeri alacağına karar verirken, temel analistlerin baktığı gelir tabloları, bilanço, şirketin üretim kapasitesi ve ekonomik koşullarla pek fazla ilgilenmez. Şirketlerin defter değerleri ile borsa değerleri arasında daima büyük bir fark vardır. Bir şirketin gerçek değeri piyasada arz ve talebe göre işlem gören değerdir. Defter değerinin fazla bir anlamı yoktur.

Piyasada oluşan fiyatlar sadece şirketlerin gelecekteki kâr/ziyan ilişkisine dair analistlerin tahminlerini değil, yatırımcının kararsızlığını, geleceğe olan güvensizliğini yansıtır.

Temel analistlerin etüt ettiği, son yıllara ilişkin kâr/zarar oranları, defter değerleri v.s. geçmişte kalmıştır. Gelecekte aynı performansın tekrarlanması, bir varsayımdan ibarettir. Borsa daima ileriye dönüktür.

Teknik analist "al" ve "sat" sinyalleri için Dow Jones ortalaması, Standard&Poor's 500 ve diğer endekslerin grafiklerini incelemeye çalışır. Fiyatlar ana trendlerle birlikte hareket eder, beklenmeyen bir sürpriz olup da arz ve talep dengesi bozulana kadar iniş veya çıkış aynı yönde devam edecektir. Trendin değişmesi grafiklerden izlenebilir.

Yirminci yüzyılın başında ekonominin iyi gittiği döngüde hisse senetlerinin hep beraber çıkma eğiliminde olduğunu ve ekonomik gidişatın yavaşladığı devrede ise, kağıtların birlikte düştüğünü izleyen Dow Jones, bu trendlerin başlangıcını ve bitimini tayin etmeye çalışan Dow Kuramı'nı kurdu. (Bakınız. Dogs of the Dow)

Dow teorisine göre, binlerce yatırımcının kanaatlerinden oluşan borsanın hareketi, gel git olayına benzemektedir. Tüm sermaye piyasası hareketlerinde, bir ana trend, bir de bu trendi oluşturan ara trendler vardır. Genelde ana trend bir veya birkaç yıl sürer. Çıkış veya iniş ana trendinde duraklamalar, kontra trendler oluşur (düzeltme - correction). Yükselen borsada her bir dalganın kuvveti bir öncekinden büyüktür. Çıkma eğrisi düşme eğrisinden büyük olduğu sürece ana trend devam edecek demektir. Borsaların düşmesi de dalgalar halinde olur. Her bir dalganın yüksekliği bir önceki düzeyden düşük olduğu müddetçe ayı piyasası devam etmektedir.

Çıkmakta olan borsalara boğa piyasası, düşen pazara da ayı piyasası denir.

Boğa piyasasının üç safhası vardır:

a- Toplama safhasıdır. Ekonominin son derece yavaş olduğunu, fakat durgunluğun açılabileceğini görebilen yatırımcılar, mali yapısı kuvvetli şirketlerin senetlerini toplamaya başlarlar; senetlere yönelik talepler arttıkça ufak kımıldamalar olur.

b- Ekonominin canlanmaya başlayacağı belli olunca, senetlere olan talep artar; iyimser olmaya başlayan yatırımcı, hisse senetlerine daha yüksek fiya/kazançt oranları ödemeye isteklidir. Teknik analist bu noktada trendi görerek piyasaya girmeyi hedefler.

c- Üçüncü safha ise boğa piyasasının zirvesidir; ekonomiye ilişkin bütün haberler iyidir, senetlerden kâr eden yatırımcının cesareti artmıştır. Artık beyniyle değil de çok kısa zamanda aşırı kâr etme hırsıyla hareket eder. Boğa piyasasında önce, temel göstergeleri kuvvetli olan şirketlerin senetleri rağbettedir. Bu senetler şişince, ikinci derecedeki senetlere sıra gelir ve nihayet kalitesi düşük spekülatif senetler artmaya başlar. Ayrıca rotasyon sektörden sektöre de değişir. Artış önce otomotiv, banka, inşaat, teknoloji sektörlerinden başlar; her bir gruptaki senetler çok yüksek fiyat/kazanç oranlarıyla satılmaya başlayınca kâr realizasyonuna geçen yatırımcı, borsanın çıkışına iştirak etmemiş olan düşük fiyat/kazanç oranlı sektörlere yönelir. Borsadaki işlem hacmi artmış ve yatırımcı kötü haberlere aldırmamak eğilimindedir. Böyle son derece optimist yatırımcı pisikolojisinden yararlanan, bilançoları, kâr-zarar defterleri zayıf olan şirketler, yeni sermaye artırımlarına giderek piyasayı spekülatif senetlere boğarlar. Bilhassa sermaye piyasasının gözdesi olan şirketlerin halka arzları - Initial public offerings, IPO - kapışılır.

1968-1969 bull piyasasında isminin yanına "elektronik" kelimesi ilave edilen tüm senetler birkaç günde iki üç misline katladı. 1990'da biyokimya senetleri böyle bir furya gördü. 1998-1999 yıllarında sonuna ".com" gelen internet şirketleri, iletişim şirketleri bir gecede iki üç misline çıktı. 1970-1973 Bear piyasasında elektronik şirketlerinin senetleri %80'lere varan düşmeler kaydetti, kan gövdeyi götürdü.

Tipik bir boğa piyasasının sona ermesi, enflasyon ve yükselen faiz oranları ile başlar. Ekonominin ısınmaya başladığını, ücretlerin arttığını, başlayan enflasyonu önlemek için hükümetin faiz oranlarını arttırabileceğini düşünen akıllı yatırımcı, bu spekülatif şişmeden endişelenip borsadan çekilmeye başlar. Ücretlerin artması, enflasyonun çıkması, şirket kârlarının beklenilen düzeyde olmaması gibi kötü haberler birbiri ardına gelir. Beklenmedik her olumsuz haberin borsaya yansıması daha şiddetli olur. Portföyündeki kağıtlarda kârı olanlar, piyasanın koşullarından korkup satışa geçince bünyesi kuvvetli şirketlerin senetlerinde de arz talep dengesi negatife döner. Düşüş paniğe dönüşür, tüyolarla para kazanmak isteyen sokaktaki adam için borsa artık, son derece spekülatif bir kumar ortamıdır.

Paniğin ilk hızı geçtikten sonra, piyasadaki düşüş ufak dalgalanmalarla sürer ve pazar trendsiz bir seyir izlemeye başlar. Borsadan canı yanmış olan son yatırımcı da elindekileri ne pahasına olursa olsun satarken, bir ilerideki dalgaya bakanlar kelepir senetleri toplamaya başlarlar; sirkülasyon yeniden başlar.

Boğa piyasasında senetlerin fiyatları çıkarken, alım satım hacmi artar. Her düşme dalgasından sonra, ufak bir geri gelme hareketi olur, bu ufak çıkışta hacim küçüktür.

Teknisyenler bir taraftan borsanın çizdiği grafiği incelerken, diğer taraftan nabzını yoklar, günde kaç hisse senedi ve tahvilin el değiştirdiğine bakar.

Örneğin: New York Borsası'na kayıtlı 1300 şirketin hisse senetlerinden kaç tanesi bir önceki güne göre yukarıda kapanmış, kaç tanesi düşmüştür. Çıkanlar ile düşenler arasındaki fark nedir? Artanlar/düşenler oranı artanların lehine midir?

Örnek:

Günler	El değiştiren senetlerin sayısı	Artanlar	Düşenler	Değişmeyenler	Net Denge
Pazartesi	1301	530	535	236	-5
Salı	1310	464	597	249	-133
Çarşamba	1323	303	739	281	-436
Perşembe	1295	607	453	235	+154
Cuma	1308	807	241	260	+566
					+146

Teknik analiz, yukarıdaki haftanın pozitif geçtiğini, piyasanın yukarıya doğru bir eğilimi olduğunu çıkarır.

Dow Jones veya diğer endekslere göre Artanlar/Çıkanlar -Advance/Decline Line- grafiği yukarıya doğru bir eğri çiziyorsa, teknik analiz hisse senetlerinin çıkacağını yorumlar.

Günlük işlemlerde bazı senetler yılın en düşük noktasına, diğer bir kısmı ise, yılın en yüksek noktasına erişir. Analist her gün kaç hisse senedinin yılın en yüksek noktasında işlem gördüğünü ve kaç hisse senedinin de en düşük platoya indiğini karşılaştırır.

Boğa piyasasında zirveye yeni çıkanların sayısı artar, ayı piyasasında tam aksi olur.

1980 yılından itibaren Amerika'daki dev endüstri şirketlerinde başlayan kemer sıkma politikası ve yeni teknoloji ile üretkenliğin artırılarak üretim ve iletişim masraflarının kısılması sonucunda enflasyonun kontrol altına alınması, 1990 yılında başlayan boğa piyasasının 2000 yılana kadar sürmesine neden oldu. Global ekonomiye yön veren yepyeni teknolojinin gücünü göremeyip 1930'lardan beri her birkaç yılda bir durgunluk bekleyen temel ve teknik analistler, borsanın her duraklamasını ayı piyasasının başlangıcı olarak algıladıkları için büyük fırsatlar kaçırdılar. İki bin küsurdan başlayan Dow Jones ortalaması, onbirbin küsuru geçti.

Teknik anlistler Dow Jones ortalamasından başka, New York Borsası'ndaki 400 endüstri, 20 nakliye, 40 finansal sektör ve 20 elektrik şirketini temsil eden The Standard & Poor's endeksi ile Nasdaq ve The New York Stock Exchange endekslerini izlerler.

Teknik göstergelerin yorumlanması

Blok alış ve satışlar: Borsada bir tek işlemde 10.000'den fazla hisse senedi el değiştiriyorsa, buna blok alışverişi denir. Genelde kurumsal yatırımcılar arasında olur. Blok alım satımlarının sayısı arttıkça, büyük yatırımcılar pazara giriyor diye bilinir. Her bir blok alışverişinde, senedin fiyatı bir önceki işlemden yüksekse, ilerisi için iyi bir işarettir. Her bir bloğun fiyatı bir öncekinden düşükse - down tick-, bireysel yatırımcı arkasına bakmadan kaçmalıdır.

Lot altı teorisi - odd-lot: Amerikan sermaye piyasalarında senetler genelde 100 ve 100'ün katı lotlar ile alınıp satılır. Sayısı 100'den az olan işlemlere lot altı - odd lot - alışverişi denir. Bu türlü alım ve satımları küçük yatırımcılar yapar. Amatör olan küçük yatırımcıların daima yanlış zamanlarda alıp sattığı varsayımından yola çıkılarak, lot altı alım ve satımlar arasındaki oran takip edilir. Eğer lot altı satışlar artıyorsa, bu borsanın çıkacağına işarettir. Oran, alışların lehine ise, borsa düşecektir.

Açığa satış pozisyonu - short sale: Açığa satmak; borsanın düşmesinin beklendiği dönemde sahip olunmayan senetlerin borsa bankeri-aracı kurumdan borç alınarak satılmasıdır. Bir başka deyişle; borsa yükselirken ucuza alıp pahalı satmak yerine, borsa düşerken önce pahalıya satıp sonra ucuza geri satın alarak kâr etmek gayesiyle yapılan işlemdir. (Bakınız Açığa Satış) New York Borsası'nda ve Nasdaq'ta açığa yapılan satışların tümü ve her bir şirketin açığa satılan senetlerinin sayısı The Wall Street Journal gibi finansal gazetelerde ve internette açıklanır.

Açığa satan spekülatör, borç alıp sattığı senetleri bir müddet sonra geri satın almaya zorunlu olduğundan, piyasada talep yaratır. (Short Cover) Bu varsayımdan yola çıkarak, açığa satılan senetlerin sayısı arttıkça, borsanın aşağı düşmesi frenleneceği için boğa eğilimi, açığa satış miktarı azaldıkça da piyasanın düşme eğilimi artar.

New York Borsası'nda işlem gören senetlerin açığa satış oranı -short interest ratio - %2.5 ise piyasanın boğa eğilimli, eğer %1.5'in altındaysa ayı eğilimli olduğu düşünülür.

Borsanın zirvesindeki satış furyası - selling climax: Borsada büyük bir çıkış olduktan sonra günlerce büyük işlem hacmi gerçekleşmesine rağmen kağıtların fiyatları oynamıyorsa, kurumsal yatırımcılar kâr realizasyona geçmiş ve portföylerini boşaltmaktadırlar. Zirvedeki bu olaya satış furyası denir. Borsanın düşeceğini gösteren işaretlerden biridir.

İşlem hacmi: Hacim piyasayı iten kuvvettir, yatırımcının iyimser mi yoksa karamsar mı olduğunu belirtir. Arz ve talebin boyutlarını bildirir. Psikoloji iyimserse, piyasada işlem gören senetlerin miktarı artar.
Borsanın düştüğü günlerde işlem hacmi düşükse ve piyasanın çıktığı günlerde el değiştiren senetlerin sayısı artıyorsa, ağırlık boğalardan yanadır.
Piyasa uzun bir süre durgun gittikten sonra, yükselen fiyatlarla birlikte hacim de artıyorsa, boğa eğiliminin başlamak üzere olduğuna işarettir.
Borsanın aşağı doğru sürprizli bir yön değiştirmesinde hacim de artıyorsa, yatırımcılar hızla piyasadan çıkıyorlar demektir. Ayı piyasasının başlamak üzere olduğuna işaret eder.

Düşük işlem hacimin değerlendirilmesi: Aşağı doğru giden bir trendde hacim düşmeye başlarsa, pozitif bir gelişmedir ve artık portföylerden senetler çıkarılmıyor demektir. Yükselen piyasada, küçük düşmelerin hacmi de küçükse, boğa piyasası devam ediyor demektir.

Hareketli ortalamalar - moving averages: Belirli bir süre içerisinde hisse senedinin veya endeksin ortalama fiyatına bakılarak trend yönünün tayin edilmeye çalışılmasıdır.

Piyasadaki işlemlerde normal olmayan rastgele iniş-çıkışlar gözardı edilip, grafikte senetlerin ana eğilimine bakılır. 30-50-60 ve 200 günlük değişken fiyat ortalamaları, izlenen en yaygın ortalamalardır. Bu yaklaşımın arkasındaki psikolojik mantık şudur: Bir hisse senedi belirli bir süre içerisindeki ortalama fiyatının üstünde bir çıkış yaparsa, yükselme bir müddet daha devam edecektir. Aynı muhakeme ile hareketli ortalama fiyat eğrisinin altına düşen senet, düşmeye devam edecektir. Bir senedin 50 günlük değişken fiyat ortalamasını hesaplamak için son 50 gün, senedin kapanış fiyatlarını toplayıp, 50'ye bölmekten ibarettir. Uzun vadeli yatırımcılar genelde 50 veya 200 günlük ortalamayı kullanırlar. Eğer portföydeki senet değişken fiyat ortalamasının %50 üzerinde işlem görüyorsa, o senet satılıp kâr alınmalıdır. Baz olarak alınan endekse giren senetlerin % 80'inin 200 günlük değişken fiyat ortalaması düşmekteyse, trend aşağı gitmektedir. Bu oran %20'nin altındaysa, borsa dibi görmüş demektir.
Günlük işlemlerle kâr etme amacı güden spekülatörler beş günlük ortalamayı kullanırlar.
Aynı varsayımla endekslerin 200 günlük ortalamaları incelenerek borsanın gelecekteki yönü tayin edilmeye çalışılır.

Göz önüne alınması gereken nokta:

- Diğer göstergeler gibi değişken fiyat ortalaması hatasız değildir.
- Her zaman grafikte görülen eğrinin nerede kırıldığını kesin olarak belirleme olanağı yoktur.

Teknik izlemler temel analizlerle birlikte değerlendirilmelidir.

Destek ve direnç noktaları - support and resistance levels: Bir hisse senedi veya borsa endeksinin büyük bir düşüş kaydettikten sonra stabilize olduğu düzeye "destek noktası" denir. Bir müddet kağıdın fiyatı, dar bir alım satım çizgisi içerisinde seyreder. Eğer senetler destek noktasının altına inerse, düşmenin devam edeceği anlamını taşır. Yatırımlara teknik açıdan karar veren yatırımcı, destek noktasının altına düşen senetleri elinden çıkarır. Örneğin; piyasada 42-43 dolardan işlem gören ve grafiğine göre destek noktası 40 dolar olan senet, 39 3/4'e düşerse, hisseler elden çıkarılır. Tam tersi, fiyatı artmakta olan bir hisse senedi çıktığı her yeni platoda, kâr realizasyona geçen satıcılarların direnci ile karşılaşır. Zirvede, arz ve talep arasındaki çekişmede, artan talep direnç çizgisini kırarsa, boğa eğiliminin başladığı düşünülür. Bu aşamada teknik yatırımcı alıma geçer. Örneğin direnç çizgisi 50 dolar

olan senetlerin 50 1/4'den işlem görmesi.
Destek ve direnç noktaları açığa satışlarda, kâr realizasyonlarında, kısa vadeli spekülasyonlarda verilen alım satım kararlarında etkili bir göstergedir.

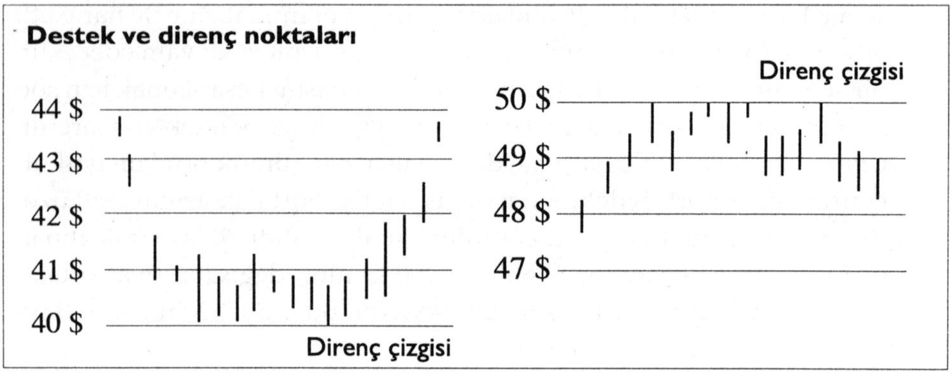

Teknik analist 40 doların altına düşünce elindekileri satıyor veya açığa satmaya karar veriyor. Senet 50 doların üstüne çıkarsa alıma geçiyor.

Borsanın derinliği: Senetlerin günlük alışverişlerindeki fiyat oynamalarının yorumlarıdır.

a- Artanlar/düşenler çizgisi - Advance/Decline Line: Günden güne borsada işlem gören hisse senetlerinden kaçının fiyatı bir önceki seansa göre düşmüş, kaçının artmış ve kaç tanesinin fiyatında değişiklik olmamıştır? Basit bir mantıktan hareketle, Dow Jones ve diğer endeksler yükselirken derinlik negatifse, borsanın yakın bir tarihte düşebileceğinin işaretidir.

b- Kaç hisse senedi son oniki ayın en yüksek fiyatına erişmiş, kaç tanesi yılın en düşük noktasına gelmiştir? Büyük bir hacimle fiyatı düşen senetlerin sayısı çıkanların sayısından fazlaysa, piyasa ayıların nüfusuna girmiş demektir.
Yaklaşık bir hesapla New York Borsası'na kayıtlı senetlerden yılın en düşük fiyatına gelenlerin sayısı 40'ın altındaysa, borsa henüz sağlıklı demektir. Gün be gün peş peşe 40'ın üstüne çıkarsa, borsanın eğilimi aşağı doğrudur.

c- Sektörlerin fiyat hareketi: Borsada bazı endüstri gruplarının fiyat hareketleri izlenerek piyasanın dönme noktaları tayin edilmeye çalışılır.

Otomotiv, elektronik, petrol, kimya, çelik gibi sektörleri temsil eden senetler, borsada büyük bir düşme olduktan sonra yeni gelen kötü haberlere reaksiyon göstermiyorsa, borsanın en düşük noktasında olduğuna işaret eder. Bu olayın tam tersi, fiyatlarda büyük bir artış olduktan sonra, hacmin yüksekliğine rağmen zirvede bir kıpırdama olmuyorsa, boğa piyasasının sonu geldiği şeklinde yorumlanır.

Düşük kaliteli spekülatif senetlerin alışveriş hacminin artması, bilinçsiz, duygularına kapılan, zayıf ellerde toplandığına işaret eder. Bu tür yatırımcı en küçük bir tehlikede paniğe kapılıp satışa başlar. Kaliteli şirketlerin alım satım hacmi yüksekse, senetler serinkanlılıkla bakan, kurumsal yatırımcıların elinde toplanıyor demektir.

d- Piyasaya ihraç edilen yeni menkul değerlerin hacmi: **Serbest piyasa ekonomisinde şirketler yeni yatırımları finans etmek veya vadesi gelmiş olan tahvillerin itfasını yapmak için yeniden hisse senedi ve tahvil çıkarırlar.** Teknik anlayış için mühim olan, piyasaya sürülen menkul değerlerin hacminin artıp artmadığı ve bunların yatırımcı tarafından nasıl kabul edildiğidir. Piyasaya sürülen kağıtların hacmi artmasına rağmen müşteri bulup satıyorsa, yatırımcının psikolojisi pozitif yöndedir. Eğer senetlerin satılmasında güçlük çekiliyorsa, olumsuz piyasa psikolojisi er geç diğerlerine bulaşacak demektir.

e- Trendin değişmesi; Daha önce belirttiğimiz gibi, borsada büyük bir çökme olduktan sonra düşüş dalgalarının hızı yavaşlar, işlem gören senetlerin hacmi düşer ve uzun süren bir durgunluk devresi başlar. Kaliteli, adıyla sanıyla bilinen şirketlerin senetleri yarı fiyatına işlem görmektedir. Benjamin Graham'in dediği gibi bu dönemde, borsaya yatırıma spekülasyon olarak bakan yatırımcılar hisse senetlerinin adını bile ağızlarına almak istemezler. Yeni gelen kötü haberler de borsayı etkilemez. Düşen senetlerin fiyat/kazanç oranları da düşmüş, kâr payı ödemeleri artmıştır. Örneğin Xerox şirketi yılda 1.60 dolar kâr payı ödemektedir, senetler 65.00 dolarken hisse senedi başına düşen kâr payı getirisi % 1.2 kadardır. Senetler 20.00 dolara düşünce ödenen kâr payı aynı olduğundan, Xerox'u 20.00 dolardan satın alanın kâr payı getirisi % 4 olur.

Borsanın karamsar dönemlerinde kurumsal yatırımcılar yavaş yavaş gerçek değeri iyi olan ucuz kağıtları toplamaya başlarlar ve bu yeni bir boğa piyasasının ilk adımlarıdır.

Boğa piyasasının sessiz sedasız ortaya çıkmasına karşın, ayı piyasaları çılgın gibi başlar. Önce gazetelerin her gün büyük başlıklarla boğaların zaferini yazması halkın piyasaya olan güvenini arttırır. Son derece savunmacı yatırımcılar bile fırsatları kaçırdıklarına hayıflanıp borsada şanslarını denemek isterler. Piyasaya ihraç fiyatını haklı gösterebilecek varlıkları ve kârları olmayan çok spekülatif senetler dahi derhal kapışılır.

Yatırımcıya: Bilgisayar yazılımı veya internet konusunda her çıkan senedin ileride Micrasoft veya America On Line gibi dev şirketin başlangıcı olduğu havası verilir. Beklenmeyen süpriz bir haberden dolayı ya borsanın lideri olan bir şirketin senetleri veya önde giden sektörün senetleri büyük bir düşme kaydeder. Bu hareket yatırım uzmanları tarafından önce hafife alınır. Artık iyi haberler de gelse endeksler artış göstermez. Piyasanın çıktığı günlerde hacim düşüktür. Aksine borsa düşerken hacim de artar. Faiz oranlarının arttırılması beklendiğinden tahvil fiyatları düşer. Borsa bazı günler artış kaydetse dahi, dalgalar halinde iniş trendine geçmiştir.

Göreceli kuvvet - relative strenght: Belirli sürede, bir şirketin borsada işlem gören senetlerinin performansının, genel endekslerin performansı ile karşılaştırılarak derecelendirilmesidir. Sıralama bir ila doksondokuz arasında oynar. Derecesi 99 olan hisse senedi, belirli bir sürede endeksteki senetlerin %99'dan daha iyi performans göstermiş olması demektir. Eğer senedin derecesi 70'in altına düşmüşse, borsada önde giden senetler arasında değil demektir.
Bu göstergenin arkasındaki mantık şudur: Eğer hisse senedinin göreceli kuvveti 75'in üzerindeyse, o kağıdın yukarı çıkması bir süre daha devam edecektir. Örneğin Microsoft, Intel, Wal-Mart gibi şirket senetlerinin piyasaya göre göreceli kuvveti çok yüksektir.

Yazarın Notu: *Yukarıda belirttiğimiz belli başlı teknik göstergeleri analiz eden yatırımcının, aynı zamanda şirketin içerisinde bulunduğu sektörü, ekonominin gidişatını ve borsanın genel durumunu birlikte araştırması gerekmektedir. Hiçbir göstergenin piyasanın geleceğini güvenilir bir şekilde, tek başına tayin etme gücü yoktur.*

DOW JONES ENDEKSİNİN KÖPEKLERi

Günlük global borsa haberlerinin başında, New York Borsası'ndaki dalgalanmaları gösteren Dow Jones sanayi endeksi gelir. Amerikan sermaye piyasasının barometresi olan bu endeks ilk defa 1896'da *The Wall Street Journal* gazetesini kuran Edward Davis Jones ve ortağı Charles Henry Dow tarafından oluşturuldu. Hisse senetlerinin genelde birlikte inip çıkma eğiliminde olduğunu izleyen Mr. Dow, piyasa hareketlerini ölçmek amacıyla, New York Borsası'na kayıtlı en güçlü dokuz demir yolu ve iki büyük imalatçı şirketin hisse senedi fiyatlarını toplayarak, bu firmaların ihraç etmiş olduğu tüm hisse senetlerinin sayısına böldü. Bu basit hesapla oluşan Dow Jones sanayi endeksinin Amerikan ekonomisinin trendini işaret ettiğini izledi. O zaman bütün mallar demir yolları tarafından taşındığından, ticaretteki canlanma önce demir yolları işletmelerinin kârlarına yansımaktaydı. Amerikan ekonomisi büyüdükçe, endekse yeni şirketler ilave edildi. Bugünkü Dow Jones ortalamasına giren otuz şirket Amerikan endüstrisinin bel kemiği olan en güçlü firmalardır. Toplam parasal değeri, aşağı yukarı New York Borsası'nda işlem gören tüm menkul değerlerin % 25'ine eşit. Zaman zaman mali gücü New York Borsası'nın aradığı standartlardan düşen firmalar, diğer bir güçlü şirketle değiştirilmekte.

Son on yılda rekor üstüne rekor kıran boğa piyasasında her yatırım kâr getirmiyor, artış yapacak kağıtların isabetle seçilmesi zor bir iş. 1999 yılında internet, teknoloji sektörlerindeki senetler, hiçbir ölçüye gelmeyen astronomik rakkamlara ulaşırken, Xerox, Gillette gibi geçmiş yılların gözdesi olan prestijli firmaların hisse senetleri % 70'e varan değer kayıpları kaydetti. Çıkan borsadan yararlanmak isteyen yatırımcılar yeni yatırım yöntemleri ürettiler. Bunlardan en ilginci, Michael O'Higgins'in tahminlere, varsayımlara dayanmayan, fazla araştırma gerektirmeden her yatırımcı tarafından kolayca uygulanan "Dow Jones Endeksi'nin Köpekleri" yöntemi.

Wall Street'te düşen veya hiçbir artış göstermeyen hisse senetleri için "dog - köpek" terimini kullanırlar. Mr. O'Higgins her yılın sonunda Dow Jones endeksinde en yüksek kâr payını ödeyen 10 şirketin senetlerine eşit miktarda yatırım yapıldığında, Dow Jones endeksinin üstünde bir performans sağladığını, borsanın istatistiklerinden saptadı. Başarının sırrı, her yıl 31 aralıkta aynı işlemi tekrarlamak.

Bu tür yaklaşımla yapılan yatırımın getirisi son 25 yılda, yıllık %17.7 olmasına karşın, aynı devrede Dow Jones endeksi yılda ortalama % 11.9 arttı. Dogs of Dow, 96'da %28.6, 1997'de % 22.2 ve 1998'de %10.7 performans gösterdi.

Amerikan sermaye piyasasında işlem gören şirketlerin kâr payı getirisi, ödenen kâr payının hisse senedi fiyatına bölünmesiyle bulunur.

Örneğin: Marlboro, Viginia Slim sigaralarının, Miller birasının, Kraft, Post, Maxwell House gıda maddelerinin üreticisi olan Phillips Morris şirketi, hisse senedi başına yılda 1.92 dolar kâr payı ödemekte. 1999 yılının başında 55.00 dolardan işlem gören senetlerin kâr payı getirisi % 3.5 idi; Aralık ayında senetler 23.00 dolara düşünce, hisse senedi başına ödenen kâr payı getirisi (1.92/23) %8.34'e çıktı. 1999 yılında Philip Morris'in düşme nedeni, nikotinin kansere neden olduğu gerekçesiyle sağlık masraflarını karşılaması için tüketicilerin şirket aleyhine 200 milyar dolarlık tazminat davası açmış olması. Mahkemeyi davacıların kazanacağı tahmin edilmiyor, ama korku dağları bekler.*

Philip Morris ve Goddyear Tire şirketlerinin sorunları, 1999 yılında köpek ortalamasının sadece % 3.6 çıkmasına neden oldu.

2000 yılı için köpekler listesine girmeye aday kağıtlar, Philip Morris, Minnesota Mining & Manufacturing, J.P. Morgan, Caterpillar, Exxon-Mobil, DuPont, General Motors ve Eastman Kodak, SBC Comm, International Paper.

Köpeklerin boğalardan hızlı koştuğunu gören Wall Street, yukarıdaki yönteme paralel ikinci bir Yavru Köpek stratejisi "Small Dogs of the Dow or Puppies of the Dow" geliştirdi. Bu basit işlem de, son yılın en kötü performans gösteren 10 hisse senedi içerisinden en ucuz 5 tanesini seçmekten ibaret. Bu yöntemin de son 25 senede, yılda %20.9 getiri sağladığı geçmişteki işlem kayıtlarından saptandı.

---

* Mahkemeyi hükümet kazandı ve sigara şirketleri, hükümete tam 220 milyar (milyon değil!) tazminat ödemeyi kabul etti.

Bu stratejiler hakkında bilgi veren web sitesi;
http://www.dogsofthedow.com/

Geçmişteki hesaplara dayanan bu stratejilerin gelecekte aynı neticeyi doğuracağı garanti değil, Wall Street hiçbir zaman bekleneni yapmaz.

2000 Yılında Dow Jones endüstri endeksine giren şirketler ve borsa sembolleri;

AT & T Corp (T)
Allied -Signal, Inc. (ALD)
Alcoa, Inc. (AA)
American Express Co. (AXP)
Boeing Co. (BA)
Caterpillar, Inc (CAT)
Citigroup, Inc (C)
Coca Cola Co. (KO)
Walt Disney Co. (DIŞ)
DuPont E I De Nemours & Co. (DD)
Eastman Kodak Co. (EK)
Exxon Corp. (XON)
General Electric Co.(GE)
General Motors. (GM)
Hewlett Packard Co.(HWP)
Home Depot, Inc. (HD)
Intel Corp (INTC)
International Business Machines Corp.(IBM)
International Paper Co. (IP)
Johnson & Johnson (JNJ)
McDonald's Corp (MCD)
Merck &., Inc. (MRK)
Microsoft Corp. (MSFT)
Minnesota Mining & Manufacturing Co. (MMM)
Morgan J.P. & Co., Inc. (JPM)
Philip Morris Companies, Inc. (MO)
Procter & Gamble Co. (PG)
SBC Communications,Inc. (SBC)
United Technologies Corp. (UTX)
Wall-Mart Stores, Inc. (WMT)

BORSANIN ÇALIŞMA SİSTEMİ

İşlemlerin uygulanması

Bosaya kayıtlı bir menkul değer üzerinde işlem yapmak isteyen bireysel veya kurumsal yatırımcı önce borsa bankerinde (aracı kurumda) hesap açar, sonra da ya siparişini yatırım danışmanına bildirir veya on line üzerinden emir verir. Borsanın salonunda her bir hisse senedinin alınıp satıldığı bir köşe "Post" vardır. "Post"a giden emir, oraya aynı maksatla gelen diğer bankerler arasında bir açık arttırma başlatır. Fiyatta uyuşma olunca, her biri telefonla işlemi şirketine bildirirken, köşedeki görevli katip alışverişi elektronik makinayla tape ederek dünyaya bildirir.

Görüldüğü gibi açık arttırma bir borsa görevlisi tarafından değil, doğrudan doğruya aracılar temsilciliği ile yatırımcılar arasında olmaktadır. Borsa salonundaki alım satımları New York Borsası'nın ziyaretçi salonundan seyredenler için, ortam adeta karınca yuvasına benzer. Salondaki 2600 Borsa Bankeri ve 1000 katip verilen emirleri yerine getirmek için "post"lar arasında devamlı hareket halindedir. Salonda üç çeşit broker vardır.

*a- **Uzman:*** Görevi borsa fiyatının çok altında veya çok üstünde olan siparişleri bir deftere kaydetmek ve zamanında işleme koymaktır. Örneğin; GM'in senet fiyatı 80 $ olsun. Bir borsa bankeri müşterisi için yetmiş dolardan satın almak üzere, "iptal edilene dek geçerli - good till cancel" siparişi almış. Diğer bir broker'in müşterisi de 90 dolardan "iptal edilene dek geçerli" sat emri vermiş. Kısaca biri 70 dolara düşerse satın al, diğeri 90 dolara çıkarsa sat diyor. Uzmanın görevi, GM bu iki fiyattan birine gelirse emri derhal devreye sokmak.

*b- **Kayıtlı borsa bankeri:*** Borsanın üyesidir, fakat yalnız kendi portföyü için alıp satar.

*c- **Borsa bankerleri:*** Müşterilerin emirlerini yerine getiren broker'ler.

Borsa salonundaki açık arttırma kuralları

1- Salonda açık arttırma yapılan postlarda herhangi bir borsa bankeri bir menkul değer satın almak için fiyat teklif ettiği, yani pey sürdüğü zaman; hiçbir satın alma teklifi ve hiçbir satış teklifi, bu sürülen peyin altında olamaz.

Örneğin; Borsa Bankeri X, GM senetlerini satın almak için 80 $ teklif ediyorsa, diğer bir broker 79 1/2 $ teklif edemez.

2- Aynı esastan hareketle, bir borsa bankeri belli bir menkul değeri belirli bir fiyattan satma teklifinde bulunduğu zaman, hiçbir satın alma teklifi bu fiyatın üzerinde olamaz. GM 80 dolardan teklif edilirse, diğer broker 81 dolar teklif edemez.

3- Yapılan teklif aynı zamanda birkaç borsa bankerine birden uygun geldiği taktirde;

a. Yapılan teklifin tamamını doldurabilen (alabilen veya satabilen) borsa bankeri, zaman süresine bakmadan işlemi yapar.

b. Teklif miktarını birden fazla broker doldurabilecek durumda ise, post'a geliş sırasına göre işlem yapılır. Hangi bankerin önce geldiği tesbit edilemez ise, yazı tura atılır.

c. Teklif edilen sat veya al emrini hiçbir borsa bankeri tek başına karşılayamıyorsa, önce teklifin en fazlasını doldurabilen borsa bankeri işlemi yapar ve sonra sırayla azına doğru gidilir.

Örnek; Banker A, 600 XYZ senedini @94'ten satın almak istiyor. Post'a 10.15'te gelmiş.

Banker B, 800 XYZ senedini @94'ten satın almak istiyor. Post'a 10.17'de gelmiş.

Banker C 900 XYZ senedini @94'ten satın almak istiyor. Post'a 10.18'de gelmiş.

Banker D 400 XYZ senedini @94'ten satmak istiyor. Post'a 10.19'da gelmiş.

İşlem A ile D arasında olur çünkü A Post'a ilk gelendir. Eğer D 1400 tane satmak isteseydi, alışverişi A ve B ile yapacaktı.
Keza, D 800 XYZ satmak isteseydi, A'dan 600 ve B'den 200 adet alacaktı.
D 400 yerine 1600 XYZ satın almak isteseydi, C'den 900 adet, A'dan 600 ve B'den 100 adet alacaktı.

Karşılaştırma - Cross : Borsa bankerinin bir müşterisi XYZ senetlerini belirli bir fiyattan satın almak ve diğeri de aynı fiyattan satmak istiyorsa, broker önce Post'gelip, diğer brokerlere satın alınmak istenen fiyatın biraz üzerinde teklif yapar; istediği yüksek fiyatı bulamazsa, işlemi ilk iki müşterisi arasında ve ilk belirlenen fiyattan yapar.

İşlemlerin taraflara yüklediği yükümlülükler

Salonda yapılan alım satım bir sözleşmedir. Satan broker belli bir zamanda menkul değeri teslim edecek, satın alan da aynı devrede parayı ödeyecektir. Taraflar aksini kararlaştırmadıkları taktirde, ödeme ve teslim beş iş günü içerisinde yerine getirilir.

Tezgah üstü piyasa - over the counter market

Tezgah üstü piyasanın belirli bir salonu yoktur, borsa bankerleri iletişim ağı ile borsalara kote olmayan menkul değerlerin alım ve satımını pazarlık usulüyle yaparlar. Bu yöntemle her gün 5000'den fazla şirketin senetleri işlem görür. Dealer tabir edilen borsa bankerleri belirli menkul değerler için "piyasa" oluştururlar. Kendilerine fiyat soranlara senetleri kaçtan alacaklarını ve satacaklarını belirtir veya bilgisayar ekranında gösterirler. Piyasa yapan brokere başvuran diğer bir broker, teklif edilen fiyatı kabul ettiğinde, piyasa yapan en az 500 Hisse senedini yaptığı teklif üzerinden almaya veya satmaya zorunludur.

Örneğin: İletişim XYZ.Com senetleri için ekranında 55 dolar "*bid*", 56 dolar "*ask*" fiyatı bildiriyorsa, satın almak isteyene 56 dolardan satmaya ve 55'ten de satın almaya zorunludur. Aradaki farka aralık - spread - denir.

Borsanın jargonu

Sermaye piyasalarında yapılan alım satım işlemlerinde, borsa bankerleri arasında hiçbir tereddüte yer vermeyen kesin finansal terimler kullanılır. Kavram kargaşasını önlemek için bu terimleri ingilizce olarak kullanacağız.

Satın alım teklifi - bid: Belli bir menkul değeri, belirli bir fiyattan satın almaya hazır olduğunu bildirmektir.

Satış fiyatı teklifi - ask: Belirli bir menkul değeri, belirli bir fiyattan satmaya hazır olduğunu bildirmektir.

Satış fiyatı teklifi - offer: Belli bir menkul değeri, belirli bir fiyattan satmak için verilen satış fiyatıdır.

Dealer: Menkul değerleri kendi hesabına alıp satan aracı kuruluştur. Borsa Bankerleri hem dealer ve hem de bankerlik görevini yapabilirler.

Örneğin; Salomon Smith Barney 200 IBM tahvilini kendi hesabına toptan alıp parkende sattığı zaman dealer'lık yapmaktadır. Ama bu senetler portföyünden çıktıktan sonra, müşterisi adına New York borsasından satın alırsa, broker'lik işlevini yerine getirmektedir.

Menkul değer işlemlerinde kullanılan emirler

Piyasa emri - market order: Bir menkul değeri, piyasada teklif edilen en iyi fiyattan satın almak veya satmak için verilen emirdir. Borsa salonuna gönderilen emrin mutlaka yerine getirilmesi isteniyors,a bu tür sipariş verilmesi gerekir.

Örneğin: IBM senetleri New York Borsası'nda en son 109 dolardan işlem görmüştür.

Borsa salonundaki yeni durum; "bid" 108 1/2 ve "ask" 109'dur.

Al emrinde alış fiyatı @109, sat emrinde fiyat @ 108 1/2 olur.

Limit emri - limit order: Yatırımcı al ve sat emrinde işlem yapmak istediği fiyatı belirtir. Eğer piyasada bu fiyattan alıcı veya satıcı varsa emir yerine getirilir: "Execute".

Örnek: IBM Bid 108 1/2 ask @109. Senetleri satın almak isteyen yatırımcı, 100 IBM'i @108'dan bugün satın al limit emri vermiş. Eğer IBM @108'e düşmez ise emir yerine getirilemez ve borsa kapanınca emir otomatik olarak iptal olur.

Doldur veya iptal et emri - fill or kill: Verilen siparişin tümünün yerine getirilmesi kaydıyla verilen emirdir.

Örnek: Yatırımcı 1000 IBM senetlerini @109 satın alma emrini "doldur veya iptal et" olarak sınırlarsa, kendisine ya 1000 tane satılacak veya hiç satılmayacak demektir. "Salonda sadece 800 tane işlem gördü, onları da size verdik," denemez.

Derhal yerine getir veya iptal et emri - immediate order: Yatırımcının verdiği sipariş derhal yerine getirilemezse iptal olur.

Koşullu emir - contingency order: Bir menkul değeri satın alma emrini diğer bir senedi satabilme koşuluna bağlayan emir şeklidir.

Örnek: 100 IBM @110'dan satılırsa, 200 Adet Lucent Technolgy senetlerini @55'dan satın al emri.

Günlük emir - day order: Verilen emir bir gün için geçerlidir. Eğer seans sonuna kadar işlem görmemişse otomatik olarak iptal olur.

İptal edilinceye kadar geçerli emir - good till cancelled order: Diğer bir adı "açık emir"dir - open order. Yatırımcı tarafından verilen limitli emir, sipariş iptal edilene kadar salondaki uzman broker'in defterinde kalır.

Örneğin: Yatırımcı Mehmet'in portföyünde 500 adet Eastman Kodak senetleri vardır ve Kodak borsada @55 civarında alınıp satılmaktadır. Piyasanın çıkışını kaçırmak istemeyen Mehmet, brokere 500 EK'i @65'dan GTC sat emri veriyor. EK 65 dolara çıktığı anda Mehmet'in açık emri devreye girer ve senetler satılır.

Stop emri - stop order: Bu tür emirler, zararı asgariye indirmek için konur. Yatırımcı IBM senetlerini @50'dan satın almıştır. Piyasanın ani düşmesine karşı tedbir almak için 85 dolardan "stop sat - stop sell" emri verir. IBM 85 dolara düşerse, emir "piyasa emrine - market order" dönüşür ve senetler derhal satılır. Fiyat $85^{1/4}$ dolar, 85 dolar veya $84^{3/4}$ dolar olabilir.

Borsaya teknik açıdan bakan yatırımcı, senetlerin direnç ve destek noktalarına göre stop emirleri koyabilir.

Örneğin; Teknik yatırımcı 90 doların IBM için direnç noktası olduğunu düşünüyor ve 90'ın üzerine çıkması halinde senetlerin hızla 100'e tırmanacağını düşünüyor. Verdiği @$90^{1/2}$ "stop al" emrinde eğer piyasada IBM 90 doları kırıp da $90^{1/2}$'ye yükselirse, siparişi otomatik olarak "piyasa emrine" dönüşür.

Tam tersi teknik yatırımcı 80 doların destek noktası olduğunu ve bu noktanın altına inmesi halinde IBM'in çok daha fazla düşeceğini düşünüyor. Verdiği IBM @$79^{3/4}$ stop sat emri, IBM piyasada $79^{3/4}$'ten işlem gördüğü anda piyasa emrine dönüşür ve senetler piyasa fiyatından satılır.

Emir verilirken dikkat edilmesi gereken noktalar

1- Borsanın durgun olduğu dönemlerde biraz ucuza almak veya pahalıya satmak için limit emirleri konarak kârın azamiye çıkarılması amaçlanabilir. Piyasanın çok oynak olduğu dönemlerde özellikle satışlarda "piyasa" emri verip piyasayı kaçırmamak gerekir; aksi halde az tamah çok ziyan getirir.

2- Emir vermeden önce gazetelerden ve internetten piyasayı takip edip, borsa bankerine danışarak, senetlerin günlük hacimleri, en yüksek ve en düşük işlem fiyatları izlenip, gerçekçi olarak kaçtan alınıp satılabileceği hakkında fikir edinilmelidir.

3- Emir verilirken likidite çok önemlidir. Günde kaç hisse el değiştirmektedir? Alınmak istenilen şirketin senetleri kurumsal yatırımcıların elinde midir yoksa bireysel yatırımcılar arasında mı dağılmıştır? Likiditenin düşük olduğu senetlerde mutlaka fiyat limiti konmalıdır.

Borsa şeridi

Amerikan borsalarında yapılan işlemler derhal elektronik şeride verilerek yatırımcılara duyulur. Şeritte - tape- her şirketin hisse senetleri bir simgeyle gösterilir. General Motors GM, Eastman Kodak EK, Xerox XRX v.s. 1975 yılından beri tüm borsaların şeritleri konsolide edilip, işlemler bir tek şerit üzerinde gösterilmeye başlandı. Alışverişin hangi borsada yapıldığını belirtmek için de her bir borsa için ayrı bir simge kullanılmakta.

Örneğin New York Borsası için & N, Amerikan Stock Exchange için & A, Pasific Stack Echange işin & P gibi.

GM, New York Borsası'nda @75 dolardan işlem görüyorsa, GM &N 75 şeklinde geçer.

Şeridin okunması: Şeritte işlem gören senetlerin fiyatlarının yanısıra, diğer kısaltılmış ayrıntılar vardır. Yüz hisse senedi üzerinden yapılan alım satımlarda sadece fiyat belirtilir. Hisse senedi adedi gösterilmez. GM &N .75 - 100 General Motors şirketinin New York Borsası'nda 75 dolardan el değiştirdiğini belirtir.

İşlem 100'ün katları ile yapılmışsa, araya "S" konarak adet belirtilir; EK & N 2 s 50 New York Borsası'nda 200 Eastman Kodak 50 dolardan el değiştirmiş demektir.

İşlem gören lot, 1000 adetten fazlaysa, tüm rakkam gösterilir. CPQ &

N 1300 25 1300 Compaq hisse senedi N.Y. Borsası'nda 25 dolardan işlem görmüş demektir.

New York Borsası'nda bazen bir milyar hisse senedi el değiştirir, şerit bütün simgeleri taşımakta güçlük çeker ve bu yüzden fiyatların son rakkamları gösterilir.

CPQ örneğinde fiyat 5 olarak gözükür.

Açığa satmak - short sale

Menkul değerlere yatırım yapan tasarruf sahibinin amacı, hisse senetlerini ucuza satın alıp sonra pahalıya satmaktır.

Borsanın geleceği hakkında karamsar olan veya herhangi bir şirketin senetlerinin düşeceğini tahmin eden yatırımcının; sahip olmadığı hisse senetlerini önce pahalıya satıp sonra ucuza satın almak için yaptığı işleme açığa satma - short sale - denir. Bu tür işlemler New York Borsası'nda aşağıdaki kurallara uyularak yapılır:

1- Açığa satış yapmak isteyen spekülatörün bu senetleri birisinden ödünç alması gerekir. İlk iş, hesabını bulundurduğu borsa bankerinin kasasında veya saklama servisinde senetlerin fiziki olarak mevcut olup olmadığını tesbit etmek gerekir. Yoksa borsa bankeri, hisseleri diğer bir bankerden borç alır.

2- Borsa bankeri, spekülatörden, açığa sattığı senedin değeri kadar nakit parayı veya başka bir menkul değeri teminat olarak hesabına depozit etmesini ister.

3- Açığa satanın tahmini doğru çıkmayıp da senetler borsada çıkmaya başlarsa banker, spekülatörün hesabına hisselerin fiyat artışı kadar ilave para koymasını talep eder. Bu işleme piyasaya endeksli - mark to market - denir. Genelde hisse senetlerİne yatırım yapanın parayı ödemesi için beş gün süre verilir. Bu tür işlemde açığa satanın parayı bir günde ödemesi gerekir; aksi halde açığa satılan senetler piyasadaki yüksek fiyattan satın alınıp yerine konur.

Örnek: XYZ senetleri piyasada 40 dolardan işlem görmektedir ve spekülatör, yakında açıklanacak olan kârların düşük geleceğini, senetlerin de düşeceğini tahmin etmektedir.

Yatırımcı borsa bankerine 200 XYZ'yi açığa sat emri verir. Emri yerine getirmek isteyen broker, spekülatöre 200 XYZ senedini borç verir ve

senetleri belirli satış kurallarına uyulmak kaydıyla 40 dolardan açığa satar. Bu duruma kısa pozisyon - short position - denir.
Eğer XYZ 40 dolardan 30 dolara düşerse, spekülatör 6.000 dolar ödeyerek 200 XYZ'yi borsadan satın alıp bankere geri verir. Bu operasyondan 2000 dolar kâr eder.

Eğer evdeki hesap çarşıya uymayıp da senetler düşmek yerine 50-60 dolara tırmanmaya başlarsa, spekülatörün başı beladadır. Ya 40 dolar ile yeni fiyat arasındaki farkı brokere depozit yatıracak veya senetleri piyasa fiyatından satın alarak - Short cover - zararı sineye çekecektir.

Görüldüğü gibi açığa satmak tehlikeli bir iştir, kaybın limiti yoktur. Kırk dolardan açığa satılan senetler, tahminler doğru çıkmayıp da altmış, yetmiş, seksen dolara çıkarsa, spekülatör ilk koyduğu sermayenin birkaç mislini kaybedebilir. Likit olmayan ve özellikle senetleri birkaç kişinin elinde toplanmış olan şirket hisselerinin açığa satılmasındaki risk çok büyüktür.

Wall Street'te yatırım bankalarının iki türlü gelir kaynağı vardır. Biri menkul değer ihraç etmek isteyen şirkete danışmanlık yapmak, "yüklenicilik" görevini üstlenmek; diğeri ise bireysel ve kurumsal yatırımcılara, şirketin geleceği hakkında bilgi verip, yapılan borsa işlemlerinden komisyon almak. Bu iki işlevi yerine getirebilmek için borsa bankeri analistlerinin, şirket yöneticileri ile ilişkilerini zedelemek istemezler. Bu iki nedenle analistler geleceğini iyi görmedikleri senetleri açığa sat önerisi yerine, suya sabuna dokunmayan "elinde tut - hold" önerisinde bulunurlar.

Açığa satanlar ise kedinin kuyruğuna basmaktan korkmazlar. Genelde bu türlü spekülatör ev ödevini çok iyi yapar. Senetlerin temel analizini didik didik didikler. Eğer zayıf tarafını görürse, avının üzerine giden kurt sürüsü gibi saldırır. Yüzde 70'i kurumsal yatırımcı olan Amerikan sermaye piyasasında (SEC), fon yöneticilerine, emekli sandıklarına şirketin tüm kötü yönlerini gösterir. Kanunlara aykırı olmasına rağmen, şirketin batacağına dair yanlış şaiya çıkaranlar bile vardır.

New York Borsası'na kayıtlı şirketlerden kaçının hisse senedinin açığa satılmış olduğu her ay ilan edilir. Açık pozisyonun senetlerin geleceğini nasıl etkileyeceği konusunda iki ayrı görüş vardır. Birincisi, ne kadar çok senet açığa satılmışsa, senet için o kadar pozitif bir durumdur; açığa satılan senetler eninde sonunda geri alancağından, talep yaratır. İkinci görüş ise, açık pozisyonu %20 civarında olan senetlerde mutlaka başkalarının bildiği bir şey olduğudur. Uzak durulması gerekir.

Açığa satanı kovalamak: Açığa satılacak şirketlerin ihraç edilmiş hisse senetlerinin miktarı ve senetlerin kimlerin portföyünde olduğu çok önemlidir. Örneğin çıkarılmış üç milyon senedin iki milyonu yönetimin elinde olup, sadece bir milyon senet borsada işlem görüyor olabilir. Başka bir deyişle tedavüldeki miktar - floating stock - çok azdır. Şirketin senetlerinin kaç tanesinin açığa satıldığını ve kaç tanesinin piyasada olduğunu hesaplayan spekülatör piyasaya girip geri kalan senetleri toplayarak fiyatı arttırır. Senetlerin düşeceğinden emin olan birinci spekülatör senetleri tekrar açığa satar. Senetleri toplayanlar da ellerindekileri borç verip işi kamçılarlar. Yani açığa yok sattırırlar. Durum öyle bir hale gelir ki, şirketin tüm senetlerinin toplamından fazlası açık pozisyondadır. Senetleri toplayan grup bu noktada ödünç verdiği hisseleri talep eder. Açığa satan köşeye sıkışmıştır: Short squeeze. Başka gidecek yeri yoktur. Açığa sattığı senetleri borç verenden satın almaya mecburdur.

İçerdekilerin işlemleri - insider transactions: Amerika'da 1934'te çıkarılan ve 1968'de sertleştirilen kanunlar, şirket tepe yöneticilerinin, kamuya duyurulması gereken bilgileri yakınlarına sızdırmasını, daha halka açıklamadan, spekülasyon yaparak haksız kâr sağlamasını şiddetle cezalandırmaktadır. 1980'li yıllarda bu kurallara uymayan Wall Street'in en güçlü spekülatörleri, Ivan F. Boesky, Michael Milken, Dennis Levine hapise girdi. (*Bakınız Taşı Toprağı Amerika, Scala yayıncılık*) İşletme genel müdür ve yardımcıları, kamuyu aydınlattıktan sonra, kendi senetlerini satın almak veya satmak isterlerse, yapılan işlemi Sermaye Piyasası Kurulu'na (SEC) bildirmek zorundadırlar. Başka bir deyişle şirket yöneticilerinin kendi hisselerini alıp satmaları da SEC kanalıyla kamuya duyurulur.

Portföy yöneticileri şirketin işletmesinin geleceğine karar verme yetkisinde olan yöneticilerin "içerdekilerin" faaliyetlerini yakından takip ederler. Eğer içerideki̇ler senetlerini satıyorlarsa, hisselerin geleceğine dair olumsuz bir işarettir. Eğer satın alıyorlarsa, pozitif bir gelişmedir. İçerdekilerin işlemleri bir menkul değeri satın almak veya satmak için başlı başına bir kriter değildir, diğer verilerle birlikte değerlendirilmesi gerekir.

Genelde, üst yöneticiler alışa geçtiklerinde ancak %30 doğru karar vermekteler. Örneğin 1999 yılının Ekim ayında Rite Aid eczane zincirindeki şirketlerin müdür ve yardımcıları 26 dolardan satın aldı. Şubat

2000 tarihinde senetler 6 dolara düştü. Yöneticilerin satışlarında doğruluk payı %70.

Hedge fonları: Borsalarda gelecek vaad eden şirketlerin yanında, temel verileri sağlıklı olmayan, fakat gerçekdışı aşırı beklentiler nedeniyle fazla şişmiş senetleri açığa satmak için oluşturulan yatırım fonlarına hedge fonları denir. Bu amaçla kurulan Global Long-Short ve Caldwell & Orkin fonları bu stratejiyi kullanan fonlardır.

OPSİYONLAR

I. GENEL KAVRAMLAR

Borsada spekülatif hisse senetlerini alıp satmayı, bir tavla oyununa benzetirsek, opsiyon stratejilerini kullanarak yatırım yapmak da bir satranç oyunudur. **Bildiğiniz kadar kazanırsınız.** Teknik ve temel analizleri yaptıktan sonra **Compaq şirketinin hisse senetlerini cazip görüp, satın almaya karar veren yatırımcının; senetleri, belirlediği veya piyasa fiyatından vereceği "satın al" emrine karşın, opsiyon teknikleri, 40 çeşit yatırım alternatifi sunar.** Bu kadar değişik seçenekten hangisinin en kârlı olacağına karar vermek, yatırımcının risk toleransına bağlıdır. İsterse son derece muhafazakâr davranıp riskini önceden belirler; isterse kaldıraç kullanarak koyduğu ana parayı birkaç katına çıkarmayı amaçlar.

Opsiyon alım satımlarında alınan risk, beklenen kâr ve spekülasyonun hangi düzeyde zararsız kapatılabileceği, önceden yapılan basit aritmetik hesaplarla belirlenir.

Opsiyon alıp satmak; soyut kavramlarla, gerçek detayları biribirine bağlayıp ileriyi görebilme sanatıdır.

"Borsada Tek Başına" adlı kitabında, "Bütün hayatım boyunca tek bir opsiyon almadım, bundan sonra da alacak değilim" diyen Peter Lynch, opsiyon tekniklerini inceleseydi, herhalde Magellan Fonu'nu on yılda, 20 değil, yüz katına çıkarırdı.

Uzun süre Wall Street'in anlaşılmamış yatırım araçlarından biri, opsiyon işlemleriydi. 1973 yılından itibaren Chicago Board of Exchange, Pacific Exchange, American Stock Exchange gibi borsalarda standart sözleşmeler olarak işlem görmeye başlayınca büyük bir likidite kazandı. 1999 yılında CBOE'de işlem gören opsiyon sözleşmelerinin sayısı bir milyonu geçti. Her gün internetten 65.0000 çeşit opsiyon seçeneğinin fiyatlarını öğrenme olanağı var.

Opsiyon piyasalarının en büyüğü Chicago Board of Trade'de 680 şirketin opsiyon sözleşmeleri işlem görmekte. San Francisco'daki Pacific Stock Exchange (PCX), American Stock Echange (AMEX), Philadelphia Stock Exchange (PHLX) borsaları opsiyon sözleşmelerinin işlem gördüğü diğer borsalar. Biribiriyle rekabet halinde olan bu borsalarda bazen aynı sözleşmeye yapılan alım ve satım tekliflerinde çok küçük farklar olabiliyor. Yatırımcının en iyi fiyatı alabilmesi için aracı kurumdan tüm fiyatları sorması gerekmekte veya CBOE'nin web sitesine bakabilir.

Muhafazakâr opsiyon stratejileri:

Menkul değerlerin düşmesine karşı portföyü korumakta,
Portföyündeki hisse senetlerine karşı ilave gelir temin etmekte,
Satın alınması kararlaştırılan bir hisse senedini piyasada işlem gören fiyatının altında satın almakta,
Her yeni yatırımda riski, asgariye indirmekte kullanılır.

Spekülatif opsiyon stratejileri:

Minimum yatırımla, azami kâr sağlamak,
Borsa yukarı da çıksa, aşağıya da inse ve yerinde de saysa, kâr olanakları yaratmak amacıyla kullanılır.

Tanımı

Belirli sayıda bir menkul değeri, belirli bir süre içinde, belli bir fiyattan satın almak veya satmak için yapılan sözleşmelerdir. Hisse senetleri, tahvil, yabancı para vadeli işlemleri, finansman endeksleri için uygulanır.

Net bir resim oluşturmak için opsiyonu, çok basit bir benzetme ile gayri menkul alım satımına uygulamaya çalışalım.

Ahmet Yücel'in Tuzla'da değeri bir milyon dolar olarak saptanmış bir arazisi var. Müteahhit Mehmet Demir bu araziyi satın almaya karar vermeden önce, gayri menkul piyasasının nasıl gideceğini altı ay izlemek istiyor. Fakat bu arada arsayı elinden kaçırmak da istemiyor. Aralarında bir anlaşma yapıyorlar. Ahmet Yücel arsasını altı ay içerisinde müteahhite bir milyon dolara satmayı kabul ediyor; müteahhit de arsa sahibine, aldığı bu hakka karşı %15 prim ödüyor. Bu anlaşmaya opsiyon sözleşmesi deniyor. Opsiyon satan Ahmet Yücel için de - option writer" terimi kullanılıyor.

Anlaşmanın sonuçları:

1- Müteahhit altı ay içerisinde opsiyonunu kullanıp arsayı satın alırsa, arazinin maliyeti bir milyon + ödediği %15 prim olacaktır.

2- Müteahhit altı ay içerisinde arsayı satın almamaya karar verirse hakkı yanacak, bir başka deyişle ödediği 150.000 dolarlık primi kaybedecektir.

3- Ahmet Yücel kontratın yapıldığı gün, %15 primini almıştır. Müteahhit opsiyonunu kullanıp arsayı satın alsa da, almasa da bu para onundur.

4- Altı ay içerisinde arsanın değerinin %30 arttığını varsayalım.

Müteahhit arsayı satmak isterse, yaptığı 150.000 dolarlık yatırım ikiye katlamıştır. Ali Yücel de hayatından memnundur, arazisini bu yöntemle bir milyon yüzelli bin dolara satmıştır.

5- Altı ay içerisinde büyük bir ekonomik kriz gelmiş ve arazi fiyatları %30 düşmüştür.

Artık, müteahhit benzer bir araziyi 700.000 dolardan satın alabileceği için, Ahmet Yücel'in arsasını satın almayacaktır.

Ahmet Yücel ise krizden dolayı uğrayacağı 300.000 dolarlık zararı, sattığı opsiyon sözleşmesi ile 150.000 dolara düşürmüştür; fakat elindeki araziyi bekleterek ileride tekrar bir milyona veya yukarısına satma şansı olabilir. Arsa spekülasyonu yapan müteahhit ise, koyduğu depozitin tamamını kaybetmiştir.

Yukarıdaki örnekten izleneceği üzere her opsiyon işleminde iki taraf vardır. Genelde bir taraf muhafazakâr davranır, diğeri spekülatif. Fiyatlar yukarı çıktığında her iki taraf da kazanır ama her zaman değil.

Çeşitleri

1- Call Opsiyonu
2- Put Opsiyonu
3- Straddle: Call-Put bileşimi
4- Spread: Yayılma opsiyonu

Call Opsiyonu

Belirli bir şirketin 100 hisse senedini, belirli bir fiyattan, önceden belirlenen bir süre içerisinde satın almak için yapılan kontrattır. Kontratın süresi bir aydan iki yıla kadar olabilir. Dokuz ayın üzerinde yapılan opsiyon kontratlarına "Leap" denir.

Bütün opsiyon kontratlarının beş karakteri vardır:

- Opsiyonun türü (put veya call)
- Üzerinde işlem yapılan menkul değer (the underlying stock)
- Vade sonu (the expiration date)
- İşlem fiyatı (the strike price)
- Opsiyon kontratının zaman değeri

Örnek: CPQ July $ 30.00 call @ 4.00

- CPQ, Compaq şirketinin sembolüdür ve 100 hisse senedini ifade eder.
- July, sözleşme süresinin Temmuz ayının üçüncü haftasının Cuma günü sona ereceğini bildirir.
- 30 $, üzerinde anlaşılan alım satım fiyatıdır.
- Call, satın alma hakkı
- 4 $, kontratın primi dört dolar.

Yukarıdaki yazılımda; Compaq şirketinin 100 hisse senedine sahip olan yatırımcı, elindeki 100 adet hisse senedini (underlying security), Temmuz ayının son haftasına kadar (expiration date), 30 dolardan (strike price) satmayı kabul etmesine karşılık, 400 dolar prim alıyor. Başka bir ifade ile "Call" kontratı satıyor.

Bu hakka sahip olmak için 400 dolar prim ödeyen spekülatör de "Call" kontratı satın almış oluyor.

Kontratta satın alanın pozisyonu "UZUN - long" kelimesi ile belirtilir. Opsiyon kontratına sahip olan kişinin hesabına atfedilir.

Kontratı satanın pozisyonu "KISA- short" terimi ile ifade edilir. Buradaki "short", satıcının senetleri, opsiyon tarihinin bitimine kadar verme yükümlülüğünü vurgular. Açığa satmak demek olan "short sale" ile karıştırılmamalıdır.

Borsanın koşullarına göre vade sonunda bu işlemin doğurabileceği sonuçlar:

Call kontratının işlem fiyatı 30 dolar.

Call opsiyonunu satan açısından olasılıklar:

1- Vade sonunda CPQ 25 dolara düştü.

Opsiyon kontratı satan 400 dolar prim almasaydı, zararı 500 dolar olacaktı. Bu işlemle kağıt üzerindeki zararı 100 dolara inmiş oldu.

2- Vade sonunda CPQ 29.5

CPQ piyasada 29.5 dolardan işlem göründüğünden, senetler elinde kalmış olacak; vade biter bitmez ikinci bir kontrat satarak tekrar prim alma olanağına sahip olur.

3-Vade sonunda CPQ'nun fiyatı 40 dolar.

Senetler 40 dolara, 50 dolara da çıksa yaptığı kontrat gereğince 30 dolardan satmak zorunluğunda. Tüm kârı, elindeki senetlere üç ayda 400 dolar gelir sağlaması. Bu işlemi yılda üç, dört defa tekrarlarsa yatırımına % 35-40 civarında getiri sağlar.

Call kontratını satın alan spekülatör açısından olasılıklar:

1- Vade sonunda CPQ 30 doların altında kapanmış.

Piyasadan CPQ senetlerini 30 doların altında alabileceğine göre, verdiği 400 dolar primi yandı. Fakat tüm riski de sadece 400 dolar.

2- Vade sonunda CPQ 32 dolar.

Senetleri 30 dolardan alıp 32'den satarak ödediği 400 dolar primin 200 dolarını kurtarmış olur. Avrupa'da sermaye piyasalarında işlem gören kontratlarda, opsiyonunu kullanan spekülatör, senetleri önce 30'dan satın alıp sonra 32'den satmak zorunluğundadır. Chicago Board of Exchange, American Stock Exchange, Philadelphia, Pacific Exchange opsiyon borsalarında doğrudan doğruya kontrat satılır.

3-Vade sonunda CPQ 40 dolar.

Senetleri 30 dolardan satın almak hakkına sahip olduğundan;

1000 \$-400 \$ = 600 \$ kâr etmiştir. 600/400= %150 kâr

Option işlem fiyatları ve vade tarihleri:

Borsalara kote edilen standard opsiyon kontratlarının, piyasada 10 ila 25 dolar arasında işlem gören senetler için işlem fiyatları ikibuçuk dolarlık aralıklarla saptanmış; 25 dolar ve yukarısı için 5'er dolar aralarla işlem görüyor.

Örneğin, Borsada 13 dolar civarında alınıp satılan senetler genelde 10 $, 12 1/2 $, 15 $, 17 1/2 $, 20 $, 22 1/2 $ ve 25 $ işlem fiyatları üzerinden işlem görür.

29 1/2 $ civarında işlem gören CPQ şirketinin opsiyonları ise; 15 $, 20 $, 25 $, 30, 35 $... işlem fiyatlarından işlem görmekte.

Borsa'da ilk defa dört veya sekiz değişik fiyat serisinde opsiyon kontratları işlem görmeye başlar. Çok oynayan senetler değişik düzeylere gelince, yeni seriler başlatılır. Fiyatları %80-%100 artış veya azalma gösteren hisselerin opsiyon serileri de fazladır.

Opsiyon kontratları aşağıda belirtilen üç ayrı dönemde işlem görür:

1-Ocak/Nisan/Temmuz/Ekim dönemi,
2-Şubat/Mayıs/Ağustos/Kasım dönemi,
3-Mart/Haziran/Eylül/Aralık dönemi

Opsiyon sembolleri: Şirketlerin hisse senetleri borsalarda sembollerle alınır satılır. Örneğin Disney DIS, General Motors GM, Xerox için XRX, Dell Computer DELL v.s..

Opsiyon işlemleri: Vade ayları ile ayrıca kodlandırılmıştır; Ocak ayının üçüncü haftasında süresi dolan Call'lar için A, Şubat için B, Mart için C, Nisan için D v.s.

İşlem fiyatları da aynı şekilde harflerle gösterilmiştir;, 5 $, 105 $, ve diğer beş ile biten yüzün katları için A, 10 $ ve yüzlü katları için B, 15 $ ve yüzlü katları için C v.s.

Her bir hisse senedinin opsiyon fiyatı: Önce şirketin sembolü, sonra vade ayının kodu ve en sonuna da fiyat kodu yazılarak belirtilir.

Çok karışık gibi görünen bu kod sistemleri aşağıdaki American Stock Exchange ve Chicago Bord of Exchange web sitelerindeki tablolarda daha açık olarak görebilirsiniz.

Tablo I:
Call ve Put'ların vade aylarının kodlarını belirliyor, Ocak Call'ları için A, Ocak Put'ları için M sembolü kullanılıyor.

Expiration Month Codes

	JAN	FEB	MAR	APR	MAY	JUN	JUL	AUG	SEP	OCT	NOV	DEC
Calls	A	B	C	D	E	F	G	H	I	J	K	L
Puts	M	N	O	P	Q	R	S	T	U	V	W	X

Tablo II:
İşlem fiyatlarının kodları, A-5 $, B-10 $

Strike Price Codes*

A	B	C	D	E	F	G	H	I	J	K	L	M
5	10	15	20	25	30	35	40	45	50	55	60	65
105	110	115	120	125	130	135	140	145	150	155	160	165
205	210	215	220	225	230	235	240	245	250	255	260	265
305	310	315	320	325	330	335	340	345	350	355	360	365
405	410	415	420	425	430	435	440	445	450	455	460	465
505	510	515	520	525	530	535	540	545	550	555	560	565
605	610	615	620	625	630	635	640	645	650	655	660	665
705	710	715	720	725	730	735	740	745	750	755	760	765

N	O	P	Q	R	S	T	U	V	W	X	Y	Z
70	75	80	85	90	95	100	7 ½	12 ½	17 ½	22 ½	27 ½	32 ½
170	175	180	185	190	195	200	37 ½	42 ½	47 ½	52 ½		

Tablo III:

19 Ocak 2000 tarihinde Disney şirketinin hisse senetlerinin kapanış fiyatı 34.75 $ ve en aktif işlem gören opsiyon kontratlarını veriyor.

AMERICAN STOCK EXCHANGE

InfoQuotes | News | Market Activity | Portfolio Tracking | Equity and Index Options | Screening | Index Shares | IPOs | Earnings | Investor Resources | About Us | Site Search

1/19/2000 Market Closed | AMEX 890.57 4.23▲| Nasdaq 4151.29 20.48▲| DJIA 11489.36 71.36▼| S&P 1455.90 0.76▲

Get InfoQuotes
Get Flash Quotes
Symbol Look-up

Equity Options unavailable for symbols shaded gray.

TWA	IBM	DIS		

Equity Options for additional security: Go

Most Active Options

Company News | Fundamentals | Real-Time Filings | Equity Options

Most Active | Options Display | LEAPS Options

DIS **DISNEY CO WALT HLDG CO** DIS NYSE

Last Sale **$34.75** Net Change **0.25▲**

Most Active LEAPS	Last Sale	Net Change	Volume	Open Int	Best Bid	Best Ask
JAN 2001 CALL 20 ZDSAD	$16.25	0.375	2285	8487	$16	$16.25
JAN 2002 CALL 50 WDSAJ	$4.5	0.25	590	2944	$4.25	$4.5
JAN 2002 CALL 30 WDSAF	$11.625	0	167	3923	$11.13	$11.5
JAN 2001 CALL 40 ZDSAH	$4.375	0.125	104	10930	$4.25	$4.5
JAN 2001 CALL 35 ZDSAG	$6.375	0.375	76	14403	$6.13	$6.38

Most Active Calls	Last Sale	Net Change	Volume	Open Int	Best Bid	Best Ask
APR 2000 CALL 35 DISDG	$3.25	0	6520	18867	$3.25	$3.38
JAN 2000 CALL 35 DISAG	$0.5625	0.125	1862	11393	$0.5	$0.5
FEB 2000 CALL 25 DISBE	$10	0	1602	1664	$9.75	$10
FEB 2000 CALL 35 DISBG	$1.8125	0.0625	477	7631	$1.81	$1.88
JAN 2000 CALL 30 DISAF	$4.75	0.25	444	20310	$4.63	$4.75

Most Active Puts	Last Sale	Net Change	Volume	Open Int	Best Bid	Best Ask
JAN 2000 PUT 36.625 DISMQ	$2.125	-0.6875	454	1108	$2.13	$2.13
FEB 2000 PUT 35 DISNG	$2	0	421	3591	$1.94	$2
FEB 2000 PUT 37.5 DISNU	$3.625	0	400	543	$3.5	$3.63
APR 2000 PUT 30 DISPF	$1.1875	0.0625	330	2067	$1.13	$1.13
APR 2000 PUT 35 DISPG	$3.25	0.125	215	932	$3.13	$3.25

Home | About Us | Feedback
Help & Reference | Site Tour | Site Map

En aktif işlem gören Call'ların sütununa baktığımızda:

APR 2000 35 DISDG; Disney şirketinin hisse senetlerinin (DIS), 2000 yılının Nisan ayında süresi biten (D), 35 dolar işlem fiyatından (G) saptanan Call'ları, 3.25 dolardan işlem görmüş. 6520 kontrat el değiştirmiş. Nisan 35 Call'larından bugüne kadar 18867 kontrat işlem görmüş.

Disney'in Ocak 35 call'ları "JAN 2000 Call 35 DISAG" zaman kalmadığı için sadece .50 dolar üzerinden işlem görüyor. Bu noktayı biraz daha açalım:

19 Ocak çarşamba 2000'de, 1862 kontrat el değiştirmiş. Ocak opsiyonunun vadesi 21 Ocak Cuma günü dolacağına göre, spekülatör neden kontrat başına .50 $ ödüyor?

Yanıt: Eğer DIS Cuma gününe kadar 36 dolara çıkacak olursa, spekülatör koyduğu parayı iki günde, ikiye katlamış olacak.

Açık pozisyon - open interest - hanesinde 19 ocak 2000 tarihine kadar 11393 kontratın yazılmış olduğunu görmekteyiz. Anlamı:

Eğer Cuma gününe kadar senetler 35 doların altında kalırsa call opsiyonu satın alanların primleri yanacak, satanlar için ise tekrar Nisan veya Temmuz aylarının Call'larını satıp prim alma olanağı doğacak.

Örneğin:

JAN 2001 CALL 35 ZDSAG 2001 yılının"Leap" Ocak 35 call'larına 637.50 $ prim ödemekte. Satıcının diğer alternatiflerini ilerideki bölümlerde tekrar irdeleyeceğiz.

Opsiyon kontratlarının iki tür değeri vardır;

1- Zaman değeri - time value

2- Gerçek değeri - intrinsic value

1- *Zaman değeri:* Opsiyon kontratlarının piyasa fiyatı, doğrudan doğruya üzerinde kontratı yapılan hisse senedinin hareketine bağlıdır. 19 Ocak tarihinde, Nisan 2000 35 Call'ları 3.25 dolardan işlem görmekte. Başka bir deyişle Disney'in senetleri borsada 34.75 dolardan işlem görürken, Nisan 35 kontratı için ödenen 3.25 $ prim, zamanın bedelidir. Üç ay içinde Disney'in fiyatlarında hiçbir kıpırdama olmayıp sabit kalsa, bu prim Nisan ayına yaklaştıkça değerinden kaybedecek ve vade sonunda tarihinde sıfır olacaktır.

2- *Gerçek değeri:* Disney senetlerinin, 1 Şubat 2000 tarihinde borsada 38 dolardan işlem gördüğünü varsayalım. Teorik olarak Nisan 35 Call'larının sahibi, vade tarihine kadar senetleri 35 dolardan satın alma

hakkını kullanıp 38 dolardan satabileceği için, Nisan 35 Call'larının gerçek değeri 3 dolardır.
Doğal olarak senetler 35 dolardan 38 dolara çıkınca piyasada işlem gören kontratın fiyatı geri kalan zamana ödenen prim nedeniyle 5 dolar civarında olacaktır. Ayrım yapılması gereken nokta kontratların "gerçek değerleri" ile "zaman değerlerinin" biribirinden farklı olmasıdır. Vade sonunda bu değerler biribirine eşit olur.

Örnek; 20 Ocak 2000 tarihinde Compaq borsada 30 dolar civarında işlem görmektedir.
Charles Schwab aracı kurumunun web sitesinde - www. schwab.com - görüldüğü gibi;

Şubat	27.5 2000 Call fiyatı $3^{5/8}$
Nisan	27.5 2000 Call fiyatı 5
Temmuz	27.5 2000 Call fiyatı $6^{1/4}$ olarak işlem görmekte.

COMPAQ PİYASA FİYATI	30
İŞLEM FİYATI	- 27.5
OPSİYONUN GERÇEK DEĞERİ	2.5

Başka bir deyişle:
CPQ Şubat 27.5 Call fiyatı = 2.5 gerçek değeri + $1^{1/8}$ zaman değeri
CPQ Nisan 27.5 Call fiyatı = 2.5 gerçek değeri + $2^{1/2}$ zaman değeri
CPQ Temmuz 27.5 Call fiyatı = 2.5 gerçek değeri + $3^{3/4}$ zaman değeri

Opsiyon fiyatı = zaman değeri + gerçek değeri

Tablo IV

SCHWAB signature PLATINUM | Account | Trade | Quotes & Research | Alerts | Planning | Service | Contact Schwab | Site Map | Log Out

Quotes/Charts/News | Watch Lists | Analyst Center | Mutual Funds | Signature Research | Lookup

Calls & Puts

Switch Account
[redacted]

The following are delayed quotes provided by one of the national option exchanges. All quotes are delayed by at least 15 minutes. Please note that options are risky and are not suitable for all investors. If you wish to place a trade order, click on an option symbol for a real-time quote.

CPQ - COMPAQ COMPUTER CORP

Last Trade	Net Change	Bid	Ask	Day High	Day Low	Volume	Trade Time
29 13/16	+1/8	0	0	30 5/16	29 1/2	8,690,900	11:14:40

Filter By

Month All And/Or **Strike Price** Equal To Search

Calls	Last	Change	Bid	Ask	Volume	Open Interest
N/A -- --						
FEB 27.5 2000 CPQBY	3 5/8	+1/8	3 5/8	3 7/8	74	13,020
FEB 30 2000 CPQBF	2 1/2	+1/8	2 5/16	2 7/16	66	27,133
FEB 32.5 2000 CPQBZ	1 3/8	0	1 5/16	1 7/16	0	13,782
FEB 35 2000 CPQBG	7/8	+1/16	3/4	7/8	45	13,582
FEB 37.5 2000 CPQBU	7/16	0	3/8	1/2	0	1,883
FEB 40 2000 CPQBH	3/8	0	1/4	3/8	0	1,965
APR 15 2000 CPQDC	15 1/2	0	15	15 1/4	0	2,408
APR 17.5 2000 CPQDW	14 3/8	0	12 5/8	12 7/8	0	1,444
APR 20 2000 CPQDD	10 3/8	+1/8	10 3/8	10 5/8	3	16,622
APR 22.5 2000 CPQDX	8 1/2	+1/8	8 1/4	8 1/2	5	6,281
APR 25 2000 CPQDE	6 5/8	+1/8	6 3/8	6 5/8	200	18,435
APR 27.5 2000 CPQDY	5	+1/4	4 7/8	5 1/8	5	8,529
APR 30 2000 CPQDF	3 3/4	+1/8	3 5/8	3 7/8	133	24,646
APR 32.5 2000 CPQDZ	2 11/16	0	2 5/8	2 13/16	0	14,116
APR 35 2000 CPQDG	2	0	1 15/16	2 1/16	0	9,807
APR 37.5 2000 CPQDU	1 1/2	+1/16	1 3/8	1 1/2	20	5,549
APR 40 2000 CPQDH	1 3/16	+3/16	1	1 1/8	150	2,069
JUL 15 2000 CPQGC	16	0	15 3/8	15 5/8	0	132
JUL 17.5 2000 CPQGW	9	0	13	13 1/4	0	70
JUL 20 2000 CPQGD	11 1/4	+1/8	11 1/8	11 3/8	17	738
JUL 22.5 2000 CPQGX	9 5/8	0	9 1/4	9 1/2	0	364
JUL 25 2000 CPQGE	7 5/8	0	7 3/4	8	0	6,300
JUL 27.5 2000 CPQGY	6 1/4	0	6 1/4	6 1/2	0	3,408
JUL 30 2000 CPQGF	5	0	5 1/8	5 3/8	0	7,486
JUL 32.5 2000 CPQGZ	4	0	4	4 1/4	0	3,645
JUL 35 2000 CPQGG	3 1/2	+1/4	3 3/8	3 5/8	16	6,719
JUL 37.5 2000 CPQGU	2 5/8	0	2 11/16	2 13/16	0	3,688
JUL 40 2000 CPQGH	2 3/16	0	2 3/16	2 5/16	16	1,254

Puts	Last	Change	Bid	Ask	Volum
FEB 25 2000 CPQNE	5/8	0	9/16	11/16	
FEB 27.5 2000 CPQNY	1 1/4	-3/16	1 1/4	1 3/8	1
FEB 30 2000 CPQNF	2 7/16	-1/16	2 5/16	2 7/16	2
FEB 32.5 2000 CPQNZ	3 3/4	0	3 3/4	4	
FEB 35 2000 CPQNG	5 1/4	0	5 5/8	6	
FEB 37.5 2000 CPQNU	7 5/8	0	8	8 3/8	
FEB 40 2000 CPQNH	9 1/2	0	10 1/8	10 1/2	
APR 15 2000 CPQPC	1/8	0	0	1/8	
APR 17.5 2000 CPQPW	3/16	0	1/8	1/4	
APR 20 2000 CPQPD	3/8	0	3/8	1/2	
APR 22.5 2000 CPQPX	3/4	0	11/16	13/16	
APR 25 2000 CPQPE	1 3/8	-1/8	1 5/16	1 7/16	4
APR 27.5 2000 CPQPY	2 3/8	0	2 3/16	2 3/8	
APR 30 2000 CPQPF	3 3/8	-1/4	3 3/8	3 5/8	10
APR 32.5 2000 CPQPZ	4 7/8	0	4 7/8	5 1/8	
APR 35 2000 CPQPG	6 1/2	0	6 1/2	6 3/4	
APR 37.5 2000 CPQPU	7 3/4	0	8 1/2	8 3/4	
APR 40 2000 CPQPH	10 3/8	0	10 3/4	11	
JUL 15 2000 CPQSC	5/16	0	1/16	5/16	
JUL 17.5 2000 CPQSW	11/16	0	7/16	9/16	
JUL 20 2000 CPQSD	13/16	0	7/8	1	
JUL 22.5 2000 CPQSX	1 7/16	0	1 7/16	1 9/16	
JUL 25 2000 CPQSE	2 5/16	0	2 5/16	2 7/16	
JUL 27.5 2000 CPQSY	3 1/4	0	3 1/4	3 1/2	
JUL 30 2000 CPQSF	4 5/8	0	4 1/2	4 3/4	
JUL 32.5 2000 CPQSZ	5 7/8	0	5 7/8	6 1/8	
JUL 35 2000 CPQSG	7 1/4	0	7 5/8	7 7/8	
JUL 37.5 2000 CPQSU	10 1/2	0	9 1/2	9 3/4	
JUL 40 2000 CPQSH	11 1/4	0	11 3/8	11 5/8	

Delta: Üzerinde işlem yapılan menkul değerin bir puan oynamasına karşın opsiyon kontratlarında beklenen fiyat değişikliği, o menkul değerin deltasıdır.

Örnek:

XYZ hisse senetlerinin fiyatı @39 ve XYZ'nin deltası .45

XYZ Mayıs 40 Call'larının piyasadaki işlem fiyatı 1.50

XYZ senetleri 39 dolardan 40 dolara yükselirse, Mayıs 40 sözleşmelerinin fiyatının 1.95'e çıkması beklenir. 1.50 +.45

Senetlerin deltaları yapılan opsiyon işleminin beklenen kâr veya zarar potansiyelini işaret eden bir kıstasdır.

Kârda - zararda opsiyon - In the money-out of the money: Borsada işlem gören senetlerin fiyatı, işlem fiyatının üstündeyse, opsiyon "kârda" denir.

Örneğin; CPQ 30 dolardan işlem görürken CPQ 27.5 Call'ları kârdadır.

Kârda opsiyon = Opsiyonun gerçek değeri

Borsada işlem gören senetlerin fiyatı, işlem fiyatının altında ise sözleşme "zararda" denir.

Örneğin: CPQ 30 dolardan ve CPQ Nisan 35 Call'ları @2'den işlem görmekte.

Kontratın gerçek değeri olmayıp, sadece zaman değeri vardır.

(Bakınız tablo 4)

Opsiyon fiyatlarını etkileyen faktörler

Üzerinde işlem yapılan hisse senedinin fiyat hareketleri

Opsiyon süresinin bitmesine kadar kalan zaman

Üzerinde işlem yapılan hisse senedinin oynaklığı

Piyasanın psikolojisi

Arz ve talep

Üzerinde işlem yapılan hisse senedinin kâr payı ödeyip ödememesi

Genel faiz oranları

Fiyat ve zaman: Opsiyonlarda fiyat oluşmasını etkileyen en büyük iki faktör, üzerinde işlem yapılan hisse senedi fiyatının dalgalanması ve vade sonuna kadar olan zamandır.

İngilizcedeki "Time is money - zaman paradır " deyimi özellikle opsiyon satın alanlar için geçerlidir.

Tablo V

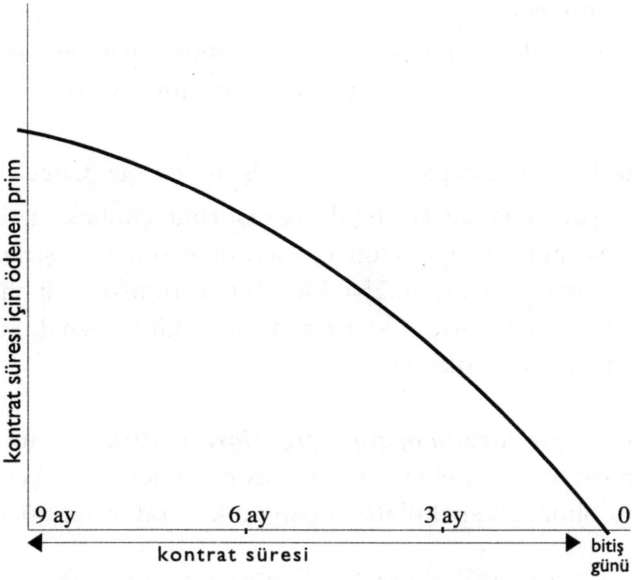

Üzerinde işlem yapılan senedin fiyatında bir değişiklik olmadığı varsayımına göre kontratın vadesi yaklaştıkça prim erimekte.

Yukarıdaki Compaq 27.5 Call örneğinde, Şubat, Nisan, Temmuz arasındaki prim farkı, kontratlar için vade sonuna kadar kalan zamana ödenen fiyattır.

Üç aylık opsiyon kontratları en çok işlem gören kontratlardır. Vade günü yaklaştıkca işlem hacmi artar, senedin fiyatında oynama olmazsa, prim en fazla bu devrede değer kaybeder.

(Bakınız tablo 5)

Oynaklık: Hisse senedinin tarihî fiyat hareketleri incelenerek belirli bir süre içerisindeki dalgalanma hızının belirlenmesidir. Yatırımcının böyle bir araştırma yapmasına gerek yoktur.

Finansal sitelerden **www.optionsanalysis,**

Borsalardan CBOE **www.cboe.com,** AMEX American Stock Exchange **www.americanstockexchange.com,** Pacific Stock Exchange **www.pacificstockexchange.com** ve borsa bankerlerinden görülebilir.

CBOE İnternet web sahifesinde opsiyon kontratlarını 20 dakika gecikme ile izlemek için:

1- www.cboe.com web sitesine giriniz.
2- **Delayed quotes** tuşuna basınız.
3- Sol taraftaki dikdörtgen kutunun içerisine opsiyon kontratına bakmak istediğiniz şirketin sembolünü yazınız. Xerox XRX General Motors GM gibi...
4- **List all options & Leaps** yuvarlağını işaret ediniz: **Check it**
5- **Submit** tuşuna basınız. (Daha ileri araştırma için bakınız İnternet yatırım kaynakları) Oynaklığı yüksek olan senetler, şirketin kâr açıklamalarına, yönetim değişikliklerine, yeni teknoloji haberlerine çok hızlı tepki gösterdiklerinden, bu şekilde oynak senetlere ödenen primler de yüksektir.

Faiz oranları ve kâr paylarının opsiyon fiyatları ile ilişkisi: Faiz oranlarının yükselmesi hisse senetlerinin düşmesine neden olur. Ayı piyasalarında keyifli olmayan spekülatör, opsiyon kontratlarına düşük fiyat teklif eder.
Kâr payı ödeyen şirketler genelde yavaş büyüyen işletmeler kategorisinde olduğundan ve opsiyon sözleşmesi satan, aynı zamanda senedin kâr payını da aldığından bu kategorideki senetlerin opsiyonlarına ödenen prim düşük olur.

Opsiyon sahibinin hakkını kullanması: Opsiyon sahibi kontratın süresi boyunca hakkını kullanıp kullanmamakta tamamen serbesttir. Eğer senetler ona kâr sağlayacak bir yükseliş veya düşüş kaydetti ise, kontratını borsada satarak veya senetleri talep ederek kullanır.

Opsiyon satanın kontrat süresinde yapabileceği işlemler: Elindeki 100 hisse senedine karşı Call opsiyonu satan kişi, piyasada her gün alınıp satılan yeni bir yatırım aracı yaratmıştır. Sattığı kontratı isterse, borsada işlem gören fiyat üzerinden geriye satın alabilir. Bu işleme "opsiyon pozisyonunu kapamak" denir.
Örnek: Yatırımcı elindeki 100 CPQ senedine karşın Nisan 35 Call'unu satmış.
Nisan ayının ikinci haftasında CPQ 'nun fiyatı 36 dolar.
CPQ Nisan 35 Call'ları ise opsiyon borsasında @1.5'dan işlem görüyor.
Yatırımcı CPQ'nun yakında daha da artacağını düşündüğünden senetleri elinden çıkarmak istemiyor.

CBOE opsiyon borsasında, CPQ Nisan 35 Call'larına 1.5 dolar ödeyerek geriye satın alır ve yükümlülüğünden kurtulur. Başka bir deyişle, açık pozisyonunu kapatır.

Opsiyonların kayıt edilmesi: Yapılan alışverişler için ayrıca bir sertifika yoktur. Tıpkı banka hesabı gibi yatırımcının hesabına kaydedilir. İşlemin yapıldığı gün aracı kurum, yatırımcıya işlemin içeriğini bildiren "teyit" gönderir; aynı zamanda da işlemi Opsiyon Takas Kurumu'na - The Options Clearing Corporation OCC) bildirir. OCC kontratı borsalara kayıt ettirir ve koşullarını garanti eder.

Opsiyon kontratları için al ve sat emirlerinin ayrıntıları: Diğer menkul değerler gibi opsiyon kontratları da ya borsa bankerlerine telefon edilerek veya internetten alınıp satılır. Her emir opsiyonun türünü belirten kesin terimleri içerir. Emir çesitleri:
Kontrat satın alınıyorsa (call veya put); verilen emre, "pozisyon açma - buy to open veya opening purchase" yazılır. Pozisyon "uzun"dur.
Satın alınmış olan kontrat satılıyorsa, verilen emre "satış pozisyonunu kapa" anlamlarına gelen "sell to close" veya "closing sale" kaydı düşürülür.
Kısaca: Spekülatör kontratını satın alınca pozisyon açılıyor. Alınan kontrat - call veya put - tekrar piyasada satılınca, pozisyon kapanıyor.

Kontrat satılıyorsa: satış pozisyonu aç - sell to open" veya "create short position" emri verilir. Satılan kontrat geri alınıyorsa "açık pozisyonu kapa" anlamında "buy to close" veya "close the short position" emirleri verilir.

Kısaca; satış yeni pozisyon içinse "satış pozisyonu aç", satılan opsiyon geri alınıyorsa, "kapamak için al" kaydı düşürülür ve pozisyon kapanmış olur.

Örnek; Charles Schwab aracı kurumuna internet üzerinden verilen emir.

Tablo VI

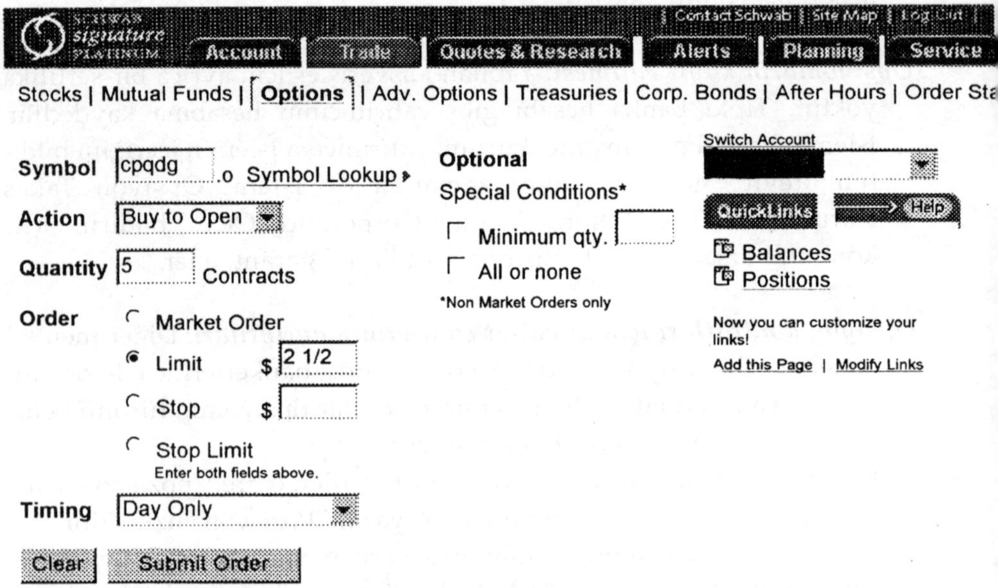

Alınacak kontratın türü: (CPQDG)- COMPAQ Nisan 35 Call'ları
Yapılacak İşlem : "Buy to open", satın alıp pozisyon aç
Kontrat sayısı : 5 kontrat
Emir türü -fiyatı : 2 1/2
Zamanlaması : Günlük emir (Day only)

II- CALL OPSİYONU STRATEJİLERİ

Portföydeki menkul değere karşı Call satmak - covered call writing

Yatırımcının sahip olduğu senetleri, belirli bir tarihe kadar, önceden saptanan bir fiyattan satmayı kabul etmesine karşı prim alması demektir.

Yatırımcının önceden amaçladığı kâr potansiyeline erişmesi için elindeki senetlerin yükselmesine gerek yoktur.

Birkaç örnek:

1 Ekim 1999'de Aetna Sigorta şirketinin (AET) senetlerinin fiyatı 47 dolar.

Yatırımcı New York Borsası'ndan 100 adet AET satın alıyor ve 21 Ocak 2000 tarihine kadar 50 dolardan satmayı kabul ediyor. Karşılığında da, ertesi gün 500 dolar opsiyon primi alıyor.

Primin miktarı arz ve talep kanunlarına göre borsa ortamında oluşur.

Aşağıda, yapılan bu işlemin 21 Ocak 2000 tarihinde olabilecek kâr ve zarar potansiyelini görüyorsunuz.

AET Ocak 50 call

21 Ocak'ta AET Fiyatı	Senetlerden Yapılan Kâr	21 Ocak'ta Call Fiyatı	Call Kârı	Toplam Kâr Zarar
$40	-$700	0	+ $500	-$200
42	-500	0	+ 500	0
45	- 200	0	+ 500	+ 300
50	+300	0	+ 500	+ 800
55	+800	5	0	+ 800
60	+1300	10	- 500	+ 800

1. AET 40 dolara düşünce 700 dolar zarar, Call fiyatı 0, alınan 500 dolar prim zararı 200 dolara düşürdü.
2. AET 42 $, zarar 500 $, Call fiyatı 0, alınan prim 500 $, sonuç tapi.
3. AET 45 $, zarar 200 $, Call Fiyatı 0, alınan pirim 500 $, sonuç 300 $ kâr.
4. AET 50 $, kâr 300 $, Call Fiyatı 0, alınan prim 500 $, tüm kâr 800 $
5. AET 55 $, Kâr 800 $, Call Fiyatı 5* (500 $), alınan prim 500 $, tüm kâr 800 $
6. AET 60 $ Kâr 1300 $, Call Fiyatı 10*, alınan prim 500 $, tüm kâr 800 $

---

* 21 Ocak 2000 tarihinde sattığımız Call'u gerçek değerinden geri aldığımızı hesaplıyoruz.

Covered call çesitleri: Yukarıdaki örneğimizde AET 47 dolarken, işlem fiyatı 50 dolar olan Call'lar satılmıştır.

İşlem fiyatı, hisse senedinin borsadaki fiyatının üstünde ise bu tür opsiyon kontratlarına "zararda" Call'lar denir.

Zararda call'ların yalnız zaman değeri vardır.

AET 55, AET 60 hep "zararda" Call'lardır.

Üzerinde işlem yapılan hisse senedinin fiyatı, işlem fiyatının üzerindeyse "kârda" sözleşmelerdir.

Kârda Call'lar = zaman değeri + gerçek değeri

www.financialweb.com sitesinden örnek:

Ocak 21 2000 tarihinde AET senetlerinin kapanış fiyatı 55 $^{11/16}$ $ ($ 55,68)

Nisan 2000 45, Nisan 50, Nisan 55 Call'larının hepsi "kârda" kontratlardır.

Satılan Nisan 2000 45 Call'u "bir hayli kârda" yatırımcıya en az geliri ve senetlerin düşmesine karşı en fazla korumayı sağlar.

Aynı tarihte 32 $^{3/4}$'ten kapanan Disney Şirketinin; Nisan 2000 20, Nisan 22.5, Nisan 25, Nisan 27.5, Nisan 30 ve Nisan 32.5 Call'ları "kârda" Call'lardır. ***(Bakınız Disney tablosu)***

Tablo VIII

Fri. Jan 21, 2000 11:21pm ET — Search Si

Quotes & More | Home | Stocks | Research | Editorial | News | Mutual Funds | Options | Community

Go | Symbol?

Realtime Quotes

Search Criteria

Stock Symbol: AET — Expiration: Between 1-6 months — Format: Fraction — GO

Personal Tools
Portfolio New
Stock Watcher
Option Watcher
E-mail Alerts
Make us your homepage

Section Features
Realtime

All quotes are 20 min. delayed or as of last trading day. Click option symbol for detailed option quote.

AETNA INC 55 11/16 1/16

Calls		Last	Chng	Bid	Ask	Vol	Open Int
Apr00 45.00	AETDI	12 1/4	-1 3/4	12	12 3/4	10	79
Apr00 50.00	AETDJ	10 1/4	0	8 7/8	9 3/8	0	73
Apr00 55.00	AETDK	8	0	6 1/8	6 5/8	0	175
Apr00 60.00	AETDL	4	0	3 7/8	4 1/4	6	2074
Apr00 65.00	AETDM	3	0	2 5/8	3	0	288
Apr00 70.00	AETDN	2 11/16	0	1 7/8	2 3/16	0	220
Apr00 75.00	AETDO	1 1/2	0	15/16	1 3/16	0	169
Apr00 80.00	AETDP	9/16	0	1/2	3/4	0	429
Apr00 85.00	AETDQ	1/4	0	3/16	7/16	0	11

Tablo IX

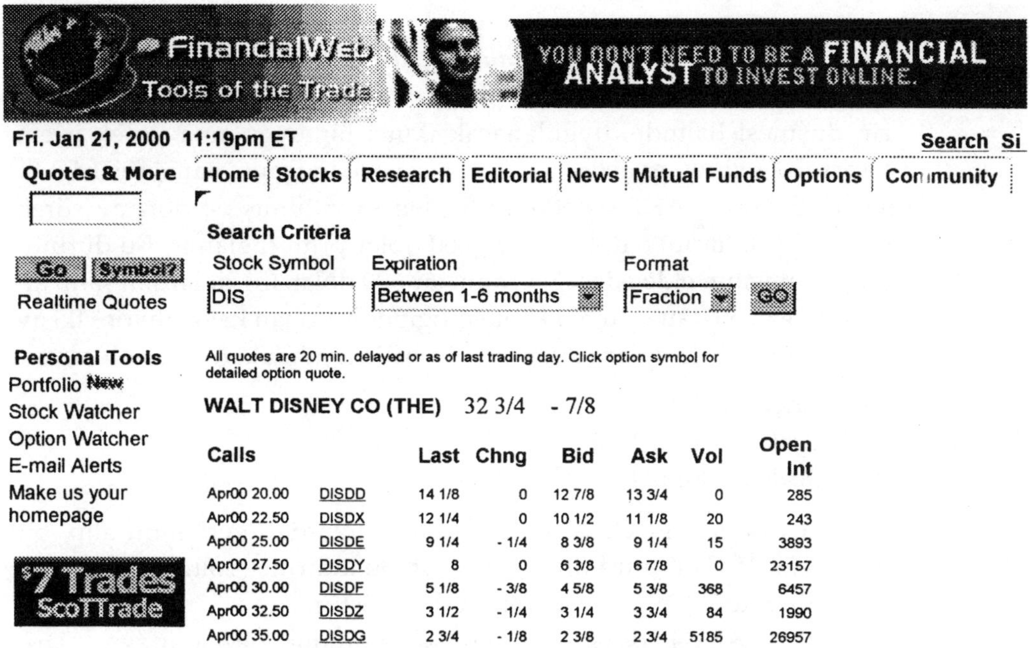

Calls		Last	Chng	Bid	Ask	Vol	Open Int
Apr00 20.00	DISDD	14 1/8	0	12 7/8	13 3/4	0	285
Apr00 22.50	DISDX	12 1/4	0	10 1/2	11 1/8	20	243
Apr00 25.00	DISDE	9 1/4	- 1/4	8 3/8	9 1/4	15	3893
Apr00 27.50	DISDY	8	0	6 3/8	6 7/8	0	23157
Apr00 30.00	DISDF	5 1/8	- 3/8	4 5/8	5 3/8	368	6457
Apr00 32.50	DISDZ	3 1/2	- 1/4	3 1/4	3 3/4	84	1990
Apr00 35.00	DISDG	2 3/4	- 1/8	2 3/8	2 3/4	5185	26957

Covered call satmanın amacı: Yatırımcının portföyündeki hisse senetlerine karşı call satması muhafazakâr bir tutumdur. Borsaların durgun gittiği devirlerde performansı arttırır. Düşmekte olan borsada zararı frenler. Senet fiyatlarında erozyon başladıysa, ileride görüleceği gibi, riski asgariye indirmek için atılacak adımlar vardır. Opsiyon tekniğini kullanmayan yatırımcı, senetler inişe geçince, elindekileri, zarara girerek satmak istemediği için, çaresiz kıvranır. Her gün yarım puan, bir puan düşen senetlere bakarak bir gün trendin geri dönmesini ümit eder.

Borsa boğa trendindeyken, zararda olan call'ları satmak daha iyi stratejidir. Borsa durgunsa, kârda olan Call'lar yüksek prim getirdiğinden zararın büyümesini önler.

Yatırımcı; borsanın ve seçtiği senedin geleceği hakkında iyimser olduğu zaman hisse senedi satın alarak opsiyon satma tekniğine başlamalıdır.

Yatırımcının önceden portföye aldığı senetler bir miktar artış göstermişse ve borsada durgunluk bekleniyorsa, call satarak piyasanın yavaş döneminde ek gelir sağlar.

Senetlerin düşmesi halinde uygulanacak strateji - rolling down hareketi: Borsada her zaman beklenilen olmaz. Üzerinde işlem yapılan senetlerin düşmesi halinde, uygulanacak ikinci bir uygulama ile ek işlem yaparak - follow up action - zararı asgariye indirme olanağı vardır.

Örneğin: Yatırımcı AET senetlerini 51'den satın almış ve dört ay süreli Ocak 50 Call'larını 6 dolara satıp 600 dolar prim sağlamış. Bu durumda yatırımcının elde edeceği azami kâr 500 dolar. (51 dolardan satın aldığı AET'yi 50'dan satmayı kabul ettiğinden 1 puan kaybediyor.) İki ay içerisinde AET 45 dolara düşünce piyasada aşağıdaki fiyatlar oluşuyor:

AET senetleri, 45;
AET Ocak 50 call'u 1 ve
AET Ocak 45 call'u 4.

Yatırımcı ilk sattığı Ocak 45 Call'unu 1 dolardan geri satın alıp, bu defa Ocak 45 Call'unu 4 dolardan satar. Bu indirme - rolling down- hareketi ile azami kâr ve tapi noktası düşmüştür.
Ocak 21'de AET 40 dolara düştüğü varsayımının kâr-zarar ayrıntıları:
51 - 40 =11
Senet alımından zarar, birinci call işleminde kâr 6 - 1 = 5 puan, ikinci call satışından 4 puan kâr. Tüm zarar: 11 - 9 =2
AET 42 dolara düştüğünde, yatırımcı hiç call satmamış olduğunda 800 dolar zarar edecekti. Sadece Ocak 50 Call'unu satıp bıraksaydı zararı 300 dolar olacaktı.
Roll down hareketi ile zararı önlemiş oldu.

Kâr Tablosu

Ocak 21'de AET Fiyatı	Ocak 50 Call	Roll down Pozisyonu Kâr-zarar
40	- 500$	-200$
42	- 300	0
45	0	+300
48	+300	+300
50	+500	+300

Vade sonu yaklaştığında yapılacak işlem: Opsiyon satıcısı Ocak 21'de vadesi dolacak olan 50 Call'unu satmış ve 600 dolar prim almış. Ocak ayının birinci haftasında opsiyonun zaman değeri hızla eriyip, üzerinde işlem yapılan senedin fiyatını takip eder.

Örnek: Satıcı başlangıçta AET Ocak 50 Call'unu dört ay için 6 point alarak satmıştı.

Ocak ayının ikinci haftasında AET senetleri borsada 50 $^{1/2}$ dolar civarında işlem görüyor.

Bu koşullarda AET 50 Call opsiyonun değeri zaman aşımı nedeniyle erimeye uğrar; artık sadece gerçek değerinin biraz üzerinde (aşağı yukarı 3/4 ila 1 arası) işlem görür.

Daha önce belirttiğimiz gibi, opsiyon kontratı satan kişi, sattığı kontratı piyasadan geri satın alabilir.

Portföyündeki AET senedini elinden çıkarmak istemeyen satıcı, kontratı 3/4-1 arası ödeyerek geri satın alıp, vade sonunda senetleri 50 dolardan teslim etme yükümlülüğünden kurtulur. Bu sefer tutup Nisan veya Temmuz veya ertesi yılın Ocak (leap) aylarından birine tekrar yeni bir call kontratı satar.

Yatırımcı ileri vadedeki Call primlerini cazip bulmuyorsa hiçbir işlem yapmayıp vade sonunda senetlerin kendisinden 50 dolardan satın alınmasını bekler.

İşlem fiyatının üzerinde olan senetlerin satıcıdan alınmasına "Call away" denir.

Bu Call'u **satın alan** spekülatör de hakkını kullanmış olur.

Call kontratı satma stratejileri

Oranlı call kontratı satmak - ratio call writing: Yatırımcının portföyünde bulundurduğu 100 hisse senedine karşı iki Call kontratı satması demektir. Üzerinde işlem yapılan senetlerde hareket olmaz ise, bire bir yazılan Call kontratlarından daha iyi sonuç verir. İşlemi yapan satıcı piyasanın bir zaman durgun gideceği varsayımındadır.

Örnek: GM senetleri 82 $ ve Haziran 80 $ Call kontratı @9 $^{1/2}$

Yatırımcı 100 hisse senedi satın alıp iki kontrat satıyor.
Kâr-Zarar potansiyeli:
GM Haziran vade sonunda 80 dolar. Azami kâr; 1900 $ - 200 $* = 1700 $
*GM senetleri 82 dolardan alındığı için 200 dolar zarar düşüldü.
GM Haziran vade sonunda 63 dolar.
Senetlerin zararı 82 - 63= 19 Alınan Call kontratı primi 19.
GM 63 dolara düşünceye kadar yatırımcı zarar etmiyor.
Satılan Call kontratından biri "çıplak" olduğundan GM 97 doların üzerine çıkarsa yapılan işlem zarara geçiyor. Üst tapi noktası 97 dolar.
Bu işlemde:
1- Satın alınan 100 GM'in kârı 97 - 82 =15
2- Satılan iki Call kontratından alınan prim 19
3- Satılan 2 Call kontratının vade sonundaki içsel değeri 17 x 2 = 34
34 - 19 =15 satılan kontrat zararı = Alınan 100 GM'in kârı 15
Görüldüğü gibi üzerinde işlem yapılan senetler çok büyük artış veya düşüş kaydederse yatırımcıyı zarara sokuyor. Aşağı ve yukarı tapi noktalarını aşağıdaki basit formül ile belirleyebiliriz.
Alt tapi noktası: İşlem fiyatı - azami kâr /satın alınan lotların sayısı
80 - 17= 63
Yukarı tapi noktası: İşlem fiyatı + Maksimum kâr/satılan kontrat - portföydeki senetler; 80 + 17/2-1= 97

Değişken oranlı call satma stratejisi - variable ratio: Yukarıdaki örnekte yatırımcı 100 GM senetlerine karşı biri işlem fiyatı 80, diğeri 90 üzerinden iki Call kontratı satar.
Ocak 23'de GM Haziran 80 Call kontratı @9 $^{1/2}$
Ocak 23'de GM Haziran 90 Call kontratı @4 $^{1/2}$
Değişken oranlıda maksimum kâr potansiyeli Haziran ayında GM'in 80 ile 90 arasında kapanmasına bağlı. Bu taktirde Call satandan 80 dolara 100 GM alınacak; fakat sattığı 90 Call kontratlarının vadesi bitecektir.

Tüm kâr potansiyeli 14 puan.
Alt ve üst tapi noktalarına ilişkin formüller;
Alt tapi noktası: Alttaki işlem fiyatı (80) - alınan primlerin toplamı.
Üst tapi noktası: Üstteki işlem fiyatı(90)+ alınan primlerin toplamı.
Değişken oranlı Call kontratları satıldığında üzerinde işlem yapılan senetler yukarıda ve aşağıda zarar çizgisine yaklaşınca, "çıkartma - roll up" ve "indirme - roll down" işlemleri ile zararın önüne geçmek için önlem alınmalıdır.

Call kontratı satın almak

Worth finans dergisinin 2 Şubat 1999 tarihli sayısında Peter Lynch, Uzak Doğu ve Avrupa ekonomisinin canlanmaya başladığını, özellikle gelişmekte olan ülke endüstrilerinin ve satışları artan otomobillerin enerji fiyatlarındaki arz ve talep dengesini değiştireceğini ve petrol fiyatlarının artmasının kaçınılmaz olduğunu vurgulayarak yatırımcılara, Chevron, Mobil, Atlantic Richfield petrol ve doğal gaz şirketleri ile bu endüstriye hizmet veren Schlumberger şirketinin senetlerini önerdi.

Yatırımcı, piyasada 59 dolardan işlem gören Atlantic Richfield'in (ARC) senetlerini almak yerine, ARC Temmuz 1999 @60 Call'larını 6 dolardan (600 $) satın aldı.

Temmuz ayında ARC senetleri 88 dolara yükselince, opsiyon kontratını 28 dolardan (2800 $) satıp 2200 dolar kâr etti. 28 - 6=22

Eğer ARC Temmuz 1999'da 60 doların altında kalsaydı, yatırımcı 600 dolar kaybedecekti.

Şubat'ta 42 dolardan işlem gören Schlemberger (SLB) senetlerinin Temmuz @45 1999 Call'larını 4 dolardan (400 $) satın aldı.

Temmuz ayında SLB 66 dolara yükselince, opsiyon kontratını 21 dolardan satıp 1700 dolar kâr etti.

Peter Lynch, kulakların çınlasın.

Yatırımcımız 18Temmuz 1999 tarihinde, Compaq şirketinin 5 adet Ocak 2000 @$22^{1/2}$ Call kontratını 3 dolardan satın alıp 1500 dolar ödedi.

21 Ocak 2000'de CPQ $30^{1/2}$'den kapandı,

Yatırımcı: $30^{1/2} - 22^{1/2} = 8 - 3 = 5 \times 5 = 2500$ $ kâr etti.

Warren Buffett'ın portföyündeki en büyük yatırımlarından Gillette (G), 1999'un Eylülü'nde yılın en düşük fiyatını vurdu. Dibe vuran senetlerin bir miktar geri geleceğini tahmin eden yatırımcı; 9/29/1999 tarihinde 10 Gillette Nisan 2000 45 Call'larını 5/8'den (0.625 $) satın alıp 625 dolar ödedi.

Ekim ayının beşine kadar senetler 4 dolardan 38 dolara çıkınca, Nisan 45 Call'ları 1 3/8 'den işlem görmeye başladı. Yatırımını altı günde ikiye katlayan spekülatör, 10 Call'dan beşini satıp koyduğu parayı geri aldı.

Elinde kalan (uzun pozisyon) 5 Nisan Call'larına karşı, Ocak 45 2000 Call'larını 1/2 puandan satıp 250 dolar daha ilave prim aldı. Yayma işlemi yaptı. En az 250 dolar kârı garantiledi.

Ocak 21 2000 tarihinde G senetleri 41 dolardan kapandığından, Call'ları satın alanın 250 doları yandı. Unutulmasın, spekülatörün portföyünde Nisan 45'in 5 kontratı var (uzun).

Bu tarihte üç alternatifi bulunuyor:

1. Piyasada 7/8'den işlem gören Nisan 45'leri satıp, pozisyonu kapatmak.

   Kâr realizesi; 437.50 $ + 250.00 $ = 687.50 $ ilk koyduğu parayı ikiye katladı.

2. Tekrar, Nisan 50 Call'larını 1/2 puana satıp ikinci bir yayma yapmak.

   Bu işlemle tekrar 250 dolar kâr garantilenmiş oluyor.

   5 Call'u Nisan'a kadar elinde tutmak. Bu tarihe kadar G 45 doların üzerine çıkarsa, her bir puan, yatırımcıya 500 dolar kâr sağlayacak. Örneğin 50 dolar olursa kâr 2500 dolar olacak.

Eğer G 45 doların altında kalırsa opsiyonun değeri olmayacağından sadece 250 dolar kâr ile yetinecek.

Yukarıdaki örneklerde görüldüğü gibi, Call satın almak; üzerinde işlem yapılan hisse senedinin ufak bir artışı ile yatırımcıya büyük kâr potansiyeli sağlamakta.

100 Atlantic Richfield senedini 60 dolardan satın alan kişi, gerçekte 6000 doları riske atar. 1997 yılında senetler 42 dolara kadar düşmüştü. 1999 yılında XRX senetlerini 65 dolardan satın alanlar 22. Ocak 2000 tarihine kadar portföylerinde tutmuşlarsa 4300 dolar zararları var. Senetler 22 dolara düştü. Phillips Moris 1999 yılının başında 57 dolar iken Ocak 2000'de 22 dolara düştü. (Opsiyon stratejileri ile bu zararların nasıl asgariye indirilebileceğini ileriki bölümde anlatacağız) Bu kağıtlara 1999 yılında 500-600 dolar ödeyen spekülatörün tüm zararı ise gene 500-600 dolarla limitli.

100 XRX senedine 6500 dolar yatırmak yerine 500 dolar ödeyip Call satın alan spekülatörün, geri kalan 6000 dolardan alacağı faiz geliri, ödenen prim riskini biraz daha düşürmekte. Ayrıca XRX'u 65 dolardan

satın alan yatırımcının, XRX 20 dolara düşünce kaybının 4500 dolar olmasına karşın, Call satın alanın kaybı yalnızca 500 dolardır.

- Opsiyon spekülasyonlarında zamana karşı yarışıldığından seçilen senetlerin oynak olması ve zamanlaması çok mühim.
- En büyük risk, en küçük yatırım ve en fazla kâr potansiyeli, "zararda" Call'larının satın alınmasında. Çelişkili gözüken bu açıklamanın ayrıntılarını örnekle görelim:

  3 Ocak 1999 tarihinde Schering Plough (SGP) senetlerinin borsa fiyatı 40 5/8 $.

SGP Mayıs 40 Call'u @5 $^{1/2}$
SGP Mayıs 45 Call'u @3 $^{1/2}$
SGP Mayıs 50 Call'u @1 $^{1/2}$

2000 yılının Mayıs ayında SGP senetlerinin 45 dolardan kapandığını varsayalım.

Mayıs 45 ve Mayıs 50 Call'arını satın alanlar tüm sermayelerini kaybetmesine karşın, Mayıs @40 Call'unu satın alan sadece 1/2 puan kaybetmiştir.

SGP @50 dolardan kapanırsa 40 ve 45 Call'ları kâr etmesine karşın, @50 Call'ları para getirmiştir.

SGP 55 dolardan kapanırsa @40 Call'ları % 181, @45 Call'ları % 185, fakat@50 Call'ları % 333.3 kâr etmiştir. Doğal olarak SGP'nin 45 veya 50'ye çıkma şansı, 55 dolara çıkma şansından daha fazladır.

Zarara Karşı Korunma, "rolling down" işlemi: Opsiyon kontratı satın almış olan spekülatör, üzerinde işlem yaptığı senetlerin düşmesi halinde yapacağı "rolling down" operasyonuyla, ilave yatırıma girmeden, işlemden biraz kâr etme veya "tapi olma" şansını yakalayabilir. Örnek:

XYZ Temmuz 35 Call kontratının alış fiyatı @3 Haziran ayında XYZ 32 dolara düşmüş, yeni durumda Call fiyatları:

XYZ Temmuz 35 Call 1 $^{1/2}$ ve XYZ Temmuz 30 Call 3.

Spekülatör; 2 adet XYZ Temmuz 35 Call kontratını 1 1/2 'den satar, 300 dolar alır.

Yerine, bir adet XYZ Temmuz 30 Call kontratını 3'ten satın alır.

Sattığı iki adet 35 Call kontratından eline geçen 300 dolar, satın aldığı bir adet 30 Call kontratına ödeyeceği 300 doları karşılar. Cebinden para çıkmaz.

Bu işlemle ileride göreceğimiz "ayı yayması -bull spread" pozisyonu kuruldu.

Temmuz'daki vade sonunda XYZ senetlerinin 33 dolar olduğunu varsayalım. Sonuçlar:

1- Rolling down işlemi yapılmasaydı, spekülatör ilk koyduğu 300 doları kaybedecekti.
(İlk alınan işlemin 'tapi" noktası 38 dolardır.)
2- Spekülatör'un satmış olduğu 2 adet 35 Call kontratının vade sonu onun lehine oldu.
3- XYZ 33 dolardan kapanınca, spekülatörün elindeki Temmuz 30 kontratının değeri 300 dolardır.
Ve spekülatör XYZ 35 dolardan 33 dolara düşmesine rağmen parasını kurtarmıştır.

Call kontratı satın alırken oyunun kuralları:

- Opsiyon spekülasyonlarında başarının koşullarından biri de son derece disiplinli hareket etmek, ne kadar risk alınacağına ve ne kadar zararın kabul edilebileceğine önceden karar vermektir. Örneğin;
Call satın alan zamana para ödemekte ve zaman değeri de, vade sonuna yaklaştıkça hızla erozyana uğramakta.
Opsiyon satın alan, lehine işlemeyen kontrattan, fazla değer kaybetmesini beklemeden, az bir zararla çıkmayı önceden planlayabilir.

Örnek; Ocak 22'de Mayıs SGP @45 Call 3 $^{1/2}$
Ocak 22'de Ağustos SGP @45 Call 4 $^{3/4}$

Mayıs ayına kadar SGP senetlerinin sabit kaldığını varsayalım. Mayıs ayının Call'larını satın alan spekülatör 3 $^{1/2}$ kaybetmesine karşın, vade sonuna daha üç ay olduğundan, Ağustos Call'ları büyük bir ihtimalle @ 3 1/2 civarında olacaktır. Spekülatör bu noktada 1 $^{1/4}$ ila 1 $^{1/2}$ puan zararı göze alıp pozisyonunu kapatır. Zararın neresinden dönülürse kârdır deyimi, opsiyon kontratları için çok geçerlidir.

- Opsiyon pozisyonlarına çabuk girip, çabuk çıkabilmek için, seçilen hisse senetlerinin likiditesi fazla olmalıdır. Likidite borsada işlem gören günlük hacimle belli olur.
- İşlem yapmadan önce alınacak azami risk, elde edilebilecek azami kâr olanakları ve tapi noktası belirlenip, kâr potansiyelinin alınacak riske değip değmeyeceği araştırılmalıdır.

Örnek: SGP Mayıs Call'una @3 $^{1/2}$ ödenmişse;

Vade sonunda tapi çıkma noktası 48 $^{1/2}$ dolar,
Kâr potansiyeli limitsiz,
Azami zarar 350 dolardır.

- Opsiyon alternatiflerinin başarılı bir şekilde uygulanabilmesi için, genel kavramların ve opsiyon stratejilerinin çok iyi incelenmesi gerekmektedir.

Çıplak call kontratları - naked call

Spekülatörün sahip olmadığı hisse senetleri için Call kontratı satmasıdır.

Covered Call, yatırımcının portföyünde, sattığı kontratı karşılayacak hisse senedine sahip olması demektir. Kontrat kurallarına göre, kendisinden talep edildiğinde, hisse senetlerini portföyünden çıkarıp teslim eder.

Çıplak Call'da ise, spekülatörün portföyünde sattığı kontratın karşılığı olan senetler yoktur. Çıplaktır. Kontrat kurallarına göre, kendisinden talep edilen hisseleri, borsanın o günkü fiyatından satın alıp teslim etmeye mecburdur.

Başka bir deyişle, sattığı Call kontratının koşullarına göre, XYZ senetlerini 50 dolardan teslim etmek için teminat vermişse, karşı taraf hakkını kullanıp, "işte 50 dolar, teminatını yerine getir" dediği anda, XYZ senetleri piyasada 80 dolar bile olsa, senetleri o fiyattan satın alıp, 50 dolardan teslim etmek zorundadır.

Çıplak Call kontratı satmak, hisse senedinin yükselmeyeceğine bahse girmek demektir.

Faiz hadlerinin yükselmekte olduğunu, ekonominin dar boğaza gireceğini düşünen spekülatör, bu koşullarda otomobil satışlarının düşeceğini öngörerek, General Motors Call kontratını satar. Açığa satma işlemine benzeyen bu uygulamada, GM senetleri ne satın alınmıştır ne de portföyde vardır. Borsa bankerindeki hesabında bu satışın değerini karşılayacak nakit para, tahvil ve diğer menkul değer teminatları bulunmaktadır. Örnek:

22 Ocak 200 tarihinde GM'in fiyatı 82 dolar.
GM Haziran 80 kontratı @9 $^{1/2}$
Spekülatör Haziran 80 kontratını satarak 950 dolar prim alır. Bu para hemen ödenir.

Haziran'da GM'in fiyatı 80 ve 80'in altında kalırsa, spekülatör 950.- $ kâr eder, fakat azami kâr potansiyeli de budur.

Haziran'da GM'in 120 dolara çıktığını varsayalım; spekülatörün kaybı:
40-9.5=30.500 $
tapi noktası: 89.5
Görüldüğü gibi limitli kâr potansiyeline karşı, zarar riski limitsiz. Bu nedenle risk toleransı yüksek, sinirleri çelik gibi güçlü olan spekülatörler tarafından uygulanır.

Opsiyon yayma stratejileri - call spread strategies

Tanımı: Yayma işlemi; bir kontrat satın alınırken eş zamanlı olarak diğer bir kontratın satılmasıdır. Bu işlemi yapmaktaki amaç, satıştan alınan primin, satın alınan kontratın priminin maliyetini düşürmektir.

Satılan opsiyon kontratından gelen prim, satın alınan kontratın priminden daha fazlaysa, bu tür yaymaya "kredili yayma - credit spread" denir. Başka bir deyişle yatırımcının cebinden para çıkmaz.

Tam tersi, satın alınan kontratın primi, satılandan fazlaysa "debit spread" denir. Yatırımcı aradaki farkı öder.

Wall Street'in diğer bir jargonunda bu işlem için, satın alınan kontrata "uzun taraf - long side"; satılan kontrata da "kısa taraf - short side" denir.

Boğa yayması - bull spread: Belirli bir hisse senedinin iki ayrı işlem fiyatındaki kontratından, alt fiyat düzeyindeki kontratı satın alıp, üst işlem fiyatı düzeyindeki Call kontratını satarak yapılan opsiyon bileşimidir. Genelde iki kontratın da vade sonu aynı tarihtedir. Riski düşüktür, ancak kâr potansiyeli de sınırlıdır.

Örnek; 24 Ocak 2000 tarihinde New York Borsası'nda Xerox Corp (XRX) fiyatı 22 dolar.

XRX Nisan 25 Call @2

XRX Nisan 30 Call @1

Spekülatör Nisan 25 Call kontratını satın alır, Nisan 30 Call kontratını satar.

Yapılan işlem "debid spread"dir. Yatırımcı aradaki 100 dolar farkı öder.

Vade sonunda XRX hisselerinin fiyatına göre kâr-zarar olasılıkları:

1- XRX 25 doların altında kapanmıştır. İki kontrat da yanar. Spekülatör 100 dolar kaybetmistir. Bütün koşullarda da tüm zarar 100 dolar "net debit"i geçmez.

2- XRX 26 dolardan kapanmıştır.

a- Spekülatör 25 opsiyonunu kullanarak 100 dolar alır. İşlem tapidir.

b- İşlem fiyatı 30 dolar olan kontrat yanmıştır.

3- XRX 30 dolardan kapanmıştır.

a- Yatırımcının sahip olduğu 25 Call opsiyonun değeri: 500 $ - 200 $ = 300 $ kâr.

b- İşlem fiyatı 30 dolar olan kontrattan alınan prim 100 dolar. Tüm kâr: 300 $ +100 $ = 400 $

4- XRX 36 dolardan kapanmıştır.

a- 25 $ Call kontratının değeri 1100 $ - 200 $ (maliyeti)= 900 $ kâr.

b- Satılan 30 $'lık opsiyonların değeri 600 $ - 100 $ (ödediği prim) = 500 $ zarar.

Spekülatörün tüm kârı: 900 $ - 500 $ = 400 $

25'in Call'larını satın alan spekülatör aynı zamanda 30'un Call'larını sattığından azami kârını 400 dolarda sınırlamıştır. 30'un üzerindeki içsel değer, 30'un Call'larına 100 dolar ödeyerek satın alan diğer yatırımcıya aittir. 30'ları satın alan, 500 dolar kâr etmiştir. Her iki spekülatör de hayatından memnundur.

Kârın zarara eşit olduğu nokta, tapi noktası:

Tapi noktası = alt işlem fiyatı + net debit

Azami kâr potansiyeli = yüksek işlem fiyatı - alt işlem fiyatı - net debit

Ayı yayması - bear spread: Spekülatör senetlerin düşeceği varsayımından hareket ederek, yüksek işlem fiyatlı Call kontratını satın alıp, düşük işlem fiyatlı call kontratını satıyor.

Ayı yayması, her zaman "credit spread"dir.

Örnek: XYZ senetleri 32 dolar.

XYZ Nisan 30 Call, 3 ve

XYZ Nisan 35 Call, 1

Nisan 35'i satın alıp, Nisan 30'u satınca aradaki fark 200 dolar kredi olarak spekülatörün hesabına girer. Azami kâr potansiyeli 200 dolardır. İleride göreceğimiz put opsiyonları ile daha iyi sonuç alınır.

Takvim veya yatay yayma - calender veya horizantal spread: Önceki tarihteki bir Call opsiyon kontratını satıp, aynı işlem fiyatı üzerinden, bir veya iki devre sonraki opsiyon kontratını satın almaktır.

Kısaca: Üç ay vadeli kontratını satıp altı veya dokuz ay vadeli kontratı satın alan spekülatörün beklediği; üç aylık primin hızla erimesi ve vade sonundan sonra elinde olan uzun vadeli kontratlara ödediği prim erozyona uğramadan satmaktır. (Bakınız fiyat ve zaman)

Örnek:25 Ocak 2000 tarihinde Compaq hisselerinin fiyatı $32^{1/2}$ $

Nisan ve Temmuz 35 Call opsiyon kontratı fiyatları;

CPQ Nisan @35 Call $3^{1/2}$

CPQ Temmuz @ 35 Call $4^{1/2}$

Nisan 35'lerin satışından gelen kredi 350 $.

Temmuz 35 kontratına ödenen 450 $

Spekülatörün ödediği aradaki fark 100 $

14 Nisan vadesinde, değişik CPQ fiyatlarının kontratlara yansıması:

1. CPQ @25'den kapanmış;
   a- Nisan 35'lerin vadesi doldu;
   b- Temmuz 35 kontratları da büyük bir ihtimalle 1/16'dan işlem görmekte.

2. CPQ değişmeden 32 $^{1/2}$'den kapanmış;
   a- Bu tarihte satılan Nisan 35 Call'ları değerini yitirmiş olacak. Fakat; satın alınmış olan Temmuz 35 kontratları için henüz üç ay zaman olduğundan, bunların opsiyon piyasasındaki fiyatları aşağı yukarı 3-3 $^{1/2}$ olacaktır. Spekülatörün 250 dolar kâr etme olasılığı var.

3- CPQ @35'dan kapanmış;
   a- Büyük bir ihtimalle Temmuz kontratları 450-500 civarında satılıp kâr realizasyonuna geçilebilir.
   b- Spekülatör CPQ fiyatlarında artış beklediği için kontratı Temmuz'a kadar portföyünde tutabilir.
   c- Elindeki 35 Call kontratına karşı Temmuz 40 Call'larını 1 $^{1/2}$'den satarak, yeni bir "boğa yayması" işlemi ile ilk koyduğu parayı geri çekip 1/2 puan kârı garanti eder.
   d- 14 Nisan'dan 14 Temmuz'a kadar CPQ 40 ve 40'ın üstüne çıkarsa, spekülatör ilave 500 dolar kâr eder. ***(Bakınız boğa yayması)***

4- CPQ 14 Nisan'da 45 dolara çıkmış;
   a- Portföyde "kısa" olan Nisan 35 kontratlarının değeri 10'dur, bu işlem; 10- 3 1/2 = 6.5. 650 dolar zarar göstermektedir.
   b- Aynı zamanda portföyde "uzun" olan Temmuz 35 kontratlarının artan değeri yukarıdaki zararı kapatacaktır. Bu kontratın fiyatı = gerçek değeri 5 puan + üç aylık zaman değeri.

Yukarıdaki örnekte görüldüğü gibi spekülatör, CPQ senetlerinin fiyatında hiçbir oynama olmasa dahi zaman sattığı için kâra geçmektedir. Senetlerin fiyatı çıkarsa, kâr potansiyeli de artmaktadır.

Oranlı call yaymaları - ratio call spreads: Satın alınan her bir Call kontratına karşılık, üst işlem fiyatı üzerinden birden fazla kontrat satmaktır. İkiye bir oranlı call yaymasına örnek:

25 Ocak 2000 tarihinde AET Senetlerinin borsa fiyatı 54 dolar.

AET Şubat 55 Call @ 4 $^{1/4}$

AET Şubat 60 Call @ 2 $^{1/2}$

Spekülatör bir adet Şubat 55 Call'unu satın alıp (425 $ debit),
İki adet Şubat 60 Call'unu satar. (500 $ credit)
Yatırımcının hesabına 75 dolar fark kredi olarak yazılır.
Şubat ayındaki vade sonunda olasılıklar

1- AET 55 doların altında kapandı;
   a- Spekülatör sadece 75 dolar kâr yaptı.

2- AET 60 dolarda kapandı;
   Spekülatör AET'yi, 55'ten alıp 60'tan satarak 500 $ + 75 $ = 575 $ kâr eder.

3- AET 65 dolarda kapandı;
   a- Satın aldığı AET Şubat 55 Call'ları 1000 $ - 425 $ (maliyeti)= 575 $ kâr.
   b- Sattığı 2 adet AET 60 Call'u 1000 $ - 500 $ = 500 $ zarar. Unutmayalım ki, iki adet Call satınca 500 dolar almıştı; şimdi ise açığa sattığı Call'ları geri almak zorunluğunda.

Birinci işlemden kârı 575 $ - 500 $. İkinci işlemden zararı = 75 $ kâr

4- AET 70 dolara çıktı;
   a- Satın alınan AET Şubat 55 Call fiyatı 1500 $ - 425 $ (maliyeti)= 1075 $ kâr.
   b- Satılan 2 adet AET 60 Call 2000 $ - 500 $ = 1500 $ zarar.
   1500 $ - 1075 $ = 425 $ spekülatörün zararı

Sonuç: Satın alınan bir Call kontratına karşılık iki kontrat satıldığından, yapılan işlem yakından takip edilmelidir; senetler tapi noktasına yaklaşınca, satılan Call'lardan birini geri satın alarak zararı asgariye indirecek önlemleri almak gereklidir. Tapi noktası: Üst işlem noktası + alınan primler arasındaki fark + üst ve alt işlem noktaları arasındaki fark (60 +. 75 +5 = 65.75)

III - PUT OPSİYONLARI

Tanımı

Belirli miktardaki menkul değeri, sınırlı bir sürede, belirli bir fiyattan satma hakkını veren anlaşmalara, put kontratları denir. Standart put opsiyonlarında da Call kontratları gibi, üzerinde işlem yapılan hisse senedi, kontratın önceden saptanan süresi ve fiyatı vardır: İşlem fiyatı.

Genelde tasarruf sahipleri, önce hisse senetlerini satın alır. Portföye alınan menkul değerlerin fiyatı artarsa, satıp kâr eder. Açığa satış ve put opsiyonlarında olay tam tersidir. Spekülatör, önce pahalıya satıp, sonradan ucuza satın alarak kâr etmeyi planlar.

Put opsiyonlarında da kontratın iki tarafı var. Senetlerin aşağıya gideceğine bahse giren, put kontratı satın alır. Zamana prim öder. Hisselerin düşmeyeceğine veya yukarı çıkacağına inanan taraf, put kontratını satar. Zaman satar.

Örnek: 26 Ocak 2000 tarihinde Ford Motor Co (F) senetlerinin fiyatı 48 1/4 $

F	Mart	47.5 Put @ $2^{1/8}$
F	Mart	50 Put @ $3^{1/2}$
F	Haziran	47.5 Put @ $3^{1/2}$

Mart 47.5 ile Haziran 47.5 Put'ları arasındaki 1 3/8'lik prim farkı, zaman farkından doğmakta.

Üzerinde işlem yapılan hisse senedinin fiyatı, işlem fiyatının altındaysa, opsiyon "kârda"dır. Yukarıdaki örnekte Mart 50 Put'u.

Üzerinde işlem yapılan hisse senedinin fiyatı, işlem fiyatının üstündeyse, "zararda"dır. Örnekte Mart ve Haziran 47.5 put'ları, "zararda" put'lardır.

F Mart 50 Put'unun gerçek değeri 1.75 (50.00-48.25), zaman değeri 1.75

F Mart ve Haziran 47.5 Put kontratlarının gerçek değeri yok.

F Mart 50 Put'unu satın alan için, 17 Mart'taki vade tarihinde, F senetlerinin kapanış fiyatına göre kâr ve zarar olasılıkları:

Tapi noktası = işlem fiyatı 50 - ödenen prim 3 1/2 = 56 1/2

F hisseleri 46 1/2 doların altına indiğinde, her bir puan 100 dolar kâr getirir. (Örneğin; F 40 dolara inerse, kâr 650 dolar)

F Hisseleri 17 Mart'ta 50 doların üzerinde kapanırsa, spekülatör ödediği 350 dolar primi kaybeder.

26 Ocak 2000 tarihinde Ford Motor şirketinin opsiyon borsalarında işlem gören Call ve Put opsiyonu serileri. *(Bakınız opsiyon tablosu 10)*

Açığa satmak ile put kontratı satın almak arasındaki fark

Portföyde olmayan bir hisse senedini borsa bankeri şirketinden ödünç alarak, piyasada satmaya, "açığa satma" denir. Senetler düşmek yerine çıkmaya başlarsa, spekülatörün zararının sınırı yoktur. *(Bakınız Açığa satma)*

Put kontratı satın alanın riski, ödediği opsiyon primi ile sınırlıdır. Teorik olarak Call kontratlarının kâr potansiyeli limitsiz olmasına karşın, Put opsiyonunun kâr potansiyeli, işlem fiyatı ile sıfır arasındadır. Yukarıdaki örnekte fiyatı 48 $^{1/4}$ dolar olan Ford şirketinin senetleri; firma iflas etse bile sıfırın altına inemeyeceğinden, put kontratının azami kârı 48.25 doları aşmaz.

Put kontratı satın alırken dikkat edilecek noktalar

- Genelde yatırımcılar karamsar olmadığından, Call opsiyonlarına olan talep, Put kontratlarından fazladır. Bu nedenle Put opsiyonlarının primleri biraz düşük olur.
- Call opsiyonlarında olduğu gibi "zararda " Put'lar daha büyük risk ve daha büyük kâr potansiyeli taşır.
- Kârda Put'lar zaman değerini çabuk yitirir. Uzun vadeli put opsiyonlarının primleri, değerinden daha yavaş düşer.
- Vade farklarındaki prim farklarının çok az olduğu hallerde biraz ekstra prim ödeyip fazla zaman satın alınmalıdır.
- Yumurtaları aynı sepete koymayın.
- Alınacak Put kontratlarını zamana yay, her iki-üç ayda bir yenilerini ilave et. Borsanın ne zaman düşeceği belli olmaz.
- Spekülatif oynak hisse senetleri Put kontratı satın almaya en iyi adaylardır.
- Şirketlerin açıklanan kârlarını çok yakından izleyin. Özellikle kârları, iki kez beklenenin altında gelen şirketlerin durumlarını düzeltmeleri kolay olmaz; ya yönetim sorunları vardır veya teknolojinin gerisinde

kalmışlardır. Fonlarını başka alternatiflerde daha iyi çalıştıracaklarını düşünen portfoy yöneticileri bu senetlerden çıkmaya başlayınca, hisseler dalga dalga düşer.

- Likiditesi yüksek hisseler üzerinde Put opsiyonu işlemleri yapılmalıdır.
- Senetlerde kısa bir zaman süresi içinde ani bir düşme olursa, ya kâr realizesine geçin veya "zarardaki" diğer bir Put'u satarak "yayma" pozisyonu yaratın.

IV - SATIN ALINAN PUT KONTRATLARI İLE HİSSE SENEDİNE YATIRIM RİSKİNİN AZALTILMASI

Satın alınan Put kontratları, hisse senetlerinin düşmesine karşı set çeken bir koruma önlemi olarak kullanılır.

Örneğin, 26 Ocak 2000 tarihinde 100 McDonalds senedini 38 $^{1/4}$'ten satın alan yatırımcı, aynı zamanda MCD Haziran 37 $^{1/2}$ Put'larını @2'dan satın alır.

Bu işlemle yatırımcı tüm riskini 275 dolara düşürmüştür.

Senetlerin yeni maliyeti de 40.25 dolar olur.

Put ve call'larda koruyucu yaka stratejisi

100 MCD senedini 38 $^{1/4}$ dolardan satın alan yatırımcı, kârını ve riskini sınırlayan bir Call ve Put opsiyonu bileşimi kurabilir.

MCD Haziran 37 $^{1/2}$ Put'unu @2'a satın alırken,

MCD Haziran 50 Call kontratını @$^{1/2}$ puandan satar.

Put opsiyonuna ödenen primi 1 $^{1/2}$'ye düşüren bu strateji (Put'a 2 dolar ödedik, Call'dan yarım dolar aldık) aynı zamanda kâr potansiyelini de 9 $^{3/4}$ puan ile sınırlamıştır.

Bu tür yaka stratejisinde, Haziran'ın 17'sinde MCD senetleri 20 dolara düşerse dahi, Put opsiyonu kullanılarak, senetler 37 $^{1/2}$ dolardan satılacaktır.

26 Ocak 2000 tarihinde Mc Donalds Opsiyon Serileri;

(Bakınız opsiyon tablo 11)

V - PUT KONTRATI SATMA STRATEJİLERİ

Tanımı

Put opsiyonlarında kontratın bir tarafında alıcı, diğer tarafında ise satıcı olduğunu belirtmiştik. Put kontratı satan yatırımcı; belirli bir hisse senedini belirli bir fiyattan, belirli bir tarihe kadar satın almayı garanti eder. Verdiği bu garantiye karşılık, kendisine piyasa koşullarına göre prim ödenir.

Satıcının verdiği garantiye karşılık, borsa bankerindeki hesabında, satılan değerin en az %20'sine eşit teminat tutar.

Örnek: 28 Ocak 2000 tarihinde Lucent Technologies senetlerinin fiyatı $55^{3/8}$ dolar.

Kârları yıldan yıla artan mikroelektrik/iletişim sektöründe faaliyet gösteren bu şirketin senetlerine yatırım yapmak ve riskini kontrol etmek isteyen portföy yöneticisinin uyguayabileceği Put ve Call kontratı stratejilerini görelim: ***(Bakınız Opsiyon tablosu 12)***

Birinci alternatif:

1- 100 LU'yu $55^{3/8}$ $'dan satın alır ve aynı zaman'da iki işlem daha yapar:

a- Mart 50 2000 Put'larını 1 $^{9/16}$'dan satın alır.

b- Mart ayının 65 Call kontratlarını 7/8'den satar.

Bu uygulama ile portföy yöneticisi, kontrat süresince LU senetleri 20 dolara düşşe dahi Put opsiyonunu kullanarak 50 dolara satma hakkına sahiptir.

Senetlere 65 Call'larını sattığından kâr potansiyeli de 9 $^{5/8}$ puandır.

Call kontratından alınan 87.50 dolar prim, Put kontratına ödenen 156.25 dolar primin maliyetini 68.75 dolara düşürür:

156.25-87.50 = 68.75

İkinci alternatif:

Mart 50 2000 Put'larını satın almak yerine, tam tersine kontratı satar.

LU Mart ayının üçüncü haftasına kadar 50 doların altına düşerse, senetleri 50 dolardan almak zorundadır. Ödenen prim 1 $^{9/16}$ (156.25 $), senetlerin maliyetini 48.43 dolara düşürmüş olur.

Eğer Mart ayına kadar senetler 50 doların altına düşmezse, yatırım yapmadan 156.25 dolar kâr etmiş olur.

VI - STRADDLE - ÇİFTE OPSİYON

Tanımı

Aynı hisse senedi üzerinde, aynı işlem fiyatı üzerinden yapılan Put ve Call işlemleridir.

Long straddle: Call ve put kontratlarının aynı zaman süresi ve aynı işlem fiyatı üzerinden satın alınmasıdır. Üzerinde işlem yapılan hisse senedinin çok büyük zig zaglar çizeceğini öngören spekülatörler tarafından uygulanır. İki ayrı prim ödendiğinden pahalıdır. Kontrata ödenen primlerin zarar etme noktasına gelmesi için senedin bir yönde, aşağıya veya yukarıya büyük dalgalanma göstermesi gerekir.

Tablo 12'den örnek: Şubat ayında açıklanacak olan LU'nun kârları analistlerin beklediğinin üzerinde veya altında, sürprizli gelirse, spekülatör senetlerin ya fırlayacağını veya dramatik bir şekilde düşeceğini öngörüyor.

28 Ocak 2000 LU'nun fiyatı 55 $^{3/8}$ $. Bu durumda spekülatör:
LU Mart 55, 2000 Call @4 $^{3/8}$ (satın alıyor)
LU mart 55, 2000 Put @ 3 $^{1/2}$ (satın alıyor)
Ödediği total prim = 4 $^{3/8}$ + 3 $^{1/2}$ = 7 $^{7/8}$
Bu kontratların vade sonunda zarar görme noktaları:
Alt sınır; LU 55- 7 $^{7/8}$ = 47 $^{1/8}$
Üst sınır; LU 62 $^{7/8}$'in üzerine çıkmalı (55 + 7 $^{7/8}$= 62 $^{7/8}$)
Straddle kontratlarının kâra geçmesi için LU vade sonundan önce, ya 47 $^{1/8}$ doların altına düşmeli veya 62 $^{7/8}$ doların üstüne çıkmalı.
LU vade sonunda hiç oynamadan 55 dolardan kapanırsa spekülatör tüm 7 $^{7/8}$ puanı kaybeder. Biraz aşağı veya yukarı çıkması prime ödenen zararı azaltır.

Örneğin; LU'nun 50 dolar veya 60 dolardan kapanması durumunda; Put veya Call kontratının değeri @5 olacağından, tüm zarar 287.50 dolara iner. (7 $^{7/8}$ - 5 = 2 $^{7/8}$)

Short straddle: Call ve put opsiyonlarının aynı işlem fiyatı üzerinden ve aynı süre için satılmasıdır.
Yukarıda verdiğimiz LU örneğinde spekülatör, senetlerin Mart ayının

üçüncü haftasına kadar oynamayacağına bahse giriyor demektir. Kâr potansiyeli sadece alınan primlerin toplamı olup, risk potansiyeli çok büyüktür.

Covered straddle: Yatırımcının portföyündeki 100 hisse senedine karşı bir Call kontratı ve bir Put satmasıdır. Satılan Call'un karşılığı olmasına karşın, satılan Put çıplaktır.

Tablo 12'den örnek: 100 LU senedi 55 dolardan satın alınır.

Mart 55 Call kontratı 4 $^{3/8}$'den satılır.

Mart 55 Put kontratı 3 $^{1/2}$'den satılır.

LU yukarıya çıktığında azami kâr potansiyeli 4 $^{3/8}$ + 3 $^{1/2}$= 7 $^{7/8}$ (787.50 $)

Senetlerin 55 dolardan değişik fiyatta satın alınarak 55 dolardan covered straddle yapılması halinde azami kâr = alınan primler + işlem fiyatı - satın alınan senetlerin fiyatı.

LU aşağı düştüğünde tapi = LU fiyatı + 55 - Straddle primi 7 $^{7/8}$

Covered straddle yapan yatırımcının pozisyonu tıpkı 100 hisse senedi alıp iki Call kontratı satan "covered call oranı" pozisyonuna paraleldir. Birinde risk senetlerin primlerden fazla yukarı çıkmasında, diğerinde aşağı inmesindedir.

Leap kontratları - long term equity anticipation securities

Tanımı: Vadesi yalnız Ocak ayının üçüncü haftasında sona eren uzun vadeli opsiyon kontratlarıdır. Özelliği vadeye göre ödenen primin ucuz olmasıdır.

Örnek: XYZ senedinin fiyatı 35 dolar ve altı aylık 35 dolar işlem fiyatı üzerinden istenen prim 300 dolar.

300 doları altıya bölersek, demek ki ay başına ödenen prim 50 dolar.

XYZ'nin 18 aylık Call fiyatı 500 dolar.

500 doları 18 aya bölersek, ay başına ödenen prim 27.77 dolar.

LEAPS kontratlarına zaman için ödenen primin erimesi daha yavaş olur. Yatırımcı "kârda" olan kontratlarda ufak bir meblağ ile büyük bir yatırımı kontrol eder.

Doğrudan doğruya hisse senedini satın alma ile Leaps kontratı satın almanın karşılaştırılması:

XYZ senetlerinin piyasadaki işlem fiyatı 42 dolar.

XYZ @30 1,5 yıllık Leaps'inin fiyatı 13 dolar.

100 XYZ @ 42'ye yapılan yatırım 4200 dolar.
Senetler birbuçuk yılda 57 dolara yükselmiş ve yatırımcının kârı 1500 dolar veya %35.7.
LEAPS'i satın alanın kârı ise; 27 $ - 13 $ = 1400 $ veya % 107.7
Bir buçuk yılda XYZ senetlerinin 42 dolardan 27 dolara düştüğünü varsayalım.
Doğrudan doğruya senetleri satın alanın zararı: 42-27= 15 veya 1500 $.
LEAPS kontratını satın alan ise ödediği primi, yani 1300 doları kaybeder.

İnternetteki opsiyon kaynakları:

www.cboe.com Chicago Board of Options
www.nasdaq.com Nasdaq
www.nyse.com New York Stock Exchange
www.phlx.com Philadelphia Stock Exchange
www.cme.com The Chicago Mercantile Exchange
www.optionstrategist.com
www.optionadvisor.com Bernie Schaeffer's web sitesi

Opsiyon kontratlarına ilişkin veri kaynakları:

www.historybank.com
www.pcquuote.com
www.dtn.com
www.dbc.com
www.financialweb.com

ENDEKS OPSİYON KONTRATLARI

Tanımı

Prensip ve uygulama olarak hisse senetleri üzerinden yapılan opsiyon kontratlarının aynısıdır. Aradaki tek fark, üzerinde işlem yapılan menkul değerin, herhangi bir hisse senedi değil borsayı temsil eden endekslerden biri olmasıdır. Kontrat fiyatlarının inip çıkması sermaye piyasası doğrultusundadır.

En aktif işlem gören endeks kontratları; S&P 100, S&P 500 endeksleri ve Dow Jones Sanayi Endeksi'dir (DJX). Dow Jones kontratlarının süresi üç yıla kadar uzanır.

Tüm endeks kontratları için bakınız: www.cboe.com

DJX endeksi ile S&P 500 endeksi arasındaki fark, ilkinin fiyat ağırlıklı olmasıdır. Şirketin büyüklüğüne küçüklüğüne bakılmaz. Örneğin General Electric şirketi (GE) Union Carbidge şirketinden (UK) aşağı yukarı 45 misli büyük olmasına rağmen, GE'nin borsada işlem gören fiyatı, UK fiyatının iki mislinden biraz fazla olduğu için endeksteki ağırlığı da iki buçuk misline yakındır.

S&P 500 endeksinde her bir şirketin büyüklüğüne göre ağırlık verilir. Endekse giren Microsoft (MSFT) gibi 50 büyük şirket, endeks performansının yüzde 50'sini oluşturur.

DJX opsiyonları anlaşılması ve uygulaması basit olan kontratlardır. Yatırımcı bir tek işlemle Dow Jones'a giren ve Amerikan endüstrisinin %20'sini temsil eden 30 endüstri şirketinin ortalamasına yatırım yapmış olmaktadır. Eğer yatırımcı borsanın çıkacağına inanıyorsa Call opsiyonu, düşeceğini düşünüyorsa put kontratı satın alır.

Alınan risk zamana ödenen primdir.

Alım ve satımları Sermaye Piyasası Kurulu tarafından çok yakından kontrol edilen endeks kontratları Opsiyon Takas Kurumu tarafından ihraç edilir ve kontrat koşullarının yerine getirilmesi garantilenir.

Call opsiyon kontratında satın alan; vade sonuna kadar, Dow Jones ortalamasında önceden saptanmış olan bir fiyatın, "işlem fiyatının" üzerine çıktığı miktarda artışa iştirak eder. Fiyat birimi Dow Jones ortalamasının yüzde biridir. Başka bir deyişle Dow Jones Endeksi 10.700 ise bir tek kontratın değeri @107'dir ve her bir DJX opsiyon kontratı da bu birimin yüz katıdır. Örnekte 10.700 dolar.

Kontratların ifasında Dow Jones ortalamasına giren senetlerin teslimi söz konusu değildir; taraflardan biri diğerine işlem fiyatı ile endeks ortalamasının arasındaki farkı nakit ödeyerek yükümlülüğünü yerine getirir. Açığa satışlarda olduğu gibi çıplak kontrat satanın köşeye sıkıştırılması olayı yoktur. (Bakınız Açığa Satma)

Örneğin: 29 Nisan 2000 tarihinde Dow Jones Endeksi'nin kapanış fiyatı 10.734.

CBOE Web sitesinde Mayıs @80 ila Mayıs @104 işlem fiyatlarından işlem gören DJX opsiyon kontratlarının fiyatları görünmekte.

Mayıs @80 kontratlarının alış teklifi @27 $^{1/8}$ (2712.50 dolar), satış teklifi @28 $^{1/8}$

Veya Mayıs @100 kontratları için alış ve satış teklifleri: 8 $^{1/8}$ - 8 $^{5/8}$

Her iki opsiyon kontratı da "kârda" olduğu ve kontrat süresinin dolmasına çok az zaman kaldığı için fazla primle alınıp satılmıyor.

Eylül @100 kontratları için kota @ 12 $^{1/4}$ - @ 12 $^{3/4}$; demek ki kontrat başına @5 puan (500 dolar) primle işlem görmekte. Kontrata @12 $^{1/2}$ ödeyen spekülatörün ödediği primi kurtarabilmesi, yani "tapi" olması için Dow Jones ortalamasının 10.700'den 11.250'ye çıkması gerekir.

Tabloda görüldüğü gibi "işlem" fiyatları birer puan aralıklarla düzenlenir.

Put kontratlarının işleyişi de hisse senedi opsiyonlarının genel kurallarına göre olur.

DJX @100 Put kontratını satın alan, Dow Jones ortalamasının 10.000'in altına düşmesi halinde kâra geçer.

YATIRIM FONLARI

Aynı amacı taşıyan tasarruf sahiplerini biraraya getirip, önceden belirlenen hedef doğrultusunda portföy oluşturan ve yöneten organizasyonlara yatırım fonu - mutual fund - denir. Fon kurucuları; ekonomist, sektör uzmanı, muhasebeci kadrosuyla ekip çalışması yaparak havuzda toplanan paraya azami getiriyi sağlamaya çalışır. Yatırımcılar katıldıkları fonun gelirini, kâr ve zararını sahip oldukları pay oranında paylaşırlar. Menkul değerlere yatırım yapmak için, zamanı ve deneyimi olmayan 80 milyon Amerikalı, bu yolla tasarruflarının yönetimini profesyonel yöneticilere bırakmakta. Her fonun içtüzüğünde uygulanacak olan yatırım metodu kesin olarak belirtilir. Yatırımcıların çeşitli hedef ve risk toleranslarına göre 8000 değişik yatırım fonu var.

Avantajları

- Birikimi az olan tasarruf sahibi, borsadan ancak bir veya birkaç hisse senedi satın alabilir. Tercihleri yanlış olursa zararı da büyük olur. Yatırım fonları, birkaç hisse senedi yerine değişik endüstri dallarına dağıtıldığından, risk azaltılmış olur. Burada sadece yumurtaları tek bir sepete koymayıp riski dağıtmaktan bahsediyoruz; yoksa portföyün genel borsa dalgalanmalarına karşı direnci, seçilen menkul değerlerin favori sektörlerde olup olmamasına ve diğer piyasa koşullarına bağlıdır.

  Portföyler, finansman, işletme, ekonomi eğitimi görmüş deneyimli yatırım uzmanları tarafından yapılan araştırmalara dayanan bir çalışma ile yönetilir. Şirketlere dair piyasaya gelen her türlü haberi anında değerlendirip, objektif karar verirler. Bireysel yatırımcının bütün gününü piyasaları takip etmeye, sermaye piyasası çevrelerine gelen bilgileri, kurumsal yatırımcılardan önce öğrenmeye, hemen analiz ederek karar vermeye zamanı ve olanağı yoktur.

- Beş yıl öncesine kadar kişilerin kendi portföylerini oluştururken aracı kurumlara ödedikleri komisyonlar ile yatırım fonlarının aynı işlemleri yapmaları arasındaki komisyon farkı büyüktü. İnternet herşeyi değiştirdi. On line yapılan alım satımlarda komisyonlar çok düşürüldü; ancak gene de büyük ölçekte iş yapan kurumsal yatırımcıların borsa bankerleri ile pazarlık gücü var.
- Klasik aracı kurumlarla yapılan borsa işlemlerinde danışman ile müşteri arasında çıkar çelişkişi vardır. Danışmanların geliri, alım satımlardan doğan komisyonlara bağlıdır; bu nedenle senetleri çabuk alıp çabuk satmak eğilimindedirler. Yatırım fonları; portföy çıksa da inse de yıllık yönetim ücretini aldığından böyle bir çelişki yoktur.
- Yatırım fonu yönetimleri geçmişteki performanslarını kamuya açıklamak zorunluluğundadır. Aracı kurumlar böyle bir yükümlülük altında değildir.
- Likidite; fonlar portföylerinde tutukları senetlerin değerini her gün gazetelerde, internette halka bildirirler. Yatırımcı her gün borsa kapanışında açıklanan son fiyat üzerinden kolayca elindeki yatırım fonunu nakite çevirebilir.

2000 yılında American Stock Exchange'de başlatılan yeni bir uygulama ile bazı yatırım fonları gün içerisinde kapanış fiyatını beklenmeden tıpkı hisse senetleri gibi borsada alınıp satılmakta.

Yatırım fonlarının işletme masrafları

Wall Street'te, "kimse kimseye bedava yemek yedirmez" diye bir deyim vardır. Yatırım fonlarını da organize edenlerin amacı bu işten para kazanmaktır. Fonu kurmak, reklamını yapmak, fon yöneticilerine ücret ödemek, her yatırımcının hesabını tutmak, menkul değerlerin portföye alınıp satılmasında aracı kurumlara ödenen komisyonlar, işletmenin masraflarıdır. Yapılan harcamalar ne kadar az olursa yatırımcının kârı o kadar artar. Tüm bu masrafların makul bir seviyede olup olmadığı, aşağıdaki ölçeklere göre değerlendirilir.

- ***Masraf oranı -expense ratio:*** Tüm operasyon masraflarının, yatırımların tümüne bölünmesiyle çıkan rakkamdır. Bu oran genelde fonun büyüklüğüne göre %. 025 ile % 1 arasında değişir, bu yüzde ne kadar düşük olursa yatırımcı için o kadar iyidir.

- ***Yıllık işlem oranı -turn over ratio:*** Hisse senetlerinin yılda kaç defa alınıp satıldığını belirten orandır. Yıllık işlem oranının %100 olması, portföydeki senetlerin yılda en az bir defa alınıp satılması demektir. İşlem oranlarının yüksek olması komisyon masraflarını arttırır.

Yönetim ücretlerine göre çeşitleri

- ***Load funds:*** Borsa bankerleri tarafından pazarlanan yatırım fonlarıdır. Fona girmek isteyen yatırımcı önceden %3-%8 arasında komisyon öder: "front end load".
  Bazı fonlar içinde kalış süresine göre komisyonu düşürürler.

Örneğin ilk yıl %5 ikinci yıl %4 ve sonunda sıfırlar.

Load Fund'larda baştan alınan komisyon yaplan yatırımın miktarını düşürür. Örneğin; %5 $^{3/4}$ komisyonlu fona yapılan 1.000 dolarlık yatırımın içinden 57.50 dolar komisyon çıkınca fona sadece 942.50 dolar yatırım yapılmış olacaktır.

Load Fund'ların fiyatları "alış" ve "satış" olarak belirtilir. Fon "alış" fiyatından senetleri satın alır, "satış" fiyatından senetleri satar; aradaki fark, net değerinin üzerine ilave edilen komisyondur. Net varlık değeri - net assets value - fonun tüm değerinin, ihraç edilmiş senet sayısına bölünmesiyle çıkan rakkamdır.

Örneğin; ABC Fonu'nun portföyündeki menkul değerlerin değerinin 10 milyon dolar olduğunu varsayalım. Piyasaya ihraç edilmiş ve fon hisse senedi sayısının da 500.000 olduğunu farzedelim. Fonun bir tek hisse senedinin net değeri 10 milyon/500 000= 20 $ olur. Fon o gün 20 dolardan alınıp satılır.

- ***No load funds:*** Aracı kullanmadan doğrudan doğruya yatırımcıya pazarlanan fonlardır.
  Reklam ve diğer yönetim giderlerine karşı yatırımcıdan sadece % 0.25 masraf, artı %1 civarında yönetim ücreti alınır. Bazıları ilk altı ayda yatırım paraya çevrilirse %2 ceza uygular.

- ***Kapalı uçlu yatırım fonları - closed end funds:*** Fon işletmesi yönetmek istediği miktarda parayı toplayınca artık yeni hisseler ihraç etmez. Yatırımcının elindeki senetlerin günlük değeri, diğer şirket senetleri gibi arz ve talebe bağlı olarak dalgalanır. Genelde bu tür fonlar borsada net varlık değerinin biraz altında veya biraz üzerinde işlem görür. Eğer fonun performansı iyi değilse net değere olan iskonto oranı daha da artar. Borsa bankerleri ilk defa ihraç edilen bu tür fonları komisyon almak için satış kampanyasına girişirler; satış bittikten sonra fona olan ilgi performansına paralel gider. En fazla rağbette olanlar, sektör ve yabancı ülke fonlarıdır.

Kapalı uçlu yatırım fonlarında portföy yöneticisi tam bir kontrole sahiptir. Borsalarda panik havası yaşandığı zaman çıkmak isteyen yatırımcılara nakit ödemek için portföydeki menkul değerleri satmak zorunda değildir.

Nasıl alınır

Beş yıl öncesine kadar birikimlerini yatırım fonunda değerlendirmek isteyenlerin ya borsa bankeri şirketlerden birine veya doğrudan doğruya "No Load" fonuna başvurmaları gerekmekteydi. İnternet bu uygulamayı da ortadan kaldırdı. Artık tasarruf sahipleri isterlerse doğrudan internet üzerinden yatırım fonlarında hesap açabilirler; isterlerse de Schwab veya E trade internet brokerlerinde açtıkları kişisel hesaplarını değişik "no load" fonlarına yöneltebilirler. Bir fonu diğerine değiştirmek isterlerse de 5 veya 10 dolar gibi çok küçük bir servis ücreti öderler. (Yatırım fonu tablosu 1)

Yatırım fonlarında tasarrufları değerlendirmek için büyük bir birikim olmasına gerek yoktur; 250 dolarla başlanabilir.

Değişik kategorilerdeki yatırım fonları

Çok geniş olarak yatırım fonları, hisse fonları veya sabit gelir getirili tahvil/bono fonları gruplarından birine dahildir.

Hisse fonları da ayrıca yatırım yapılan şirketlerin borsa değerinin (Capitalization) büyüklüğüne küçüklüğüne göre de ayrılır. İhraç edilmiş senetlerinin piyasa değeri 5 milyar dolardan büyük, bir başka deyişle piyasa değeri yüksek, büyük ölçekli (Large-Cap) şirketler; borsa değeri bir ila beş milyar dolar arasında olan orta ölçekli (Mid-Cap) şirketler; ve piyasaya ihraç edilmiş senet sayısı ile borsa fiyatının çarpımından çıkan değeri bir milyar doların altında olan, küçük ölçekli (Small-Cap) şirketlerin hisse senetlerinden oluşan fonlardır.

- **Büyük ölçekli:** General Motors, IBM gibi yeni oturmuş çok büyük şirketlerin hisse senetlerine yatırım yapan büyük ölçekli yatırım fonlarının

amacı, güçlü olan bu işletmelerin piyasanın dalgalanmalarından daha az etkilenmesidir.
Coca Cola, Procter & Gamble, General Electric gibi dev şirketler global pazarlarda etkin olduklarından bu senetleri içine alan yatırım fonları dolaylı olarak uluslararası fon oluşturmakta.

- **Orta ölçekli:** Portföy, tüm hisse senetlerinin değeri 10 milyar civarında olan orta büyüklükteki şirketlerin senetlerinden oluşur.
- **Küçük ölçekli:** Büyümekte olan genç şirketlerin hisse senetlerinden oluşan fonlardır. Risk ve kâr potansiyeli büyüktür.
- **Atılımcı büyüme fonları:** Amacı hızlı performans sağlamak olan atılımcı, girişimci büyüme fonlarıdır; azami risk alınır ve azami kâr amacı güdülür; fona giren menkul değerlerin kâr payı önemli değildir. Bazılarında açığa satma ve opsiyon teknikleri uygulanır. Fondaki senetler borsa hareketlerine normalden fazla tepki gösterirler. Portföyün değeri borsadan hızlı çıkar, hızlı iner.
  Yatırımcıların, iş adamının üstleneceği riski taşıyabilecek gelir seviyesinde olması gerekir.

Örneğin; 1990-92 yıllarında % 437 artış kaydeden 44 Wall Street fonu, 1993'te %87 düştü. Genelde geleceği parlak görünen genç şirketlerin senetlerine yatırım yapılan bu tür fonlar, son beş yılda, diğer muhafazakâr fonlara kıyasla iki misli fazla artış gösterdi.
Bu çeşit fonlarda yatırımlar değişik endüstri sektörlerindeki 30-40 şirketin hisse senetlerine dağıtılır. En kötü olasılıkla bu şirketlerden bir tanesi iflas etse dahi, o şirketin hisselerinin portföydeki yüzdesi küçük olacağından genel performansı fazla düşürmez.

- **Açık uçlu yatırım fonları - Open end mutual funds:** Bu fonlar piyasaya sürekli yeni senet ihraç ederler ve daha önce satılan senetleri elden çıkarmak isteyenlerden, gün sonunda hesaplanan net değer üzerinden geri satın alırlar: "İtfa - redemption."
- **Büyüme Fonları:** Genelde büyük ve orta ölçekli şirketleri tercih eden bu yaklaşımda amaç, senetlerin kâr artışıdır.
  Aydan aya performans o kadar mühim değildir. Hedefler uzun vadede sermayeyi enflasyonun üzerinde bir oranla arttırmaktır. Yatırımlara muhafazakâr bir tutumla yaklaşılır, spekülatif borsa işlemleri uygulanmaz. Borsaların dalgalanmalarında, portföydeki menkul değerler, hızlı performans fonlarındaki gibi büyük zig zaglar yapmaz. S&P 500 endeksine göre betası %15 civarındadır.

For Growth of Capital

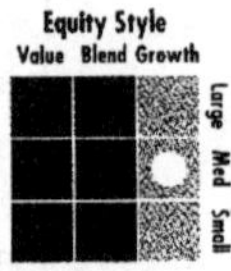

DELAWARE SELECT GROWTH FUND

(formerly Delaware Aggressive Growth Fund)

Objective

Seeks to provide long-term capital appreciation.

Strategy

Invests primarily in equity securities of companies which the manager believes have the potential for high earnings growth.

Fund Summary

- Has the ability to invest in companies of all sizes to maximize opportunities for growth;
- Has the flexibility to invest across industry sectors, allowing it to tap into growth trends across sectors; and
- Strives to identify companies that have the potential for high-earnings growth, evaluating them on many characteristics, including the expectation of accelerated earnings, capability of the management team and strength relative to its industry.

Lead Portfolio Manager

Gerald S. Frey (1997)
Delaware Management

Overall Morningstar Rating™

Class A Shares ★★★★★

Morningstar proprietary ratings reflect historical risk-adjusted performance as of December 31, 1999. Ratings are subject to change every month. Past performance is no guarantee of future results. Morningstar ratings are calculated from the Fund's three- and five-year average annual returns in excess of 90-day Treasury bill returns with appropriate fee adjustments, and a risk factor that reflects fund performance below 90-day Treasury bill returns. The Fund received 5 stars for the three- and five-year periods among 3,469 and 2,180 domestic equity funds. The top 10% of funds in a broad asset class receive 5 stars. Other share classes may have rankings and they may differ from the ranking shown.

For a prospectus of Delaware Select Growth Fund, contact your financial adviser, or call Delaware Investments at 1.800.523.1918 nationwide. The prospectus contains complete information including fees and expenses. Please read the prospectus carefully before you invest.

December 31, 1999

Portfolio Characteristics	
Beta*	1.35
P/E Ratio**	33.0x
Median Company Size	$4.6 billion
Number of Different Securities	74
Portfolio Turnover (last fiscal year)	313%
Total Assets	$1.2 billion

Top Five Sectors	% of Portfolio
Computers & Technology	25.4
Telecommunications	10.6
Cable, Media & Publishing	10.6
Retail	9.3
Electronics & Electrical Equipment	8.6

Top Ten Equity Holdings

Company—Principal Business	% of Portfolio
Intuit — Financial Software Products	3.3
Adelphia Communications — Cable TV Operations	2.8
Peregrine Systems — Computer Software	2.7
Gemstar International — Recording Products	2.6
Citrix — Application Server Systems	2.5
Home Depot — Home Improvement Stores	2.4
Uniphase — Laser Subsystems	2.2
Veritas Software — Storage Management Software	2.2
Internap Network Services — Internet Connectivity Service	1.9
Agilent Technologies — Electronic Measurement Instruments	1.9

Portfolio Composition	% of Portfolio
Common Stock	86.3
Cash & Other Assets	13.7

Inception Dates	
Class A	May 16, 1994
Class B	April 16, 1996
Class C	May 20, 1994

NASDAQ, CUSIP & Delaphone Codes			
Class A	DVEAX	92893-11-04	316
Class B	DVEBX	92893-18-49	317
Class C	DVECX	92893-12-03	318

*Beta, which is based on monthly returns for the last three years, measures volatility of the Fund relative to the S&P 500, which has a beta of 1.

**Average weighted P/E ratio based on First Call fiscal 1999 forward earnings estimates as of December 31, 1999.

Performance

Average Annual Returns
All distributions reinvested.

Class A[A]	Lifetime	5 years	1 year
Excluding Sales Charge	+36.16%	+41.85%	+78.22%
Including Sales Charge	+34.74%	+40.19%	+68.00%
Class B[B]	**Lifetime**	**3 years**	**1 year**
Excluding Deferred Sales Charge†	+49.24%	+51.75%	+76.91%
Including Deferred Sales Charge	+48.96%	+51.31%	+71.91%
Class C[C]	**Lifetime**	**5 years**	**1 year**
Excluding Deferred Sales Charge†	+35.21%	+40.78%	+76.86%
Including Deferred Sales Charge	+35.21%	+40.78%	+75.86%

Growth of a $10,000 Investment in Delaware Select Growth Fund A Class for 5 Years ended December 31, 1999

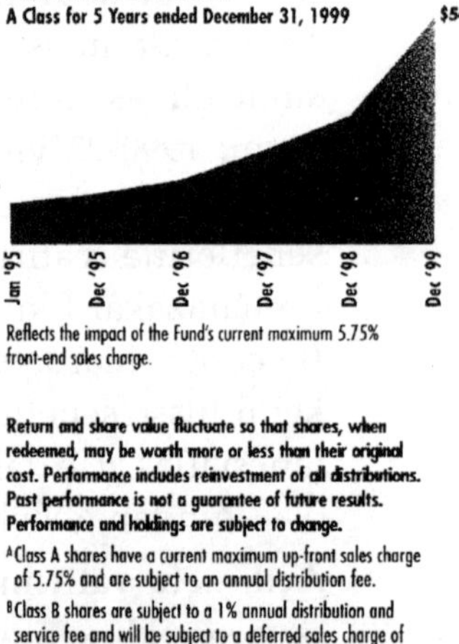

Reflects the impact of the Fund's current maximum 5.75% front-end sales charge.

Return and share value fluctuate so that shares, when redeemed, may be worth more or less than their original cost. Performance includes reinvestment of all distributions. Past performance is not a guarantee of future results. Performance and holdings are subject to change.

[A]Class A shares have a current maximum up-front sales charge of 5.75% and are subject to an annual distribution fee.

[B]Class B shares are subject to a 1% annual distribution and service fee and will be subject to a deferred sales charge of up to 5% if redeemed before the end of the sixth year.

[C]Class C shares are subject to a 1% annual distribution and service fee and will be subject to a deferred sales charge of 1% if redeemed within the first 12 months.

†Performance excluding deferred sales charges assumes the investment was not redeemed.

The Fund has been assigned to a style box based on its investment focus and portfolio as of December 31, 1999. Large-cap companies are those with a market capitalization greater than $10.7 billion; medium-cap $1.7- $10.7 billion; and small-cap less than $1.7 billion. Funds focused primarily on value stocks (companies believed to be selling below their true worth), growth stocks (companies believed to be fairly valued but that are expected to continue growing), or a blend of both types of stocks are assigned to those respective boxes. The Fund's portfolio is subject to change and may not always reflect the characteristics of that box.

- **Gelir ve büyüme amaçlı fonlar - Growth and income funds:** Amacı bir taraftan yatırımcıya gelir sağlamak, diğer taraftan uzun dönemde sermayeyi arttırmaktır. Kâr payı ödeyen büyük işletmelerin senetlerinden oluşan bu fonların performansı, borsanın boğa trendinde olduğu dönemlerde endeks ortalamalarının gerisinde kalır. Piyasa düşerken de genel borsa trendinden yavaş hareket eder.

Zaman zaman Wall Street'teki bazı endüstri sektörleri gözden düşer. Örneğin; özellikle başkanlık seçimleri yaklaşırken halkın yaşlı kesiminden oy toplamak isteyen politikacılar, başkan adayları, seçildikleri taktirde, her yıl enflasyon oranının çok üzerinde artan sağlık ve ilaç fiyatlarını kontrol edeceklerini vaad ederler. 1992 yılında Başkan Clinton sağlık sigortası olmayan 30 milyon Amerikalı'ya sağlık sektöründe reform yapacağını vaad ederek seçilmişti.

Yeni hükümetin fiyat kontrollerine gitmesinden korkulduğundan, seçime doğru tüm ilaç firmalarının senetleri düştü. Clinton yapmak istediği reformlarda sağlık sektörünün lobisine takılıp başarısız oldu. Bir yılda ilaç şirketlerinin hisseleri eski düzeylerini aştı.

2000 yılının yaklaşan seçimlerinde Wall Street'te aynı senaryo oynanmakta, geleceğin ne getireceğini kestiremeyen bazı fon yöneticileri Merck, Pfizer, American Home Products, Warner Lambert gibi yılların favorisi olan bu gruptan uzak dururken; kontra düşünen ve senetlerin değerlerinin çok altında işlem gördüğü kanısında olan diğer fon yöneticileri bu istikrarlı sektöre uzun vadeli yatırım yapmaktalar.

Banka sektöründe de pararel gelişmeler yaşanmakta. Ekonominin doruğa çıktığı, işsizlik oranın azaldığı dönemde Federal Reserve Bankası işleri yavaşlatıp enflasyonu önlemek için faiz oranlarını yükseltmeye başlar. Faizlerin artması finans sektörünü birkaç yönden etkiler:

Birincisi, bankaların maliyeti artar.

İkincisi, iş dünyası yatırımları yavaşlatır, paraya olan talep azalır.

Üçüncü olarak ise, tüketicinin kredi kartı kullanımını azaltır, yüksek faiz ödemekten kurtulmak için borcunu ödemeye başlar. Tassarruf sahibinden % 6-7 ile topladığı parayı kredi kartı ile borçlanan müşterilerine %21 faiz uygulayarak plase ettiklerinden, kredi kartları bankaların en büyük kâr kaynağıdır.

Yaklaşan olumsuz beklentilerle banka senetlerinin düşmesi, uzun vadeli düşünen ve temel verilere göre seçim yapan fon yöneticilerine banka hisselerini kelepir fiyata satın alma fırsatı verir. 1999 yılının son aylarında ve 2000'in ilk aylarında Federal Reserve Bankası'nın enflasyonu önlemek için faiz oranlarını yükseltmesi beklendiğinden, bankacılık sektörünü temsil eden senetler büyük bir düşme kaydetti. İşler düzeldiği, sorunlar geçiştirildiği anda senetler tekrar artmaya başlar.

Gelir ve büyüme amaçlı fonlar bu durumları değerlendirmeye çalışır. Fon yöneticisinin başarısı, sorunların ne zaman çözüleceğini isabetle tayin etmesine bağlıdır.

- **Değer fonları, kontra fonlar:** Warren Buffet tarzında yatırım stratejisi uygulayan bu tür fonların karekterleri şöyledir:
  Portföye, fiyat/kazanç ortalaması düşük olan menkul değerler seçilir. Nakit akışının yüksek olmasına ve defter değerinin piyasa fiyatına yakın olmasına bakılır. Borçlarının öz varlıklara olan oranı düşük ve bilançolarına gerçek değeri aksetmeyen mallara sahip şirketler araştırılır.
- **Global yatırım fonları:** Amacı uluslararası sermaye piyasalarında yatırım yapmak olan fonlardır. Almanya, İspanya, Kore, Japonya gibi belirli ülkelerin senetlerine konsantre olanlar olduğu gibi, Avrupa, Asya veya gelişmekte olan ülkelerin hisselerine yatırım yapan fonlar var. Bazıları "açık uçlu", bazıları da "kapalı uçlu" statüsündedir.

Örneğin: Scudder Latin America Fund'un sembolü SLAFX, Brazil Fund'un BZF, Almanya Fonu'nun GER, Ispanya'nın SNF, Türkiye'nin TKF v.s.

Global yatırım fonlarının iki çeşit riski var: Para kuru ve siyasi risk. Özellikle gelişmekte olan ülkelerde bu iki risk çok yüksek.

Dünyanın değişik bölgelerindeki ülkelerin ekonomileri biribirine paralel hareket etmiyor. Zaman zaman bir ülkede işler açılıp, ticarette, üretimde canlılık yaşanırken, diğerinde iktisadi durgunluk devresi sürüyor. Kapitalizmin dünyaya yayılması, gümrük duvarlarının inmesi, paranın kolayca bir ülkeden diğerine transferi, iletişimin hızlanması, global piyasalardaki yatırım olanaklarını arttırdı.

InterSec Reseach araştırma servisine göre 2000 yılına kadar Amerika'daki emeklilik planları ve yatırım fonları, global piyasalarda bir trilyon yatırım yapmış durumda; yabancı hisse senetlerine yatırım yapan yatırım fonlarının sayısı 1990 yılında 116 iken, 2000 yılında 1700'e çıktı.

1980 -1990 yılları arasında S&P endeksinin % 316 artış göstermesine karşılık Morgan Stanley'in Avrupa, Avustralya, Uzak Doğu ülkelerinin senetlerinden oluşturduğu Capital International endeksi sadece %68 yükseldi.

Uluslararası portföy yöneticisi ilgilendiği ülkelerin sermaye piyasalarındaki ortalama fiyat/kazanç oranlarını karşılaştırır. Fazla şişkin olanlardan çıkar ve parayı ekonomilerinin dönme noktasında olduğunu tahmin ettiği ülkelere kaydırır.

21. yüzyılın başında Japonya'nın, Uzak Doğu'nun ve Avrupa'nın ekonomik durgunluk döneminden çıkmak üzere olması, ayrıca A.B.D'de yaşanan 10 yıllık refah döneminin sonuna gelmek üzere olması, uluslararası yatırımları cazip kılmakta.

- **Endeks yatırım fonları:** S&P 500 gibi belirli bir endekse giren senetlerden oluşturulan portföylerdir. Fon kapandıktan sonra artık yönetim yapılmaz; eğer S&P % 20 artış kaydederse, endeks fonu da aynı performansı gösterir.

- **Sektör fonları:** Adından anlaşılacağı üzere portföy; otomotiv, kimya, biyotek, finans, ilaç gibi tek bir sektörde çalışan şirketlerin hisse senetlerine yatırım yapar. Riski ve kâr potansiyeli büyüktür. Örneğin: AOL, Yahoo, Amazon. Com gibi internet hisselerinden oluşan İnternet Yatırım Fon'una 1998 yılında konan 10.000 doların değeri 1999'da 67.000 dolara yükseldi. Aynı dönemde borsa ortalamasına yatırılan 10 bin dolar 14 bine çıktı. 2000 yılı teknoloji senetleri için iyi başlamadı; bir ara 5000'e çıkan endeks Nisan ayında 3500'e geriledi.

- **Tahvil yatırım fonları:** Oluşturulan havuzda paranın yüzde 100'ü sabit gelir getiren menkul değerlere yatırılır. Tahvillerin borsada işlem gören fiyatları, faiz oranlarının inip çıkmasına göre dalgalanır. Fon yöneticisi faiz oranlarının çıkmasını bekliyorsa, parayı kısa vadeli kağıtlarda tutar. Oranlar artırılınca yeniden uzun vadeli kağıtlara döner.

  Tahvil bölümünde belirttiğimiz gibi tahvillerin vade süresi ne kadar kısa olursa, fiyatta oynama o kadar az olur.

  Faiz oranları düşünce, önceden alınmış yüksek faizli ve uzun vadeli sabit getirili menkul değerler piyasada primle satar. Ekonomik göstergelere bakarak Federal Reserve Bankası'nın para politikasında yapacağı değişiklikleri önceden görebilen uzman yönetici, işlettiği portföye genel faiz oranlarının çok üstünde getiri sağlar.

Kalitesi, süresi ve kaynağına göre değişik amaçlı tahvil fonları

- *Para piyasası fonları - money market funds:* Vadesi üç ayı geçmeyen yatırım araçlarına yapılan yatırımlarla işletilen fonlardır. Faiz oranlarına duyarlılığı hissedilmeyecek derecededir.
- *Kısa vadeli hükümet tahvilleri:* Amacı para piyasası fonlarının biraz üstünde gelir sağlamaktır. Portföye alınan tahvillerin vadesi üç ayı geçmez. Her ay portföyün bir kısmı itfa olduğundan, getiride büyük oynamalar olmaz. Ana para sağlamdır.
- *Özel sektör tahvil fonları - corporate bond funds:* Yüksek kaliteli tahvil portföyü oluşturmak amacıyla kurulan fonlardır. Kesin vadesi yoktur. İtfası gelen tahvilin yerine yenisi satın alındığı için vadesi devamlı uzar.
- *Hurda tahvil fonları - jund bond funds:* Portföye en yüksek sabit getiriyi sağlamak amacıyla, Standard&Poor's tarafından verilen kredi notu BB, Moody's tarafından verilen kredi notu Bb ve altında olan düşük kaliteli tahvillere yatırım yapan fonlardır. (Bakınız tahviller)
- *Gelişmekte olan ülkelerin tahvil fonları:* Faiz oranları çok yüksek olan gelişmekte olan ülkelerin devlet ve özel sektör tahvillerine yatırım yapmayı amaçlayan fonlardır. Portfoy yöneticisinin, değişen global piyasa koşullarını, uluslararası ödemeler dengelerini, devalüasyon ihtimallerini çok yakından takip etmesi gerekir. Bazıları yabancı ülke paralarının dolar karşısında gerilemesine karşı vadeli para operasyonlaryla "hedge" yapıp para paritesinin riskini düşürür.
  Elinde dolar tutan yatırımcı; yabancı ülkelerin yüksek faizli araçlarına yatırım yaparken para değerinin değişme riskini göze almak zorundadır. Dolar, diğer paralar karşısında değer kazanmaya başlayınca, uluslararası fonların getirisi düşer.

Örneğin; T Rowe Price Fund'un işlettiği T.Rowe Emerging Markets Bond Funds'ın 1999 yılındaki getirisi %22.97, son beş yıl ortalaması ise % 13.71

Web Sitesi; www.troweprice.com

- *Global tahvil fonları:* Salomon Smith Barney'in 1999'da yaptığı bir araştırmaya göre, global sermaye piyasalarına ihraç edilmiş tahvillerin toplam değeri 19.4 trilyon civarında. Bunun % 43'ünü ABD, %20.6'sını Japonya ve gerisini diğer ülkeler ihraç etmiş. Morningstar data bankasında 144 Global tahvil fonuu var. Bunlardan 44 tanesi "No Load." Son on yılın altısında global tahvil fonları Amerikan fonlarından daha iyi sonuç aldı. Fidelity Global Bond Fund, Scudder International Bond ve T.Rowe International Bond, Target International Bond Fund, Lazard International Fix -Inc, Strong International Bond bu tür uluslararası tahvil fonlarından birkaçı.

Fonların borsa hareketlerine duyarlılığı

Borsanın genel trendine kıyasla, fonun ne derece hasas olduğunu anlamak için, piyasanın hareketli bir gününde, borsa endeksleri ile yatırım fonunun artış ve düşüşü karşılaştırılır.

Örneğin Dow Jones endeksi %1 çıktığı gün, fonun değeri %2 artmışsa, fonun yapısı piyasa dalgalanmalarına çok hassastır. Eğer trend boğa ise, fonun değeri Dow Jones endeksinin çok üzerinde performans gösterecektir.

Fonların portföyündeki menkul değerlerin piyasa riskini ölçmek için, 500 işletmenin hisse senedi ortalamasından oluşan Standard&Poors 500 endeksinin oynaması, fonun hareketi ile karşılaştırılır. Borsanın dalgalanmalarında fon, S&P 500 endeksini %1 farkla takip ediyorsa, fonun piyasa riski "betası" borsanın genel trendi ile aynıdır. Beta %1'den büyükse, piyasa dalgalanmaları fonu büyük ölçüde etkileyecektir.

Fonlara yatırım yaparken bilinmesi gereken noktalar

- Seçim yaparken ilk kriter fonun geçmişteki performansıdır. Genelde önceki yıllarda artış gösteremeyen fonlar ileride de aynı şekilde devam eder.
- Eleme işlemine geçen yılın en başarılı ilk beş yatırım fonundan başlayabilirsiniz. Fonun tarihi beş yıl geriye gidiyorsa, geçmişteki performans yönetimin istikrarını gösterecektir.
- Komisyon faktörüne bakın. Borsa bankerlerinin sponsorluğunu yaptığı Load Fon'ları yerine, No Load fonu seçerek paranızın yüzde 100'ünü işletmeye koyun.
- Fonun yönetim masraflarına bakın. Yüzde bir civarı normaldir. Bazen

peşpeşe büyük başarı gösteren fonlar daha yüksek yönetim ücreti alabilirler. Bu iki noktayı birlikte göz önünde bulundurmak gerekir.

- Eğer bir yatırım fonu geçmişte süper performans göstermişse, fona girmeden önce aynı yönetim ekibinin başta olup olmadığını araştırın. Para yönetiminde her yiğidin yoğurt yiyişi başkadır. Örneğin; 1980'lerde Fidelity Yatırım Fonları'ndan Peter Lynch'in yürüttüğü Magellan'ın çok üstün başarısını ondan sonra gelenler tekrarlayamadılar. Özellikle çok yetenekli olan para uzmanları ya rakip şirketler tarafından kapılır veya Wall Street'te isim yaptıktan sonra kendi fonlarını kurarlar.

- Fonlardan aynı grupta olanları karşılaştırın. Tüzüğü yalnız tahvillere yatırım yapılmasını emreden fon ile hisse senedi fonunun performansını karşılaştırmanın anlamı yoktur.
  Yükümleneceğiniz risk derecesine göre, sermayenizi değişik amaçtaki fonlar arasında paylaştırın.

- Her yatırım fonunun iç tüzüğü yatırımın amacını ve amaca varmak için kullanılacak yatırım araçlarını bildirir. Hisse senedi fonları, büyümekte olan, küçük ve riskli şirketleri veya yerine oturmuş işletmelerin hisselerini araştıracaklarını, tahvil fonu ise hangi tür sabit getirili menkul kıymete yatırım yapacağını belirtir. Yatırımcı iç tüzüğü yakından incelemelidir. Ayrıca yatırım fonları son üç ayda elinde tuttuğu menkul değerlerin listesini verirler. Senetler sizin risk toleransınıza uyuyor mu?

- Fonu oluşturan menkul değerlerin ortalama fiyat/kazanç oranı, yatırımcıya fonun aldığı risk hakkında fikri verir. Seçilen kategoriye göre bu oran değişik olacaktır.

- Yatırım için üzerinde durulan fonun ortalama fiyat/kazanç oranı ile aynı kategorideki diğer fonların ve borsa endeksi fiyat/kazanç ortalamaları karşılaştırılmalıdır.

- Fondaki hisse senetleri ortalamasının fiyat/defter oranı da riskin belirlenmesine yardımcı olan diğer bir kriterdir. (Örnek: Delaware Growth Fund)

ABD'deki yatırım fonu devleri

Birleşik Devletler'de sekizbine yakın yatırım fonuna yapılan yatırım 3 trilyon dolar civarında. Başlangıçta tek tip olan yatırım fonları büyüdükçe, piyasanın koşullarına ve yatırımcının nabzına göre yeni fonlar açtı ve her biri bir fon hipermarketi oldu. Yatırımcı bu dev finansal kuruluşta amacına ve almak istediği riske göre bir veya birkaç fonu seçip riskini dağıtabiliyor.

Örneğin; Aim Yatırım Fonları grubunda amacına göre 76 çeşit fon oluşturulmuş.

Web: www.aimfunds.com

American Funds Group- Web; www.americanfunds.com

Merkezi Los Angelos'ta olan bu grup yalnız araştırma ekibine yılda 75 milyon dolar ödemekte.

Charles Schwab; Amerika'da komisyonları düşüren öncü ve güçlü bir firma.

No Load Yatırım Fonları yönetim ücretlerinin %.025'ini Schwab'a ödeyerek fonlarını pazarlamakta. Bu uygulama yatırımcı için 176 milyar dolarlık yatırım fonu hipermarketinden seçim olanağı oluşturmakta.

Web: www.schwab.com

Dreyfus- Web: www.dreyfus.com

1994 yılında Mellon Bankası tarafından satın alınan Amerika'nın bu en eski yatırım fonunun merkezi New York'ta.

Dreyfus grubundaki fon yöneticileri 40 milyar dolar yönetiyor.

Fidelity Web: www.fidelity.com

Portföyünden satma veya portföyüne satın alma işlemleri yaptığında piyasayı dalgalandıracak güçte bir finansal kuruluş. 4100 değişik fonunda 900 milyar dolar yönetiyor.

Web sitelerine girerek araştırma yapılabilecek diğer yatırım fonu devleri:

Franklin; www.franklin.com

Janus - www.janus.com

Kemper - www.kemperfund.com

Merrill Lynch - www.merrill.com

Oppenheimer - www.oppenheimer.com

Putnam - www.putnam.com

Scudder - www.scudder.com

T.Rowe Price - www.troweprice.com

Vanguard- **www.vanguard.com**
Twentieth Century- **www.twentiethcentury.com**
Van Kampen - **www.vankampen.com**

YATIRIM FONLARININ İNTERNET'TE ARAŞTIRILMASI

Morningstar - Web sahifesi: www.morningstar

Bu finans kurumu 1984 yılından beri tüm yatırım fonlarını risklerine göre derecelendirmekte. Fonları ABD, uluslararası, sabit getirili menkul değer kategorilerine ayıran Morningstar, değerlendirmelerini yıldız vererek yapıyor:

- En iyi performans gösteren ilk yüzde 10'luk dilimdeki yatırım fonuna beş yıldız,
- Onu takip eden %22.5'deki fonlara dört yıldız,
- Ortadaki %35'e üç yıldız,
- Ortanın altındaki %22.5'a girenlere iki yıldız,
- Performansı en kötü olan en alttaki %10'a bir yıldız veriyor. Morningstar'ın ana sahifesi günün sermaye piyasası hareketlerini yorumlayan çeşitli fonların performansını eleştirmekte. ***(Morningstar Tablo I)*** Yatırımcı *"Funds"* bağıntısını tuşlayıp açılan yeni ekranda; ***(yan sayfada görülebilir)*** hedefine ve risk toleransına göre fon kategorilerinden birini seçebilir veya Morningstar servisi tarafından verilen alternatifleri görmek için *"Preset Criteria"* tuşuna basabilir. Biz okurlarımıza örnek olması için, genç şirketleri temsil eden yatırım fonlarını *"Small Growth Funds"* seçtik.

(Bakınız Tablo II)

Tabloda; Her bir fonun aldığı yıldız,
2000 yılının ilk iki ayında fonun getirisi (YTD),
Masraf oranı ve fonun büyüklüğü belirtilmiş.
İçlerinden beş yıldız alan "Scudder 21st Century G* fonunun ayrıntılarını görmek için bu sefer *"Scudder 21st Century"* bağıntısına girdik ***(Bakınız Tablo III)***

Tablo I

MORNINGSTAR.com
YOUR FIRST SECOND OPINION

Membership | About Us

Need a Tax Efficient Fund?

New Tool! ClearFuture
We can help you reach your r
with tailored 401(k) advice. C

Home | Portfolio | Funds | Stocks | News | University | Conversations | ClearFuture[SM]

→ Stock Selector[SM]
→ Fund Selector[SM]

Over 40 tech funds had triple-digit returns in 1999.

Most Popular Quicktake® Reports

- Janus Global Life Sciences
- Janus Worldwide
- Janus Global Technology
- Janus Mercury
- Fidelity Magellan

All Popular Reports

- Portfolio Manager
- Fund Selector
- Fund Quickrank
- Stock Selector
- IRA Calculator
- ClearFuture
- Search the Site

- StockInvestor
- FundInvestor
- Principia Pro
- Mutual Fund 500
- Mutual Fund Reports
- Variable Annuity

Wednesday, February 23, 2000

Morningstar Newswire

Tech, Growth Funds Ruled in '99, Trade Group Says
ICI reports outflows for bond, hybrid, and conservative funds.
Dan Culloton | 02-23-00 | 07:24 PM

Stocks on the Move: 02/23/00
AOL, eBay, Sotheby's, Gateway, Alcatel, VISX, Raytheon, Tandy.
Mark Anderson | 02-23-00 | 04:53 PM

BellSouth Promotes Its B2B Affiliation
But incomplete deal with Commerce One doesn't impress investors.
Michael Hodel | 02-23-00 | 02:22 PM

Christmas Looking Brighter for Toys 'R' Us Online
$60 million infusion should help retailer avoid repeat of 1999 fiasco.
George Nichols | 02-23-00 | 01:33 PM

Legg Mason's Bill Miller Hits the Bargain Bins
Famed manager not finding much to his liking in technology these days.
Christopher Traulsen | 02-23-00 | 11:35 AM

Stock Analyst Notes: 02/23/00
Alcatel, VEBA, BellSouth, SBC, Gillette, Merck, Schering-Plough.
Morningstar Analysts | 02-23-00 | 11:07 AM

For the Long Term, Nextel Is Solid Wireless Pick
Industry leader reports blistering growth in latest quarter.
Todd Bernier | 02-22-00 | 06:54 PM

Full Newswire
Fund News Only

Milling on the Markets
Treasury Rally Is Too Much Too Soon
by Harry Milling | 02-23-00

Technology Bytes
Linux Redux: The Microsoft Killer?
by Pat Dorsey | 02-23-00

Select a Columnist

Morningstar Analyses
Morningstar analysts dissect stocks and funds of interest to you. Analyses also cover strategies, Morningstar grades, and more. Sample a free analysis today!

Stocks | All Stock Analyses

America Online | 02-23-00
Gateway | 02-23-00
VISX | 02-23-00
eBay | 02-23-00
BellSouth | 02-23-00

Funds | All Fund Analyses

Vanguard Small Cap Index | 02-16-00
Neuberger Berman International | 02-23-00
Franklin High Yield Tax-Free Inc A | 02-23-00
Fidelity Equity-Income II | 02-23-00
Franklin Short-Interm U.S. Govt A | 02-23-00

Find another Morningstar Analysis
Enter ticker or name

Reuters
Nasda
Recor
Drop
02-23-00

Market o
The
S&P
Nas
More

Don't
Your H
Use Mo
X-Ray t
portfol

Stock
- Bigg
- Bigg
- Most
- High
- Most Quic

Fund
- Bigg
- Bigg
- Most Quic

Top St
- Gen Ther
- Ame
- Fift
- Sterl
- SBC

Tablo II

MORNINGSTAR.com

Membership | About Us

Home | Portfolio | Funds | Stocks | News | University | Conversations | ClearFuture℠

Tool Box | Fund Selector℠

Basic Selector
Advanced Selector
Fund Quickrank

Here are your results!

- Choose from four different views. (Snapshot, Performance, etc.)
- Sort the results your way by clicking the data column headings.
- Change your criteria or start a new search.

Change Criteria | Results of Search | New Search | Analyst Insights | Instructions

Snapshot View

Results: 1-10 of 10

Fund Name	Morningstar Category	Category Rating	Morningstar Rating	YTD Return (%)	Expense Ratio (%)	Net Assets ($mil)
Small Growth Average				**13.23**	**1.67**	**292**
First American Small C	Small Growth	4	★★★★	21.66	1.29	49
Firstar MicroCap Ret A	Small Growth	4	★★★★★	22.64	1.99	37
Fremont U.S. Micro-Cap	Small Growth	4	★★★★★	24.14	1.94	829
HomeState PA Growth	Small Growth	4	★★★★	10.75	1.56	162
Jundt U.S. Emerging Gr	Small Growth	5	★★★★★	14.28	1.55	34
Munder Micro-Cap Equit	Small Growth	5	★★★★★	21.08	1.53	21
Munder Micro-Cap Equit	Small Growth	5	★★★★★	21.10	1.53	5
Scudder 21st Century G	Small Growth	4	★★★★★	10.93	1.75	215
Van Wagoner Post-Ventu	Small Growth	5	★★★★★	20.62	1.95	419
WM Emerging Growth A	Small Growth	4	★★★	30.69	1.88	141
S&P 500				**-5.02**		

Ratings and net assets through month-end. YTD through previous close.

Snapshot View

Results: 1-10 of 10

Change Criteria | Results of Search | New Search

Tablo III

MORNINGSTAR.com

Membership | About Us

Home | Portfolio | Funds | Stocks | News | University | Conversations | ClearFuture℠

Morningstar Quicktake Report

Add SCTGX to My Portfolio

Scudder 21st Century Growth SCTGX

Quicken 2000

- Quote
- Snapshot
  - News/Conversations
- Morningstar Analysis
- Total Returns
  - Growth of $10,000
  - Calendar-Yr Returns
  - Trailing Returns
  - Historical Returns
  - Tax Analysis
- Ratings and Risk
  - Morningstar Ratings
  - Volatility
  - MPT Stats
- Portfolio
  - Investment Style
  - Style Box Details
  - Asset Allocation
  - Sector Weightings
  - Top Holdings
  - Holding Details
- Nuts and Bolts
  - Fees and Expenses
  - Purchase Information
  - Management

Growth of $10,000

Fund: Scudder 21st Century Growth
Index: S&P 500
Category: Small Growth

Data through 01-31-2000

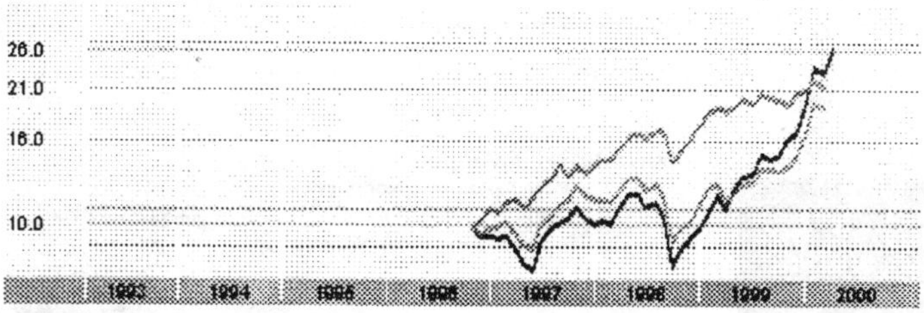

Calendar-Year Total Returns

	1993	1994	1995	1996	1997	1998	1999	01-00
Total return %	---	---	---	---	9.7	3.5	124.9	-3.0
+/- Index	---	---	---	---	-23.6	-25.0	103.9	2.0
+/- Category	---	---	---	---	-7.4	-1.3	62.8	-1.9
% Rank in Cat	---	---	---	---	79	48	9	73

Data through 01-31-2000

Trailing Total Returns

	Total Return %	+/- S&P 500	% Rank in Cat
1-Day	-0.97	-1.42	62
1-Week	-1.63	1.93	87
Year-to-date	10.93	18.83	61
1-Year	138.00	130.28	18
3-Year Annualized	43.30	22.99	16
5-Year Annualized	---	---	---
10-Year Annualized	---	---	---

Data through 02-22-2000
10-Year through 01-31-2000

Print a Morningstar Quicktake Report | Show Data Definitions

If you are a premium member, please log in to see premium page

Önce 10.000 doların getirisine baktık. Henüz üç yıllık tarihi olan fon ortalama % 43.3 getiri sağlamış. 1999'daki getirisi % 138.
Bu getiriyi sağlamak için aldığı Beta ve Alpha risk derecesine bakıyoruz. *(Bakınız Tablo IV)*

Tablo IV

MORNINGSTAR.com

Membership | About Us |

Home | Portfolio | Funds | Stocks | News | University | Conversations | ClearFuture℠

Morningstar Quicktake Report

Add SCTGX to My Portfolio

Scudder 21st Century Growth SCTGX

Quicken 2000

Morningstar Ratings

	Morningstar Return	Risk	Morningstar Rating
3-Year	2.87	1.48	★★★★★
5-Year	---	---	Not Rated
10-Year	---	---	Not Rated
Overall	2.87	1.48	★★★★★

Category Rating

Category Return: Above Avg
Category Risk: Average

Comparison Group: Domestic Stock
Data through 01-31-2000

Morningstar Category: Small Growth

Volatility Measurements

Standard Deviation	43.86	Sharpe Ratio	0.77
Mean	35.16	Bear Market Decile Rank	---

Trailing 3-year through 01-31-2000

Modern Portfolio Theory Statistics

	Standard Index Standard & Poor's 500	Best fit index Wilshire 4500
R-Squared	50	80
Beta	1.31	1.34
Alpha	8.07	8.83

Trailing 3-year through 01-31-2000

Print a Morningstar Quicktake Report | Show Data Definitions

Quote

Snapshot
- News/Conversations
- Morningstar Analysis

Total Returns
- Growth of $10,000
- Calendar-Yr Returns
- Trailing Returns
- Historical Returns
- Tax Analysis

Ratings and Risk
- Morningstar Ratings
- Volatility
- MPT Stats

Portfolio
- Investment Style
- Style Box Details
- Asset Allocation
- Sector Weightings
- Top Holdings
- Holding Details

Nuts and Bolts
- Fees and Expenses
- Purchase Information
- Management

Bir hisse senedinin piyasaya göre riskini saptamak için S&P 500 gibi piyasa endekslerinden biri ölçek alınır. Eğer Betası, birin üzerindeyse piyasa dalgalanmalarında endeksten daha fazla artış veya düşüş gösterecektir.

Örneğin; S&P 500 %30 artış göstermişse ve XYZ hisse senedinin beta'sı 1.1 ise, XYZ senetleri %30 x 1.1 = % 33 artış gösterecek demektir.

Eğer fon, ona verilen beta'dan daha da iyi getiri sağlıyorsa, alfa'sı pozitiftir.

Beşinci tabloda fonun performansı ile birlikte masraf oranının % 1.75 olduğunu (küçük fonların masraf oranı yüksek olur) ve fonun kurulduğu günden beri başında olan yöneticilerin değişmediğini izlemekteyiz. ***(Bakınız tablo V)***

23 Şubat 2000 tarihinde bir tek SCTGX fon senedinin net değeri 32.57 $.

Altıncı tabloda fondaki hisse senetlerinin ortalama defter değerinin 7.8 ve fiyat/ kazanç oranlarının 36.6 olduğunu, fonun elinde sedece % 1.6 nakit bulunduğunu (fonların elinde çok az nakit tutması sağlıklı değildir. Borsanın ani düşmesinde ortaya çıkacak fırsatları değerlendirebilmek için elde yedek para olması daha iyidir.) görmekteyiz.

Yatırımların % 3.3'nün uluslararası şirketlerin senetlerine yapıldığını ve portföyde en fazla ağırlık taşıyan sektörlerin, %40.6 ile teknoloji, % 28.8 ile hizmet ve %12.9 ile sağlık olduğunu görmekteyiz. ***(Bakınız tablo VI)***

Nuts&Bolts bağlantısında ise fona girmek için kişisel hesaplarda asgari 2500 dolar, emeklilik planlarında 1000 dolar olduğunu ve fonu yönetenlerin özgeçmişlerini bildirmekte.

Bloomberg web sitesi: www.bloomberg.com

Bloomberg servisinden 8000 yatırım fonu hakkında bilgi alma olanağı var.

Ana sahifeden *"Mutual Funds"* bağlantısını tuşlayınca günün en iyi performans gösteren 23 fonundan sadece Fid-Sel -Biotech fonun 5 yıllık bir geçmişi olduğunu görmekteyiz. ***(Bakınız tablo VII - VIII)***

Yatırım fonu kategorileri arasından secim yapmak için *"Fund By Sector"*ı tuşlayın, açılan yeni ekranda tüm fon kategorileri "Aggressive Growth Fund, Balance Fund, Convertible Securities Fund, Corporate Bond Fund, Eurepean Region Fund v.s." görünmekte ve bu *"link"*e bağlanarak her bir kategorideki en başarılı ilk 25 fonun performanslarını izleyebilirsiniz. ***(Bakınız tablo IX)***

Tablo V

MORNINGSTAR.com

Membership | About

Home | Portfolio | Funds | Stocks | News | University | Conversations | ClearFuture℠

Morningstar Quicktake Report — Add SCTGX to My Portfolio

Experts evaluate this and other stocks and funds. Click here for a free 30-day trial!

Scudder 21st Century Growth SCTGX

Quote

Snapshot
- News/Conversations

Morningstar Analysis

Total Returns
- Growth of $10,000
- Calendar-Yr Returns
- Trailing Returns

Historical Returns

Tax Analysis

Ratings and Risk
- Morningstar Ratings
- Volatility
- MPT Stats

Portfolio
- Investment Style
  Style Box Details
- Asset Allocation
- Sector Weightings
- Top Holdings
  Holding Details

Nuts and Bolts
- Fees and Expenses
- Purchase Information
- Management

How Has This Fund Performed?

Growth of $10,000
- Fund: Scudder 21st Century Growth
- Category: Small Growth
- Index: S&P 500

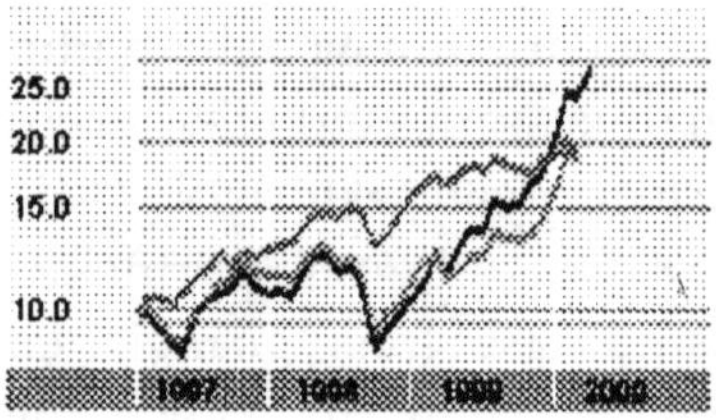

Annual Returns

	1997	1998	1999	01-00
Fund	9.7	3.5	124.9	-3.0
+/- Cat	-7.4	-1.3	62.8	-1.9
+/- Index	-23.6	-25.0	103.9	2.0

Data through 01-31-2000

View additional performance information

Category Rating What is this?

2 3 4

Return
Above Avg

Risk
Average

Data through 01-31-2000

Fund Details

Sales Charge %

Front:	None
Deferred:	None
Expense Ratio %	1.75

Manager Name: Roy C. McKay
Manager Start Date: 09-09-1996
Manager Name: Peter Chin
Manager Start Date: 09-09-1996

Quick Stats

NAV (02-22-2000)	$ 32.57
Day Change	$ -0.32
YTD Return %	10.93%
Morningstar Rating	★★★★★
Morningstar Category	Small Growth
Net Assets ($mil)	215

View ratings details

Inside Scoop

Not Available — Read full analysis

What Does This Fund Own?

Style Box What is this?

Compare investment-style returns

	Value	Blend	Growth	Size
Large				
Medium				
Small			■	

Investment Valuation

Style Box as of 01-31-2000

View Style Box details

Asset Allocation %		Top 3 Stock Sectors %	
Stocks	98.4	Technology	40.6
Bonds	0.0	Services	28.8
Cash	1.6	Health	12.9
Other	0.0		

Asset data through 06-30-1999
Sector data through 06-30-1999
View complete asset breakdown

Tablo VI

Morningstar Quicktake Report

Add SCTGX to My Portfolio

Scudder 21st Century Growth SCTGX

Investment Style

Size

Median Mkt Cap $Mil	715	

Investment Valuation	Stock Portfolio	Rel to S&P 500
Price/Book	7.8	0.9
Price/Earnings	36.6	1.0

Data as of 01-31-2000

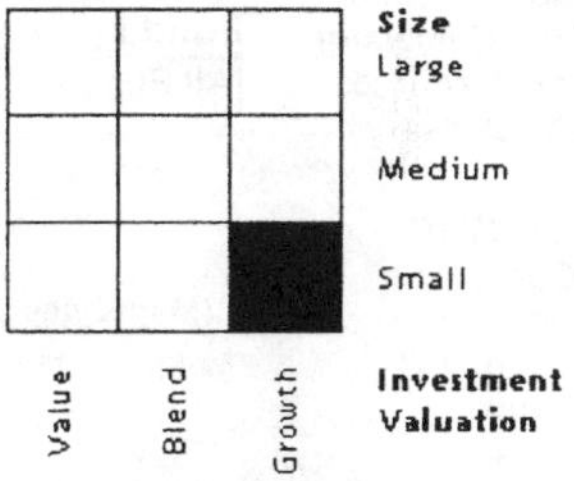

Asset Allocation

	% of Net Assets
Cash	1.6
Stocks	98.4
Bond	0.0
Other	0.0
Foreign (as a % of Stocks)	3.3

Data through 06-30-1999

Sector Weightings

	% of Stocks	Rel to S&P 500
Utilities	0.0	---
Energy	4.1	0.6
Financials	1.1	0.1
Industrials	3.1	0.3
Durables	3.7	1.7
Staples	2.8	0.3
Services	28.8	1.9
Retail	3.0	0.5
Health	12.9	1.2
Technology	40.6	1.9

Data through 06-30-1999

Tablo VII

Bloomberg .com

SEARCH SITE
Enter keyword:
View Site Map

STOCK QUOTES
Enter symbol:
Lookup symbol

MONITOR | HOME | MARKETS | MONEY | LIFE | TV | RADIO | CHARTS | TOOLS | HELP | THE BLOOMBERG

MUTUAL FUNDS
Mutual Fund News
Today's Top Funds
Fund Commonsense

TOOLS
Market Monitor
Portfolio
Total Return
Mortgage Calculator
Lease/Buy Calculator
Financial Resources
Financial Glossary

LOAN CENTER
Credit Cards
Mortgages
Refinancing
Home Equity
Auto Loans

INVESTING
Strategies
Personal Wealth
Marketwise
Tuned-In
Global Reach
Small-Cap Smarts

TAX GUIDE

RETIREMENT
Strategies
Savings Calculator
401(k) Planner

LIFE INSURANCE

PERSONAL MAGAZINE
Current Issue
Subscriber Services
Subscribe
Advertise
Other Magazines

SEARCH OUR DATABASE OF MORE THAN 8,000 FUNDS

Search for our top performing funds in a selected sector. Then click "GO". Or, enter a ticker symbol to compare your fund's performance in its sector. Then click "GO".

MUTUAL FUND LOOKUP
Enter Symbol:
Look up fund by name

Fund by Sector: All Funds

Change view: Long Term Returns

Clicking on the fund name will give you a detailed profile of the fund.
Tables can be sorted by clicking on appropriate field headings.
(Magazines subscribers click here to view additional ratings information provided by Morningstar.)

Top 25 U.S. Funds Thu, 24 Feb 2000, 12:16pm EST

Rank	Ticker Symbol	Name	NAV	YTD	1 YR	3 YR	5 YR
1	AHERX	AMER HERT-FUND	0.63	142.31	80.00	-6.86	-4.90
2	FEFPX	FRONTIER-EQTY PT	6.51	96.08	161.45	0.00	0.00
3	MEUEX	MORGAN GREN-EU-I	28.04	87.43	160.29	0.00	0.00
4	ORHAX	ORBITEX-HLTH&B-A	25.48	85.44	0.00	0.00	0.00
5	ORHBX	ORBITEX-HLTH&B-B	25.44	85.42	0.00	0.00	0.00
6	NAGHX	NICHOLAS-GL HL-I	34.42	78.53	0.00	0.00	0.00
7	FBDIX	FRANKLIN-BIO D-A	84.20	68.64	240.76	0.00	0.00
8	RYOIX	RYDEX-BIOTECH-IV	38.37	65.67	215.77	0.00	0.00
9	RYOAX	RYDEX-BIOTECH-AD	37.85	65.57	214.60	0.00	0.00
10	DREOX	DRIEHAUS-EUR OPP	43.88	62.58	298.91	0.00	0.00
11	MFHYX	MUNDER-FR HLTH-Y	25.65	57.85	134.68	0.00	0.00
12	MFHKX	MUNDER-FR HLTH-K	25.46	57.84	0.00	0.00	0.00
13	MFHAX	MUNDER-FR HLTH-A	25.49	57.74	0.00	0.00	0.00
14	MFHCX	MUNDER-FR HLTH-C	24.90	57.59	132.28	0.00	0.00
15	MFHBX	MUNDER-FR HLTH-B	24.91	57.56	132.37	0.00	0.00
16	JAGLX	JANUS-GL LIFE SC	25.30	57.14	150.99	0.00	0.00
17	MFMAX	MONUMENT-MED S-A	33.03	55.80	148.48	0.00	0.00
18	DGHCX	DRESD-RCM GL H-I	21.80	52.98	97.07	0.00	0.00
19	FBIOX	FID-SEL-BIOTECH	101.92	51.82	154.23	55.59	42.64
20	ORGAX	ORBITEX-GROWTH-A	49.78	50.99	185.14	0.00	0.00
21	ORGBX	ORBITEX-GROWTH-B	49.56	50.82	184.38	0.00	0.00
22	PSLFX	PATHFINDER FD	8.74	49.66	60.05	16.39	18.58
23	TIFQX	FIRSTHAND-TECH I	71.76	45.38	313.76	0.00	0.00

Tablo VIII

FBIOX FID-SEL-BIOTECH

Last Trade: 2/23

NAV	Change	%Change	52 Wk Hi	52 Wk Lo	BETA vs SPX	Objective	Assets
$101.92	4.14	4.23	$103.83	$37.53	0.94	Health & Bio	$1,166.02

Fund Profile

Fidelity Select Biotechnology Portfolio is an open-end fund whose investment objective seeks capital appreciation. The Adviser normally invests at least 80% of the fund's assets in securities of companies principally engaged in the research, development, and manufacture of various biotechnological products, services, and processes.

Fund graph

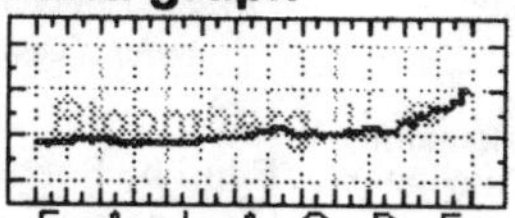

Other graphs

3 Months 6 Months 1 Year

Telephone	Manager(s)	Inv Advisor	Trans Agent
(800) 544-8888	YOLANDA S MCGETTIGAN	Fidelity Management & Research	Fidelity Services Company

Current Returns	
TRA 3 Mo Return	3 Yr Return
88.24	**55.59**
YTD Return	5 Yr Return
51.82	**42.64**
1 Yr Return	Sharpe Ratio
154.23	**1.19**

Related Funds

Rank	Name	NAV	YTD
1	ORBITEX-HLTH&B-A	25.48	85.44
2	ORBITEX-HLTH&B-B	25.44	85.42
3	NICHOLAS-GL HL-I	34.42	78.53
4	FRANKLIN-BIO D-A	84.20	68.64
5	MUNDER-FR HLTH-Y	25.65	57.85

Tablo IX

Bloomberg .com

SEARCH SITE
Enter keyword:
View Site Map

STOCK QUOTES
Enter symbol:
Lookup symbol

MONITOR | HOME | MARKETS | MONEY | LIFE | TV | RADIO | CHARTS | TOOLS | HELP | THE BLOOMBERG

MUTUAL FUNDS
Mutual Fund News
Today's Top Funds
Fund Commonsense

TOOLS
Market Monitor
Portfolio
Total Return
Mortgage Calculator
Lease/Buy Calculator
Financial Resources
Financial Glossary

LOAN CENTER
Credit Cards
Mortgages
Refinancing
Home Equity
Auto Loans

INVESTING
Strategies
Personal Wealth
Marketwise
Tuned-In
Global Reach
Small-Cap Smarts

RETIREMENT
Strategies
Savings Calculator
401(k) Planner

LIFE INSURANCE

PERSONAL MAGAZINE
Current Issue
Subscriber Services
Subscribe
Advertise
Other Magazines

SEARCH OUR DATABASE OF MORE THAN 8,000 FUNDS

Search for our top performing funds in a selected sector. Then click "GO".
Or, enter a ticker symbol to compare your fund's performance in its sector. Then click "GO".

MUTUAL FUND LOOKUP
Enter Symbol:
Look up fund by name

Fund by Sector: Convertible Securities Fund

Change view: Long Term Returns

Clicking on the fund name will give you a detailed profile of the fund.
Tables can be sorted by clicking on appropriate field headings.
(Magazines subscribers click here to view additional ratings information provided by Morningstar.)

Sorted by: YTD Return **Convertible Securities Fund** **Thu, 24 Feb 2000, 9:06pm EST (Total: 58 funds)**

Rank	Ticker Symbol	Name	NAV	YTD	1 YR	3 YR	5 YR
1	ACHBX	VAN KAMP-HARBR-A	23.23	14.93	68.98	27.31	23.30
2	CCSAX	CONSECO-CONVRT-A	17.37	14.70	51.95	0.00	0.00
3	ACHAX	VAN KAMP-HARBR-B	23.08	14.64	67.64	26.31	22.32
4	ACHCX	VAN KAMP-HARBR-C	23.24	14.64	67.59	26.28	0.00
5	NIGIX	NICHOLAS-CONVR-I	34.40	14.60	69.94	35.79	30.68
6	NAIQX	PILGRIM-CONVRT-Q	28.77	13.59	67.29	34.93	0.00
7	NIGAX	PILGRIM-CONVRT-A	29.74	13.57	67.01	34.50	29.63
8	NIGCX	PILGRIM-CONVRT-C	30.35	13.47	65.98	33.63	28.79
9	NANBX	PILGRIM-CONVRT-B	32.35	13.44	65.91	33.77	0.00
10	CNSDX	MSDW-CONV SECS-D	18.12	12.23	43.83	0.00	0.00
11	CNSAX	MSDW-CONV SECS-A	18.12	12.16	43.55	0.00	0.00
12	CNSCX	MSDW-CONV SECS-C	18.03	12.07	42.61	0.00	0.00
13	CNSBX	MSDW-CONV SECS-B	18.09	12.04	42.25	15.54	16.77
14	FCVSX	FID-CONV SECS	27.00	11.36	59.86	27.92	23.56
15	PFCIX	PIMCO-CONV BD-I	15.66	11.27	0.00	0.00	0.00
16	VCVSX	VANGUARD-CONV	15.03	11.22	45.63	17.97	17.58
17	CNCVX	ARISTON-CONV SEC	28.19	11.04	123.74	36.74	25.27
18	TGCVX	TCW GAL-CONV S-I	15.46	10.19	49.43	26.35	0.00
19	VALCX	VALUE LINE-CONV	17.97	10.01	45.01	18.70	19.61
20	GAGCX	GABELLI-GLB CONV	15.17	9.27	59.44	21.45	17.18
21	FISCX	FRANKLIN-CONV-A	15.16	7.65	31.07	12.01	15.85
22	FROTX	FRANKLIN-CONV-C	15.09	7.55	30.05	11.18	0.00
23	RAMCX	ADVISORS-ROCKHV	17.91	7.12	55.43	0.00	0.00

Örnek olarak Convertible Securities Fund - Değiştirilebilir tahvil fonlarını açtık.

Net varlık değeri (Net Asset Value NAV): her bir fondaki hissenin o günkü fiyatı

Year to date YTD: yılın başından bugüne kadar olan getiri

1 YR-3YR-5YR = Bir, üç, beş yıllık performans

Smart Money dergisinin endeks fonlarına ilişkin web sitesi: www.indexfunds.com

Borsa endeksleri ve endeks yatırım fonları hakkında çok geniş bilgi veren bir web sitesi. En geniş ilgiyi çeken Standard&Poor's 500 endeksinin yanısıra, tüm borsa bankerlerinin ve yatırım fonlarının endekslerini içermekte.

www.fundalarm.com

Yatırım fonlarındaki yönetim değişikliği gibi en son gelişmeleri bildiren bir web sitesi.

www.funspot.com

Yatırım fonları hakkında yazılan makaleleri bu sitede okuyabilirsiniz.

www.kiplinger.com

Yatırım fonlarının performansını, masraflarını, fon yöneticileri ile yapılan sözleşmeleri ve önerileri izleyebilirsiniz.

İNTERNET

Yirmibirinci yüzyıla bir devrim ile girdik, internet insanların yaşam biçimini, çalışma hayatını değiştirmekte. Ekonomide, ticarette, bilimde, eğitimde, finansta, dünya tarihinde enfarmasyon hiçbir zaman kitlelere bu kadar kolaylıkla dağılmadı; iletişim hiçbir zaman böyle hızlı olmadı. Son on yıl içerisinde yazılı metinleri, grafikleri, sesi, video'yu anında milyonlara taşıyan bir uluslararası iletişim multimedyası doğdu. Bu öyle bir ortam ki, Kuzey kutbundan Güney kutbuna, Alaska'dan Avustralya'ya insanlar biribirleriyle saniyeler içerisinde iletişim kurmakta, bilgi alışverişinde bulunmakta. Artık New York'ta oturan Amerikalı, Florida'da veya Avrupa'da gayrimenkul satın almayı planlıyorsa, ilk araştırmasını internet'te yapıyor. Web sitesi olan emlakçılarla temas kuruyor. Global sermaye piyasalarını "On Line" platformundan izliyor. Sağlığı bozulanlar doktor teşhisinden sonra, tedavi alternatiflerini, tıbbın en son uygulamalarını, önerilen ilaçların yan etkilerini gene internette araştırıyor. Tüm hastahanelerin web siteleri var.

Ünlü Mayo Kliniği'nin hastalara bilgi veren sitesi: **"www.mayohealth.org/mayo"** ve **www.healthon.com.**

Tatil yapmayı düşünenler, uçak ve otel fiyatlarını İnternetten araştırıp karşılaştırma yapıyorlar. ABD'de uçak biletlerinin yüzde 30'u internet üzerinden gerçekleşiyor. Otomobil veya ev satın almak için kredi kullanmak isteyen vatandaş, hangi bankanın en ucuz faiz oranı ile borç verdiğini internetten araştırıyor.

Amerika'da İnternet ekonomisi, otomobil endüstrisinin yüz yılda ulaştığı iş hacmine beş yılda geldi. Teksas Üniversitesi tarafından yapılan bir araştırmaya göre, 1995 yılında internet üzerinden yapılan beş milyar dolarlık ticaret hacmi, 1998'de 300 milyar dolara sıçradı. 2002 yılında bu rakkamın 1.3 trilyon dolar olması bekleniyor. Bu sürede Amerika'nın gayrı safi milli hasılası yılda %3.8 artış gösterirken, internet sektörü senede %174 büyüme kaydetti. American Elektronik Birliği'nin verdiği bilgilere göre, 1993'ten bu yana yalnız teknik elemanlara bir milyon yepyeni teknoloji işi açıldı. İnternet ekonomisinde calışanların sayısı altı milyonu geçmekte. 1993'ten 1999 yılına siber uzayda sörf yapan Amerikalıların sayısı 3 milyondan 80 milyona çıktı.

Haziran 1999 tarihinde İnternetin tarama makinalarından Yahoo şirketinin servisine kayıtlı 310 milyon elektronik sahife, Eylül 1999'da 385 milyona yükseldi. Yahoo'da gezinenlerin sayısı da Mart 1999'da 65 milyon iken, Haziran 1999'da 80 milyona fırladı. Şirketin senetleri Nasdaq'ın en pahalı senetleri arasında yer alıyor. 4 Şubat 2000 tarihindeki kapanış fiyatı 353 dolar ve işletme hissedarlara, bire iki senet vermeye karar verdi. Son yıllarda yatırımcıların yüzünü en fazla güldüren senet oldu.

Yıllık satışı 127 milyar doları geçen ve New York Borsası'na kayıtlı hisse senetlerinin değeri 498 milyar dolar olan global dev General Electric şirketinin başkanı Mr. Jack Welch, hissedarların yıllık toplantısında işletmenin gelecek planlarında internet'in yerini soran bir hissedara, "Tasarladığımız işlerde önem sırasına göre birinci, ikinci, üçüncü, dördüncü öncelik, faaliyetlerimizi internet ile entegre etmek" dedi. 12 Aralık 1999 tarihinde GE sözcüsü; bundan böyle ürettikleri plastik hammaddeleri internet üzerinden pazarlayacaklarını, 600 satış memuruna başka görevler vereceklerini açıkladı. GE bir adım daha atarak tüm bölüm müdürlerini internet eğitim seminerine soktu. Geçmişte yaşları 55-60 arasında olan deneyimli yöneticiler gençlere ders verirken, şimdi yaşları otuzu aşmayan genç kuşak; "e-ticaret" uygulamalarını, 21. yüzyılın iletişim teknolojisine ayak uydurmaya çalışan patronlarına öğretmeye çalışıyor.

Dünyanın en güçlü otomotiv şirketi General Motors'un Başkanı da bundan böyle "e-ticaret"in şirketin en fazla üzerinde durduğu konu olduğunu vurguladı. Web; **www.generalmotors.com**

Cirosu 40 milyar doları geçen, yüz yıldır daima yepyeni pazarlama teknikleri yaratan Sears Roebuck perakende mağazalar zinciri; General Electric, Maytag, Kenmore gibi 2000 çeşit beyaz eşyayı, elektrik süpürgelerini, 3500 türlü ev aletini, 3500 değişik çocuk oyuncağını düzenlediği web sitesinde pazarlıyor. **"www.sears.com"**

Sears yöneticileri "Sunduğumuz tüm ürünleri mağazalarımızda teşhir etmemize olanak yok; müşterilerimiz önceden web sitemizde araştırma yapıyor, her bir ürünün niteliklerini öğğreniyor, tercihlerini belirledikten sonra mağazamıza geliyor. Şimdilik 80 kişilik teknik ekibimiz web sitemizde müşterilerimize hizmet veriyor" dedi.

E -ticaret bakkallarla, hipermarketlerle de rekabete girişti. Illinois eyaletinin Skokie sehrindeki Peapod, Inc. "www.peapod.com" geleneksel çarşı pazar alışverişini internete taşıdı. Şimdi Peapod'un 100 bin müşterisi, alacağı ürünlerin kalitesini, fiyatlarını, iskontolarını evinden araştırıp, siparişini veriyor. Peapods'un 1998'de altıbuçuk milyon dolar olan satışları (Borsa sembolü NASDAQ: PPOD) 1999 yılının ilk yarısında 35 milyon dolara erişti. Sipariş edilen malları dev depolardan evlere gönderen firmada çalışanların sayısı 1400. Servisi kullananların yüzde altmışı karı-kocanın çalıştığı iki gelirli aileler.

E-ticaretteki inanılmaz hız inşaat sektörünün de gözünden kaçmadı. Müteahhitler inşaat malzemelerini tek tek araştırmak yerine, malzemeyi internette araştırıp en iyi fiyatı alıyor.

Bu sektöre servis veren Web siteleri;

www.Usbuild.com

www.equalfooting.com

www.improve.net.com

www.buildNet.com

Yıllık cirosu 1.7 milyar dolar olan moda yaratıcısı Lands' End "**www.landsen.com**" şirketinin internet üzerinden gerçekleştirdiği satışlar bir yılda % 300 artışla, 18 milyon dolardan 61 milyon dolara çıktı.

Bugüne kadar üretilen mal ve hizmetlerin uluslararası piyasalarda pazarlanması için gereken masrafları karşılayabilmek ancak çok zengin işletmelerin harcıydı. World Wide Web sayesinde şimdi küçük şirketler de çok az bir masrafla, ürünlerini tüm dünyaya tanıtma olanağına sahip. Bir garajdan internet üzerinden kitap satmakla başlayan Amazon şirketinin "**www.amazon.com**", satışları altı yılda bir milyar doların üstüne çıktı. Firmanın borsa değeri 18 milyar dolar. Başlangıçta bu işletmenin hisse senetlerine yatırım yapanlar paralarını beşbin misline katladılar.

Siber uzayda erişilmek istenilen pazar daha iyi hedeflendirilmekte. Web sahifelerinin TV. reklamları gibi izleyicinin yüzüne çarpmasına gerek yok. İlgilenenin verilen mesajı ve bilgileri alması için bol bol vakti var. Bu, medya reklamcılarının gerçekleşen bir rüyası; açılan sahifelerde sunulan ürün ve hizmetlerin ayrıntıları kısıtlı değil, değişen renk semalarıyla izleyicinin ilgisini kamçılamak; bağlantılarla gezeni istenilen hedefe çekmek mümkün. Gazete ve TV. reklamlarının çok kısa olan etkisinin kaybolmaması için belirli aralıklarda tekrarlanması gerekiyor. Web sahifelerinin kapsamlı reklamları uzun zaman ekranda kalıyor, istenirse zaman zaman verilen mesaj değiştirilebiliyor.

Amerika'da başlayan World Wide Web akımı bütün dünyayı sarmakta. 2003 yılında Avrupa'da 98 milyon, Güney Amerika'da 43.5 milyon ve küremizde 700 milyon kişinin internete bağlanması beklenmekte. 1998 yılında Batı Avrupa'da internet üzerinden yapılan ticaretin hacmi 16 milyar dolar. Global ticarette gelişen bu teknolojiye ayak uyduramayan ülkeler ve şirketler pazarlarını rakiplerine kaptıracaklar.

5 Ocak 2000 tarihinde Ingiliz Başbakanı Tony Blair Ingiliz Endüstri Konfederasyonu'ndaki konuşmasında, "Bundan böyle ekonomiyi değil e-konomi'yi konuşacağız" diye yaptığı espri ile dünya ticaretinde elektronik ticaretin önemini vurguladı.

Telefon ücretleri Amerika'dan daha yüksek olan Avrupa için internet üzerinden iş yapmak henüz alışkanlık halinde değil. Amerika'da bir aylık İnternet bağıntısı 20 dolar civarında iken aynı servis Almanya'da 51 dolar. (fakat bu durumu değiştirmek için ilk adımlar atıldı.) Kasım 1999 tarihinde Avrupa Birliği Komisyonu 15 ülkeye internete giriş masraflarını indirmeleri için talimat verdi. Ücretleri indirmenin bir yolu, her ülkedeki telefon şirketlerini özelleştirip, iletişimi rekabete açmak.

Ülkemizin iç ticaretini canlandırmak, mallarımızı dış pazarlara tanıtabilmek ve bilhassa turizm endüstrisine destek vermek için, siyasi otoritenin; çok zayıf olan internet altyapısının geliştirilmesine yatırım yapması ve bilhassa dünya standartlarına göre çok pahalı olan telefon ücretlerini yeniden düzenlemesi gerekmektedir.

İNTERNETTE GLOBAL SERMAYE PİYASASI KAYNAKLARI

Global piyasalarda geleneksel yatırım yöntemleri değişti. Daha beş yıl önce yalnız Wall Street firmalarının ve bankacıların imtiyazında olan tüm finansal kaynaklar, şimdi internete bağlanan her yatırımcının parmaklarının ucunda.

İnternetin inanılmaz iletişim hızı, yatırımcılara; sermaye piyasalarındaki gelişmeleri anında izleme, değişik endüstri dalları ve şirketler hakkında en son bilgileri alma, uzman ekonomistlerin, Warren Buffett, Peter Lynch, John Neff gibi Wall Street'in en saygın portföy yöneticilerinin önerilerinden yararlanma olanağını sunmakta.

Amerika'da 40 milyon kişi internet kullanıyor. Yedi milyon kişi de yatırımlarını internet üzerinden yapıyor. Geleneksel brokerin günde sekiz saat hizmet vermesine karşın, internet günde yirmidört saat açık. Geleneksel brokerler sürekli müşteri kaybediyor. Borsa bankerlerinin rolü yeniden tanımlandı.

İnternet teknolojisi; dünyanın neresinde olursa olsun yatırımcıya internet üzerinden, American Express, Schwab & Co, Merrill Lynch, Salomon Smith Barney veya diğer borsa bankerlerinin birinde hesap açarak New York Borsası'nda kote edilen hisse senetlerine yatırım yapma veya Chicago Borsası'nda opsiyon spekülasyonu işlemlerine girişme olanağı veriyor.

Kitabımda size aktarmaya çalıştığım yatırım stratejilerinin kağıt üzerinde, pratik uygulamasını yaparak (paper trading*) başarılı bir yatırımcı olup olmadığınızı ve portföyünüzün yönetiminde ne gibi hatalar yaptığınızı görebilirsiniz.

Yapacağınız araştırmalar için gerekli bilgileri aşağıdaki** Web Sitelerinde bulacaksınız.

* Paper Trading; becerisini para yatırmadan test etmek isteyen yatırımcı, kafasındaki belirli bir fonla kağıt üzerinde bir portföy oluşturur. Satın alınan menkul değerlerin alış tarihi, miktarı ve fiyatı yazılır. Belirli bir süre sonra portföyün performansına bakılır. Bu tür deneme, uluslararası banka ve menkul değerler aracı kurumlarında çalışmak, profesyonel portföy yönetimini meslek seçmek isteyen gençleri, disiplinli çalışmaya hazırlayan bir stajdır.

** Finansal kurumlardan izin alarak yayınladığımız web sitelerindeki uzmanların piyasa görüşlerini, yatırım önerilerini vermekteki amacımız; okurlara bu senetlere yatırım tavsiyesi olmayıp sadece kitabımızda belirttiğimiz yatırım ve spekülasyon prensiplerinin uygulanmasına yönelik örnekler getirmek ve finansal kaynakların kullanılmasını göstermektir. Kaldı ki kitabın yayınlanacağı tarihe kadar Wall Street'te köprülerin altından çok sular akacak ve büyük bir ihtimalle önceden yapılan tavsiyeler borsa koşullarına göre yeniden değerlendirilecektir.

İNTERNETTE FİNANSAL ENFORMASYON KAYNAKLARI

ABD'de yatırımcılar, 1997-1998 yıllarında internet üzerinden işlem yapmak için yedi milyon yeni hesap açtı. Bu kitabı kaleme aldığımız şu sıralarda, kendi portföyünü kendisi işletmek isteyen yatırımcıya; global sermaye piyasalarındaki hareketleri veren, siyasi, ekonomik gelişmeleri saati saatine değerlendiren, borsalarda kayıtlı şirketlerin kâr/zarar tablolarını, bilançolarını açıklayan, teknik, temel açıdan yorum yapan 300'ü aşkın finansal web sitesi var, kitap baskıya gittiğinde bu sayı herhalde 500'ü aşacak.

Teknolojinin getirdiği bu yepyeni yatırım formuna ayak uydurmaya çalışan *Barron's, The Wall Street Journal, Forbes* gibi Wall Street'in en ünlü finansal medyaları, bir asırlık eski yatırım bankaları, Merrill Lynch, Salomon Smith Barney gibi Amerika'nın en güçlü, en prestijli borsa bankeri şirketleri İnternet akımına karşı koyamayıp, yatırımcıya yardımcı olma amacını güden web siteleri kurdular. Bu sitelerden bazıları ücretli. Sermaye piyasası çevrelerinde saygınlıkları ile tanınan bazı kurumların yayınladığı sitelerin ayrıntılarını vererek okurlarıma rehber olmaya çalışacağım; zaten bütün siteleri izlemeye hiç kimsenin olanağı yok.

Standard&Poor's web sitesinde araştırma

http://www.stockinfo.standardpoor.com: ***(Bakınız XI-XXXV. tablolar)***

Yatırımcının ilk işi borsalara kayıtlı 10.000 hisse senedini bir süzgeçten geçirip, portföye alınacak adayların bir listesini yapmak. Standard&Poor's finans kurumunda çalışan 50 analist 103 endüstri grubundaki en büyük 1100 şirketi; son 10 yıldaki kârlarına göre derecelendirmiş. Her yıl devamlı kâr payı dağıtan ve bunları arttıran şirketlere beş yıldız vermiş. Beş yıldız alan senetler için "şimdi satın al - buy" önerisini yapıyor. Bu şirketlerin performanslarının, altı ay ile bir yıl içerisinde ayı piyasasında bile çok iyi olması bekleniyor.Yapılan araştırmaya göre 1987-1999 yılları arasında S&P 500 ortalama endeksinin % 277 artmasına karşılık, beş yıldız kategorisine giren hisseler % 628 artış kaydetmiş.

Dört yıldız verdikleri için, "biriktir - accumulate", yani almayı düşünebilirsiniz önerisinde bulunuyor. Bu senetlerin borsa endekslerinin üstünde performans göstermesi bekleniyor.

Üç yıldız için "elinde tut - hold" önerisi veriliyor. Bunun anlamı: portföyünüzdeyse tutun, çünkü borsa ortalamasına paralel bir çizgide hareket etmesi bekleniyor.

İki yıldız koyduklarına "uzak durun - avoid" diyor: uzak durun, çünkü borsanın genel performasından düşük hareket edecek görüşünde.

Bir yıldız verdiklerinin de satılmasını tavsiye ediyor.

Beş kategorideki senetler için daha ince bir ayarlama da yapıyor: Performansı vasatın üstünde olması beklenen senetler için A+, A, A-, borsanın genel trendine parelel hareket edeceği tahmin edilen senetler için, B+, B, performansının düşük geleceği tahmin edilen hisseler için B-, C ölçekleri konmuş. Çok geçmişi olmadığı için derecelendirilmeyen şirketler "Not Rated - N/R" olarak gösteriliyor.

Bilgisayar veri tabanında yapılan bu değerlendirme mutlak değil. Beş yıldızlı bir şirketin hisse senetleri çok şişkin olabileceği gibi, bir yıldız verilen senetler de değerinin altında satılıyor olabilir.

Derecelenen senetlerin ileriye dönük analizini yapan S&P aynı zamanda Wall Street'teki borsa bankerlerinin, şirketin gelecekteki kârları hakkında oluşan görüş birliğini, konsensusu bildirmekte.

S&P Web sitesinden borsa hareketlerini izlemek için ücret ödemeye gerek yok; fakat şirketler hakkında daha detaylı bilgiler almak için kişisel hizmetin ücreti ayda 7.95 dolar. Bu özel hizmeti ilk ay ücretsiz deneyebilirsiniz.

S&P Web kişisel sitesinin içeriği: http://www.personalwealth.com

Personal Wealth'in açılış sahifesinde, günün piyasaları dalgalandıran önemli haberleri var. ***(Bakınız tablo XI)***

Bu kurumun yatırımcıya verdiği finansal bilgilerin tümünü kuş bakışı görmek için *"Site Map"* tuşunu tıklayın. ***(Bakınız tablo XII)***

Site Map sahifesinin piyasa - markets - kısmında: Dünya sermaye merkezlerindeki borsa endeks hareketleri, yabancı para kurları, vadeli işlemler, Federal Reserve Bankası'nın kararları, piyasanın teknik durumu belirtilmekte. ***(Bakınız tablo XIII)***

Hisse senetleri - stocks- kısmında ise: Piyasadaki en aktif hisse senetleri, açıklanan kâr ve zararlar, S&P'un değişen koşullara göre hisseleri sınıflandırmada yaptığı değişiklikler, analistlerin görüşleri açıklanmakta. ***(Bakınız tablo XIV - XV)***

Üçüncü kısım yatırım fonlarına ayrılmış - Mutual Funds:

Economy bölümü tuşlandığında; ekonominin gidişatı, tahvil hareketleri, piyasaya yeni sürülen hisse senetleri ve endüstri sektörlerine ilişkin değerlendirmelere ulaşılıyor. ***(Örnekler için Bakınız tablo XVI)***

Piyasalar

Market Movers: 1 Şubat 2000 tarihinde borsada hareketli olan şirketlere ilişkin en son gelişmeleri bildirmekte: ***(Bakınız tablo XVII)***

Örneğin General Motors şirketinin, sahibi olduğu Hughes Electronics senetlerinin %35'ini satarak, 8 milyar milyar dolar tutarındaki kendi senedini piyasadan geri alma kararı, GM senetlerinin beş puan birden artmasına neden oldu. (Bakınız S&P's Stock Picks and Pans)

Banc of America: Amozon. Com senetlerinin piyasa ortalamasının üzerinde performans göstereceğini vurguladı. AMZN bu açıklama üzerine 2 7/8 arttı.

Tablo XI

S&P PERSONAL WEALTH

Sign in   Subscribe

Quotes/Research GO

Enter Name or Ticker

Your Portfolio: Holdings ✱ Analysis ✱ Plan & Recommendations

New Today | Site Map | Help

Home | Markets | Stocks | Funds | S&P Indexes | Economy | IPOs | Industries | Bonds | Basics

Wednesday, February 02, 2000 07:58PM ET

FOMC Hikes Fed Funds, Discount Rates, Warns of Inflation Risk

▸ S&P MMS on how the rate hike will play out in the Treasury market.
▸ Read the full text of the FOMC announcement.

Information, analysis, and advice from Standard & Poor's, the most trusted name on Wall Street

Premium Services

Markets (13:31 to NY open)

S&P Fut.	--	+2.70	--
S&P 500	1409.12	-0.16	-0.01%
DJIA	11003.20	-37.85	-0.34%
NASDAQ	4073.96	+21.98	0.54%
30yr Bond	6.32	-0.11	--

Today's Analysis

US Stocks | Currencies
Global Stocks | Commodities
Treasuries

Your Portfolio

View | Analyze
New user? Register for free to create a portfolio.

Quotes/Research

Real-Time Quote
Delayed Quote
Company/Fund Profile
Company/Fund News
S&P Stock Report
Go
Enter name or ticker

Tools

Find Stocks | Find Funds
Analyze Your Portfolio
Get Recommendations
Launch Personal Ticker (Beta)

· MARKET VIEWS ·

S&P PowerPicks 2000 Portfolio Off to Strong Start

For the month of January, during which the S&P 500 fell 5.1%, the S&P PowerPicks 2000 Portfolio (S&P analysts' top picks for the year) dipped by a more modest 2.2%. More...

· MARKET SNAPSHOT ·

Stocks Close Mixed Following Fed Decision to Hike Rates

There were no surprises in the press release that accompanied the FOMC move. The focus now shifts to Friday's employment report. More...

· WORD ON THE STREET ·

Market's Missing the Real Story on CommScope

S&P analyst Craig Shere says that by focusing on **CTV's** expected Q1 EPS shortfall, the market is missing the truly important news: CommScope is hiking prices for its products, and continues to see strong growth ahead. More...

· MARKET MOVERS ·

INSO Corp. Shares Tumble on Weak Forecast

INSO sees lower than expected Q4 revenues from continuing operations of

S&P Stock Reports
Wall Street's best-known stock research available in continuously updated HTML and printer-friendly PDF formats. Get one now, or check out the most recently-updated reports.

S&P's Market-Beating Portfolios
Take a look at the companies in our 5-STARS, Fair Value, Platinum, IPO, High Yield STARS and Income STARS portfolios.

Personalized Stock and Fund Recommendations
Build a financial plan and get specific stock and mutual fund recommendations from Standard & Poor's.

Analysts' Upgrades and Downgrades
Track S&P's stock upgrades and

Tablo XII

Site Map

The pages marked with a [✽] are reserved or enhanced for S&P Personal Wealth subscribers. To learn more about the benefits of subscribing, click here.

Home

S&P Home
Personalize Your Home Page ✽

Portfolio

Create a Portfolio
Your Portfolios
Net Worth
Trade

Financial Plan

Create a Plan

Markets

Market Snapshot
Market Movers
S&P's Stock Picks & Pans ✽
Word on the Street ✽
NYSE Snapshot
NASDAQ Snapshot
ASE Snapshot
Cherney on the Markets
Arbeter's Technical Market Insight ✽
The Outlook's Market Insight
Market Views
World Equity Watch
World News Summary
Treasury Market Watch
Currency Market Watch
MMS Currency Report
Commodity Markets Watch
Platt's on Commodities ✽

Stocks

Market Movers
S&P's Stock Picks & Pans ✽
Word on the Street ✽
S&P Stock Reports ✽
5 STARS Portfolio ✽
Fair Value Portfolio ✽
Platinum Portfolio ✽
SmallCap/IPO Portfolio ✽
High Yield STARS ✽
Income STARS ✽
Equity Insight
Tech Knowledge
S&P Focus Stock of the Week
Stock Screener ✽
S&P's Stock Screens
S&P Monday Morning Conference Call
S&P Earnings Estimate Changes
Inside Wall Street
Cherney on the Markets
Arbeter's Technical Market Insight ✽
The Outlook's Market Insight
Market Views
Stock Splits ✽
World Equity Watch
World News Summary
The Contrarian ✽
Takeover Talk
The Dividend Reinvestor

Mutual Funds

Daily Fund News ✽
Fund Screens ✽
S&P Select Funds
Fund Insight
Fund Strategies
Fund Spotlight
Fidelity Sector Trading Model ✽
FUNDamentals
Mutual Fund Finder ✽

S&P Indexes

S&P 500
S&P MidCap 400
S&P SmallCap 600
Index News
Total Return

Economy

Economic Calendar
Economic Brief
Business Week's Business Outlook
Economic Insight

IPOs

New Issue Focus
IPO Calendar
S&P's IPO Picks & Pans
IPO Insight
IPO Performance
S&P's SmallCap/IPO Portfolio

Industries

Industry in Focus
Sector Scorecard
Stovall's Sector Watch
Industry Reports

Bonds

Treasury Market Watch
Credit Week Focus
Economic Brief
Economic Calendar
Bond Search

Basics

Learning Curve
Wealth for Women
Your Money
Tutorial
Taxing Matters
Saving/Borrowing

Tablo XIII

World Equity Watch

▶ Archive

Index	Prior Close	Last Trade	Pt. Chg.	% Change
FT-SE 100 Index (London)	6268.5	6287.1	+18.6	+0.3
DAX Index (Germany)	5430.32	N/A	N/A	N/A
HANG SENG Index (Hong Kong)	N/A	N/A	N/A	N/A
NIKKEI 225 Index (Japan)	N/A	N/A	N/A	N/A
TSE 300 Index (Toronto)	8481.1	8511	+29.8	+0.35

Tuesday February 01, 2000 (09:36 am ET)

European Stocks Trading Higher

NEW YORK, Feb. 01 (Standard & Poor's) - **European equities** are broadly higher in the wake of Wall Street's impressive bounce Monday. In the U.K., **Vodafone Group Plc (VOD)** remains in the spotlight as expectations growth that it will prevail in its battle for German Mannesmann AG. Meanwhile, telecommunication equipment manufacturers are solidly higher following the release of full year results from bellwether **Nokia Corp. (NOK)** . The company's sale of phones rose a stunning 92% over 1998, with pretax profits of EUR 3.85 billion versus EUR 2.46 billion. The company said it sees sales growth at 20%-40% in 2000.

Meanwhile, attention is being given to the ECB monetary policy meeting, with most forecasting a 25 basis point hike. The move is expected to be positive for the EUR which continues to slide against the USD.

The U.K. FTSE is up 0.78% to 6,317.6, the German DAX has gained 1.67% to 6,949.68, and the French CAC has added 2.30% to 5,789.81.

Asian equity markets finished mixed, with investors around the region focused on the U.S. monetary policy meeting. In Japan, equities retreated today after hitting 29-month highs yesterday. Investors await the outcome of the FOMC meeting in the U.S. and profit-taking took the wind out of the sails of tech/telecom sectors. The Nikkei and TOPIX both closed down 0.6% to 10,423 and 1,697, respectively.

In economic news, December unemployment in Japan edged up to 4.6% from 4.5%, the first increase in the unemployment rate in 6 months, and

interrupting the improving trends seen since mid year. Unemployment hit a post WWII high of 4.9% in July, and the December uptick underscores the tepid recovery in Japan.

It is worth noting that the USD has continued to move higher against the JPY, and is now flirting with the Y108 handle. Fundamentally, this is good news for Japan, and policy makers will certainly be satisfied with recent currency market action.

Other regional markets were mixed, with the Hang Seng index ending slightly higher to 15,653.86 following Monday's sharp sell-off. Investors are taking a wait and see attitude just before the U.S.'s FOMC meeting with focus on sound blue chips and selective tech issues. Bank shares gave a lackluster performance due to a puzzling higher than expected bad debt provision by the Bank of East Asia in its 1999 annual results released today.

Tablo XIV

S&P PERSONAL WEALTH

Quotes/Research GO
Enter Name or Ticker

[redacted] signed in

Your Portfolio: Holdings ✱ Analysis ✱ Plan & Recommendations — New Today | Site Map | Help

Home | Markets | Stocks | Funds | S&P Indexes | Economy | IPOs | Industries | Bonds | Basics

Markets

Market Snapshot

US Stocks »
- Market Movers
- S&P's Stock Picks and Pans
- Word on the Street
- NYSE Snapshot
- NASDAQ Snapshot
- ASE Snapshot
- More on Stocks...

Market Forecasts
- Cherney on the Markets
- Arbeter's Technical Market Insight
- The Outlook's Market Insight
- Market Views

World Equity Watch
- World News Summary
- More on Stocks...

Treasury Market Watch
- More on Bonds...
- More on Economy...

Currency Market Watch
- MMS Currency Report

Commodity Market Watch
- Platt's on Commodities

Markets
(14:31 to NY open)

S&PFutures	-0.80
S&P 500	+14.82
DJIA	+100.52

S&P's Stock Picks and Pans

▶ Archive

Tuesday February 01, 2000 (4:00 pm ET)

S&P Analysts' Actions -- 2/1/00

GM	SFP	BEAM
MENT	CSC	NOK
ETEC	PCS	FON
OAT	SII	UFS
CMS	GCI	OEI
PYX	AWA	IGL
ALK	ST	WMB

About Picks and Pans:

Standard & Poor's equity analysts cover more than 1,100 stocks. Each trading day, they file real-time comments about stocks and industries in the news.

The table to the left lists the ticker symbols of stocks that S&P analysts are talking about, updated throughout each trading session. Click on a symbol to see the analyst's research notes for that stock— including ranking or earnings estimate revisions.

All visitors to Personal Wealth can see comments on the first three stocks in the table, but only subscribers have access to all the picks and pans. If you're a subscriber, please sign in, or click here

(available to subscribers only)

Williams Companies (WMB) Upgraded to from
Analyst: Ephraim Juskowicz
Spurred by flight-to-safety investing, we expect Natural Gas Index component of S&P 500 to continue its strong performance.. Espec. favorable are cos. like Enron, with telecom aspect, which enhance stability of energy earnings... WMB owns 85% of Williams Communication Group (WCG)... stripping out market's value of WCG stake, WMB's energy business being assigned multiple of just 4.2X EPS est. for segment. Using realistic multiple of 12.5, energy component alone worth \$13.75... Coupled with communications, stock worth about \$48.

SPS Technologies (ST): Coverage Dropped
Analyst: Mark Basham
Was last ranked as ... Coverage being discontinued in order to pick up coverage of more attractive new issues.

Alaska Air Group (ALK): Reiterate
Analyst: Steve Klein

Tablo XV

Summit Technology (BEAM): Reiterate ★★★★
Analyst: John Massey
Comments: Q4 $0.02 loss vs. EPS of $0.12, in line with Street estimate... Revenues climbed 34%, driven by 77% rise in laser vision correction unit.. U.S. procedure volume surged 82%, 12% sequentially.. Placed 36 laser systems in Q4, believe BEAM gained market share from market leader VISX... Contact lenses and related products sales fell 6%... LensExpress plan to be released soon.. Raising our 2000 EPS estimate $0.10 to $0.20... With BEAM's system sales, procedure volume growing faster than industry average, believe BEAM should outperform.

S&P STARS Rankings:

★★★★★ **Buy**--Expected to be among the best performers over the next 12 months

★★★★ **Accumulate**--Expected to be an above average performer

★★★ **Hold**--Expected to be an average performer

★★ **Avoid**--Expected to be a below average performer

★ **Sell**--Expected to be a well below average performer and fall in price

Update: **Salton Inc (SFP): Reiterate ★★★★★**
Analyst: Steve Tekirian
Expect strong sales momentum to continue, as SFP sees growth from new and existing George Foreman products, particularly coming launch of outdoor grill... Also encouraged by SFP's recent entrance into e-commerce space through investment in Internet access provider, ePods... Margin outlook favorable, since SFP enjoying purchasing power, and introducing efficiencies into acquired Toastmaster operations... Expect solid cash flow, as days sales outstanding and inventory turns improve... At 8X our calendar '00 est. $5.85, SFP undervalued.

General Motors (GM) Upgraded to ★★★★ from ★★★
Analyst: Efraim Levy
GM will issue $8 billion of Hughes Electronics tracking stock in exchange for GM common shares, contribute $7 billion of GMH stock to GM's pension/VEBA employee trust plans... Transaction will reduce GM's economic ownership in GMH to 35%... will also sharply lower GM share count and cut future pension costs, thus enhancing GM's EPS... Transaction should work as catalyst to increase GM shareholder value... Company hosting afternoon conference call.

Email this story to a friend

[redacted] signed in

Tablo XVI

S&P PERSONAL WEALTH

Sign in Subscribe

Quotes/Research GO

Enter Name or Ticker

Your Portfolio: Holdings ✱ Analysis ✱ Plan & Recommendations

New Today | Site Map | Help

Home | Markets | Stocks | Funds | S&P Indexes | Economy | IPOs | Industries | Bonds | Basics

Economy

Economic Calendar

Economic Brief

Business Week's Business Outlook »

Economic Insight

Markets
(10:39 to NY open)

S&PFutures	+1.30
S&P 500	-0.16
DJIA	-37.85
NASDAQ	+21.98
30-yr Bond	-0.11

More...

Quotes/Research

- Real-time Quote
- Delayed Quote
- Company/Fund Profile
- Company/Fund News
- S&P Stock Report

Go

Enter name or ticker

Business Week's Business Outlook

Get 30 Days of FREE Premium Services

About Business Week's Business Outlook

Business Week's Business Outlook is a weekly look at the economic and business environment from Business Week's Jim Cooper and Kathleen Madigan. Only Personal Wealth subscribers have access to this feature, which is updated each Thursday by 7:00 p.m. ET.

Fragile Markets are Tying the Fed's Hands

This sample is a previously published edition of Business Week's Business Outlook

Suddenly, policy choices at the Federal Reserve are getting a lot tougher. Thanks to the October job data, the Fed is faced with mounting evidence that a rapidly growing economy is pushing labor markets beyond their noninflationary limit, and that some inflation insurance for 1998 might be warranted. However, the Fed knows that an interest-rate hike amid shaky global financial markets would risk further calamity, both abroad and at home, as Wall Street worries that Asia's problems will fall back on U.S. companies.

That's why the Fed has decided to stand pat on policy for now. The central bank may be encouraged by the prospect that the Asian crisis means fewer exports and cheaper imports, a combination that would slow U.S. growth and hold back inflation. The crisis also may let some more air out of the stock market's bubble. Consequently, policymakers voted on November 12 to keep the overnight federal funds rate at 5.5%, where it has been since the quarter-point hike on March 25.

Tablo XVII

S&P PERSONAL WEALTH

Quotes/Research GO

Enter Name or Ticker

[redacted] signed in

Your Portfolio: Holdings ⁂ Analysis ⁂ Plan & Recommendations — New Today | Site Map | Help

Home | Markets | Stocks | Funds | S&P Indexes | Economy | IPOs | Industries | Bonds | Basics

Markets

Market Snapshot

US Stocks »
- Market Movers
- S&P's Stock Picks and Pans
- Word on the Street
- NYSE Snapshot
- NASDAQ Snapshot
- ASE Snapshot
- More on Stocks...

Market Forecasts
- Cherney on the Markets
- Arbeter's Technical Market Insight
- The Outlook's Market Insight
- Market Views

World Equity Watch
- World News Summary
- More on Stocks...

Treasury Market Watch
- More on Bonds...
- More on Economy...

Currency Market Watch
- MMS Currency Report

Commodity Market Watch
- Platt's on Commodities

Markets
(16:32 to NY open)

S&PFutures	-1.10
S&P 500	+14.82
DJIA	+100.52

Market Movers

▶ Archive

Tuesday February 01, 2000 (4:23 pm ET)

Market Movers

QUALCOMM Inc (QCOM 136 1/16 +9 1/16) and China United Telecom signed an agreement providing guidelines and framework for licensing of QCOM's intellectual property for the manufacturing and the sale of CDMA wireless equipment by domestic Chinese makers.

General Motors Corp (GM 85 1/4 +4 11/16) to offer to buy back GM stock for about $8 billion in GMH stock and plans contributions of $7 billion in **Hughes Electronics Corp** (GMH 114 3/4 +2 1/4) stock to GM benefit plans. This will reduce its stake in Hughes to about 35%.

Banc of America upgraded **Amazon.com, Inc** (AMZN 67 7/16 +2 7/8) shares to buy from market perform.

Merrill Lynch upgraded **Chase Manhattan** (CMB 83 3/4 +3 1/16) shares to near term buy from accumulate.

Newbridge Networks Corp (NN 32 11/16 +4 3/8) plans to sell about 1.3 million shares of Crosskeys Systems Corp. and retain 3.6 million shares, or a 19.5% stake.

SDL, Inc (SDLI 278 11/16 +19 1/2) posted $0.32 vs. $0.10 Q4 EPS on 92% higher revenues. Warburg raised its estimates. CS First Boston raised its nine-month price target on SDLI shares to $320.

U.S. Foodservice (UFS 13 15/16 -4 1/8) posted $0.27 vs. $0.21 Q2 EPS from operations on a 9.3% sales rise.

Andersen Group, Inc (ANDR 28 +21 31/32) reportedly plans a $350 million joint venture in Moscow to provide cable TV and high-speed Internet access.

Verio Inc (VRIO 63 -1 3/8) plans to significantly expand its web hosting, co-location physical infrastructure. The company established a 2000 capital

Tablo XVIII

S&P PERSONAL WEALTH

Sign in | Subscribe

Quotes/Research

Enter Name or Ticker GO

Your Portfolio: Holdings → Analysis → Plan & Recommendations

New Today | Site Map | Help

Home | Markets | Stocks | Funds | S&P Indexes | Economy | IPOs | Industries | Bonds | Basics

Markets

Market Snapshot

Sign Up NOW!

▶ Archive

Friday January 28, 2000 (4:19 pm ET)

U.S. Equities Sell Off Sharply as Inflation Fears Rise

See full story below...

Index	Last	Change	% Change
S&P 500 Index	1360.16	-38.4	-2.75
S&P 400 MidCap Index	430.19	-9.15	-2.08
S&P 600 SmallCap Index	194.68	-4.79	-2.4
Dow Jones Industrial Average	10738.87	N/A	N/A
Dow Jones Utilities Average	306.58	N/A	N/A
Dow Jones Transportation Average	2581.75	N/A	N/A
NYSE Composite Index	611.81	-14.95	-2.39
NASDAQ Composite Index	3887.07	-152.49	-3.77
Russell 2000 Index	504.62	-12.4	-2.4
Value Line Index	N/A	N/A	N/A
Wilshire Small Cap Index	760.12	-23.45	-2.99
30 YR Treasury Yield	6.43	-0.09	-1.44

	Last	Change	% Change
CRB/BRIDGE IX FUTR	210.72	-0.86	-0.41
Crude Oil (Dec 99)	N/A	N/A	N/A
Gold 100 OZ FUTR (Dec 99)	N/A	N/A	N/A
Silver FUTR (Dec 99)	N/A	N/A	N/A
Natural Gas FUTR (Dec 99)	N/A	N/A	N/A

Amerika'nın en güçlü borsa bankeri şirketi, Merrill Lynch: Chase Manhattan Bankası'nın senetleri hakkında yakın vadeli performans için "satın al" görüşünü belirtmesi, CMB senetlerinin üç puan çıkmasına neden oldu.

Anderson Grubu'nun Moskova'da TV. ve İnternet Servisi kurmak için 350 milyon dolarlık joint venture'a imza artması senetlerin 22 dolar puan fırlamasına neden oldu

S&P'S Stock picks and pans: Standard&Poor's finansal analistleri; borsaya kayıtlı firmalardaki gelişmelere göre yeniden değerlendirme yaparak bazı şirketlerin derecesini yükseltmekte ve bazılarınınkini düşürmekte. ***(S&P Tablo A4) (Bakınız tablo XIV)***

General Motors şirketi ilgimizi çektiğinden fareyi GM üzerinde tıkladık, yeni açılan bağlantıda S&P'nin, General Motors senetlerini yeniden değerlendirerek hisseleri üç yıldızdan, dört yıldıza yükselttiğini izliyoruz.

Wall Street haberleri - Word on the Street: Wall Street'teki borsa bankerleri şirketlerinin en son "al" veya "sat" önerilerini bildiriyor.

Piyasanın Fotoğrafı- Market Snapshot: Dakikası dakikasına sermaye piyasası endekslerinin hareketlerini veriyor (S&P tablo A6) ***(Bakınız tablo XVIII)***

New York Stock Exchange-Nasdaq -American Stock Exchange Snapshot: Üç borsadaki en aktif hisse senetlerini, piyasalar kapandıktan sonra* saat 17.30'da fiyatları artan ve düşen senetlerin listesini, son 12 ayda en yüksek düzeye tırmanan ve en dibe vuran senetleri belirtmekte. (S&P Tablo A7-8-9-10) ***(Bakınız tablo XIX - XXII)***

**** Üç borsada kote edilen senetlerin, elektronik alım satım mekanizması ile alışverişleri borsaların kapanışından sonra çok yavaş da olsa sürüyor.***

Cherney on the markets ve Mark Arberter: S&P 'un iki Piyasa uzamanı borsanın temel ve teknik gidişatı hakkında görüşlerini bildiriyor.

The Outlook's Market Insight: S&P'nin haftalık yayınının amacı; yatırımcılara yol göstermek. Yıllık ücreti 298 dolar olan bu servisin editörü Arnie Kaufman'ın borsa hakkında yorumları internet kanalıyla yayınlamakta.

Editör 31 Ocak 2000 tarihli yazısında; çok büyüyen ekonominin, enflasyonu körükleyeceğinden endişe eden Federal Reserve Bankası'nın

Tablo XIX

S&P PERSONAL WEALTH

Quotes/Research GO
Enter Name or Ticker

[redacted] signed in

Your Portfolio: Holdings ✱ Analysis ✱ Plan & Recommendations — New Today | Site Map | Help

Home | Markets | Stocks | Funds | S&P Indexes | Economy | IPOs | Industries | Bonds | Basics

Markets

Market Snapshot

US Stocks »
- Market Movers
- S&P's Stock Picks and Pans
- Word on the Street
- NYSE Snapshot
- NASDAQ Snapshot
- ASE Snapshot
- More on Stocks...

Market Forecasts
- Cherney on the Markets
- Arbeter's Technical Market Insight
- The Outlook's Market Insight
- Market Views

World Equity Watch
- World News Summary
- More on Stocks...

Treasury Market Watch
- More on Bonds...
- More on Economy...

Currency Market Watch
- MMS Currency Report

Commodity Market Watch
- Platt's on Commodities

Markets
(13:54 to NY open)

S&PFutures	-0.30
S&P 500	+14.82
DJIA	+100.52

NYSE Snapshot

NYSE Most Actives

Ticker	Last	Vol.	Change
AOL	55 3/4	26,440,800	-1 3/16
CPQ	28	22,653,900	+ 9/16
MO	21	13,301,800	+ 1/8
LU	55 3/4	12,250,400	+ 1/4
T	52 1/2	12,163,200	- 1/4
TYC	41 1/4	12,005,900	-1 13/16
GM	85 1/4	11,777,400	+4 11/16
Q	41 7/8	11,722,900	+2 1/2
PFE	37	11,713,200	+ 13/16
HD	61 3/8	10,950,000	+4 3/4
GE	136	9,113,000	+2
C	58 1/4	8,980,500	+1 1/4
SBC	42 3/8	8,949,600	- 1/2
NOK	183	8,802,700	-2
WMT	58 11/16	8,359,000	+3 15/16

17:30 02/01/00

Email this story to a friend

NYSE Gainers

Ticker	Last	Vol.	Change
GCO	10 7/8	266,000	+2 1/8
GDP	5 3/8	151,100	+ 15/16
PTX	5 1/16	189,800	+ 13/16
SCS	13 1/4	717,200	+1 7/8

NASDAQ +111.63
30-yr Bond -0.07
More...

Quotes/Research

Real-time Quote
Delayed Quote
Company/Fund Profile
Company/Fund News
S&P Stock Report
Go
Enter name or ticker

NN	32 11/16	6,463,200	+4 3/8
PVI	7 13/16	11,300	+ 15/16
LDP	41 3/4	172,000	+4 7/8
ETA	40	315,100	+4 9/16
USU	6 1/8	618,300	+ 11/16
TSM	58 1/8	1,300,700	+6 1/4
CX	3 1/2	1,700	+ 3/8
ATR	24 5/8	204,100	+2 5/8
TSS	18 7/16	108,500	+1 15/16
PYX	14 1/16	617,200	+1 7/16
CRA	225	455,000	+23

17:30 02/01/00

Email this story to a friend

NYSE Losers

Ticker	Last	Vol.	Change
UFS	13 15/16	6,965,500	-4 1/8
CMS	23 1/2	4,026,100	-6 1/2
DET	3 7/16	24,300	- 11/16
MT	3 1/8	4,399,900	- 1/2
CHX.A	4 15/16	187,100	- 11/16
ODC	11 3/4	11,400	-1 7/16
TMK	22 1/2	834,800	-2 11/16
AME	19 3/4	77,500	-2 1/4
PKS	25 1/2	1,924,000	-2 9/16
CMP	30 7/8	873,600	-3 1/16
TMR	3 1/4	54,800	- 5/16
KES	5 1/4	29,900	- 1/2
CSV	5 7/16	45,500	- 1/2
HGR	4 1/8	347,800	- 3/8
SRV	4 3/16	3,317,500	- 3/8

17:30 02/01/00

Email this story to a friend

NYSE 52 Week Highs

Ticker	Last	Vol.	Change
GDP	5 3/8	151,100	+ 15/16
SFP	49 1/16	930,900	+3 3/16
TND	57 1/4	71,900	+2 3/4
AVA-L	22 13/16	821,700	+1 5/16
ILN	46 29/32	3,487,100	+3 5/32
NSM	56 1/2	3,401,400	+4

Tablo XXI

VOD	58 7/8	5,708,000	+1 15/16
CAM	52 9/16	1,283,200	+3 1/16
NWS.A	41 7/16	1,310,100	+ 7/16
PKI	51 7/16	381,200	+1 3/8
XVF	54 1/2	131,500	+3
WLA	95 7/8	3,643,800	+ 15/16
CTP	28	425,800	+ 5/16
CCC	7 1/2	325,800	+ 1/4
NWS	48 5/8	2,160,500	+ 11/16

17:15 02/01/00

Email this story to a friend

NYSE 52 Week Lows

Ticker	Last	Vol.	Change
CMS	23 1/2	4,026,100	-6 1/2
SRV	4 3/16	3,317,500	- 3/8
MT	3 1/8	4,399,900	- 1/2
CRC	8 5/8	16,100	- 11/16
ACX	5 1/16	81,200	- 5/16
CIN-B	15 1/4	100	- 3/4
CMP	30 7/8	873,600	-3 1/16
UFS	13 15/16	6,965,500	-4 1/8
ITY	14 1/16	31,800	- 13/16
HI-N	53	20	-2
SNN	28 3/8	4,700	-2
AN	7 1/16	2,526,600	- 1/2
IPC-E	30 1/2	500	-1
BWS	10 1/16	76,000	- 5/16
BWA	32 7/16	448,300	-1 3/16

17:15 02/01/00

Email this story to a friend

Tablo XXII

S&P PERSONAL WEALTH

Sign in | Subscribe

Quotes/Research [GO] Enter Name or Ticker

Your Portfolio: **Holdings** * **Analysis** * **Plan & Recommendations** | New Today | Site Map | Help

Home | Markets | Stocks | Funds | S&P Indexes | Economy | IPOs | Industries | Bonds | Basics

Markets

Market Snapshot

US Stocks »
- Market Movers
- S&P's Stock Picks and Pans
- Word on the Street
- NYSE Snapshot
- NASDAQ Snapshot
- ASE Snapshot
- More on Stocks...

Market Forecasts
- Cherney on the Markets
- Arbeter's Technical Market Insight
- The Outlook's Market Insight
- Market Views

World Equity Watch
- World News Summary
- More on Stocks...

Treasury Market Watch
- More on Bonds...
- More on Economy...

Currency Market Watch
- MMS Currency Report

Commodity Market Watch
- Platt's on Commodities

Markets
(04:27 to NY close)

S&P 500	+1.49
DJIA	+47.16
NASDAQ	+39.83

NASDAQ Snapshot

Get 30 Days of FREE Premium Services

NASDAQ Most Actives

Ticker	Last	Vol.	Change
QCOM	134 15/16	17,579,700	+7 15/16
CSCO	112 1/8	16,282,900	+2 5/8
MSFT	100 9/16	13,010,900	+2 11/16
DELL	38 5/16	8,331,200	- 1/8
WCOM	45 1/32	7,892,100	- 29/32
ORCL	51 7/8	7,701,400	+1 15/16
INTC	97 7/8	7,506,200	-1 1/16
SYKE	18 3/4	5,717,900	-8 15/16
GMGC	8 7/16	5,296,600	+ 13/16
SUNW	78 3/16	4,482,400	- 3/8
AMZN	66 11/16	4,058,100	+2 1/8
EGRP	20 7/16	3,929,600	- 5/8
PSFT	24 3/8	3,725,600	+1 7/8
JDSU	199 1/2	3,710,600	-4 7/16
COMS	50 5/8	3,529,900	- 1/8

11:00 02/01/00

Email this story to a friend

NASDAQ Gainers

Ticker	Last	Vol.	Change
BSTC	4 3/4	551,100	+2 9/32
ANDR	9 13/16	74,800	+3 25/32
VIZY	5	279,200	+1 19/32
BNSO	10 11/16	238,500	+3 5/32
	10	1,800	+2 7/8

faiz oranlarını yükseltme olasılığına karşı, son çeyrek yıllık dönemde kuvvetli gelen şirket kârlarının piyasada kargaşa yarattığını belirtmekte; ayrıca geçmişe dönerek borsanın 1945 yılından bu yana 18 defa Ocak ayında düştüğüne ve fakat sadece yedi defa yılı pozitif hanesinde bitirdiğine işaret etmekte. 2000 yılı için de görüşü negatif.

Yazarın notu: *Borsalarda çok kere iyi ve kötü olaylar biribiriyle çeliskiye düşmekte. Şirket kârlarının artması pozitif fakat, büyüyen ekonomi, düşen işsizlik oranı, borsa için negatif. Çünkü, işçi piyasasında arz ve talep dengesinin bozulmasına ve ücretlerin artmasına neden oluyor. Piyasa aynı zamanda yakında açıklanacak olan tüketici harcamalarındaki artışı beklemekte. Eğer bu rakkamlar da kuvvetli gelirse Federal Reserve Bankası ekonomiyi yavaşlatmak için, salam dilimleri gibi her bir çeyrek dönemde faiz oranlarını arttıracak. Burada bir milyon dolarlık soru, üretkenliğin artan ücretlere parelel olup olmadığı. Eğer bu iki kalem biribirine eşitse enflasyon ücret artışlarına rağmen kontrol altında demektir. Tüm bu veriler belli oluncaya kadar boğalarla ayılar arasında çekişme devam edecek.*

World Equity Watch ve World News Summary: İngiltere, Almanya, Kanada, Japonya gibi dünyanın önde gelen borsa endekslerini ve piyasa hereketlerini bildirmekte. ***(Bakınız S&P Tablo XIII)***

Ekonomi ***(Bakınız Tablo XVI, XXIII)***

Bu bölümde, ekonominin kısa özeti, ünlu *Business Week* dergisinin ekonominin geleceğine ilişkin değerlendirmesi ve önümüzdeki 15 ay içerisinde açıklanması beklenen ekonomik veriler -ekonomik takvim- bulunmakta. ***(Bakınız Tablo XXIV)***

20 Şubat 2000 tarihinde, enflasyonu önlemek isteyen Federal Reserve Bankası'nın, bankalara açtığı kredi faizlerini - discount rate - % .25 arttırmasını yorumlayan uzmanlar, iki haftalık ekonomik takvimde bulunan; yeni ev satışları, fabrika siparişleri, işsizlik oranı, üretkenlik, toptan eşya satışları, parekende satışlar, otomobil satışları gibi ekonomik verileri beklemekteler. *Business Week* özellikle işsizlik oranının son 24 yıldan beri en alt düzeyde olduğunu, enflasyonu zorladığını fakat Federal Reserve Başkanı Alan Greenspan'in faiz oranlarını yükselterek global ekonomik dengeyi bozmaktan çekindiğini; ancak gelecek verilerin ekonominin büyüme ivmesinin arttığını göstermesi halinde çaresiz kalacağını vurgulamakta ve

Tablo XXIII

S&P PERSONAL WEALTH

Sign in Subscribe

Quotes/Research GO

Enter Name or Ticker

Your Portfolio: Holdings Analysis Plan & Recommendations

New Today | Site Map | Help

Home | Markets | Stocks | Funds | S&P Indexes | Economy | IPOs | Industries | Bonds | Basics

Economy

Economic Calendar

Economic Brief »

Business Week's Business Outlook

Economic Insight

Markets
(10:41 to NY open)

S&PFutures	+1.70
S&P 500	-0.16
DJIA	-37.85
NASDAQ	+21.98
30-yr Bond	-0.11

More...

Quotes/Research

- Real-time Quote
- Delayed Quote
- Company/Fund Profile
- Company/Fund News
- S&P Stock Report

Go

Enter name or ticker

Economic Brief

Get 30 Days of FREE Premium Services

▶ Archive

Wednesday February 02, 2000 (2:46 pm ET)

Fed Hikes Both Fed Funds and Discount Rates, Warns of Inflation Risk

NEW YORK, Feb. 02 (Standard & Poor's MMS International) - The FOMC hiked the fed funds rate 25 basis points to 5.75%, as expected. It also noted heightened risks of inflation pressures, also in line with expectations. The Fed also hiked the discount rate to 5.25%.

The FOMC's actions were totally as advertised. Given that the shorter dated coupons had shown some concern about something more aggressive from the Fed, there is a little relief rally in the short end. We doubt this will last long, however. The Fed's announcement doesn't suggest how aggressive the Fed will be going forward. Indeed, that will depend largely on the data.

Bonds have risen in the aftermath of the Fed's decision. Watch for a reversal in the trade, once market begins to take profit on the trade. A defensive bias is likely to emerge into the payrolls data as the market begins the task of pricing in the next rate hike in March. Positive supply fundamentals will underpin the market in the near term, minimizing the risks for substantial cheapening.

Email this story to a friend

InEconomy
personalwealth.com/economy

Business Week's Business Outlook
A look ahead at the coming week, from the editors of Business Week magazine.

Economic Calendar
S&P MMS' estimates and Wall Street median forecasts for key economic indicators.

Economic Insight
Get timely analysis from S&P's MMS, DRI/McGraw-Hill and S&P's Chief Economist, David Blitzer.

Also see:

- Market Snapshot
- Treasury Market Watch
- The Outlook's Market Insight

Reserved or enhanced for subscribers

Tablo XXIV

Sign in | Subscribe

Enter Name or Ticker — GO

Your Portfolio: **Holdings** ✱ **Analysis** ✱ **Plan & Recommendations** — New Today | Site Map | Help

Home | Markets | Stocks | Funds | S&P Indexes | **Economy** | IPOs | Industries | Bonds | Basics

Economy

Economic Calendar »

Economic Brief

Business Week's Business Outlook

Economic Insight

Markets
(10:40 to NY open)

S&PFutures	+1.30
S&P 500	-0.16
DJIA	-37.85
NASDAQ	+21.98
30-yr Bond	-0.11

More...

Quotes/Research

- Real-time Quote
- Delayed Quote
- Company/Fund Profile
- Company/Fund News
- S&P Stock Report

Go

Enter name or ticker

Economic Calendar

Get 30 Days of FREE Premium Services

Wednesday February 02, 2000 (08:57 AM ET)

Calendar of Upcoming Economic Events

Date	Time	Release	For	MMS Forecast	Street Median	Last
FEB 01		Domestic Auto Sls	JAN	7.1MP	7.0M	6.9M
FEB 01		Dom. Lt Truck Sls	JAN	7.5MP	7.4M	7.6M
FEB 02	10:00	New Home Sales	DEC	865K	880K	865K
FEB 02	10:00	Leading Indicators	DEC	0.3%	0.3%	0.3%
FEB 03	08:30	Initial Clms 01/29		270K	270K	266K
FEB 03	10:00	Factory Orders	DEC	2.5%	2.5%	1.2%
FEB 03	10:00	Factory Inventories	DEC	0.3%	N/A	0.5%
FEB 03	16:30	M1 -Wk Ended 01/24		-$0.2B	-$0.2B	-$4.5B
FEB 03	16:30	M2 -Wk Ended 01/24		$3.8B	-$3.5B	-$3.8B
FEB 03	16:30	M3 -Wk Ended 01/24		$13.4B	-$6.2B	$4.2B
FEB 04	08:30	Nonfarm Payrolls	JAN	260K	250K	315K
FEB 04	08:30	Mfg Payrolls	JAN	UNCH	UNCH	-1K
FEB 04	08:30	Hourly Earnings	JAN	0.4%	0.3%	0.4%
FEB 04	08:30	Average Workweek	JAN	34.5	34.5	34.5
FEB 04	08:30	Unemployment Rate	JAN	4.0%	4.0%	4.1%
FEB 07	15:00	Consumer Credit	DEC	$7.9B	$7.9B	$15.6B
FEB 08	08:30	Productivity Pre	Q4	4.0%	4.0%	4.9%
FEB 09	10:00	Wholesale Invent	DEC	0.7%	N/A	1.1%
FEB 09	10:00	Wholesale Sales	DEC	0.4%	N/A	1.6%
FEB 11	08:30	Retail Sales	JAN	0.2%	0.4%	1.2%
FEB 11	08:30	Retail Sales Ex-Auto	JAN	0.2%	0.5%	1.4%
FEB 14	09:00	Atlanta Fed Index	JAN	16.5	N/A	16.6

önümüzdeki aylarda çok dalgalı bir piyasa beklenmekte. (S&P Tabloları A 13, A 14,A 15)

Yazarın Notu: Mart ayının ilk iki haftasında Dow Jones ve Nasdaq ortalamasındaki büyük düşüş, ekonomistlerin görüşünü doğruladı. 14 Mart tarihinde enflasyonun çıktığını belirten göstergeler, Federal Reserve Bankası'nın faiz oranlarını tekrar arttıracağına kesin gözüyle bakan piyasada Dow Jones ortalamasının 617 puan, Nasdaq'ın 355, S&P 500 endeksinin de 83 puan birden düşmesine neden oldu.

Sektörler

Stovall's Sector Watch - sektörlerin izlenmesi: Bu sahifedeye giren yatırımcı, Mr. Stovall'in görüşlerini okuduktan sonra, listesi verilen her bir sektörü tuşlayıp, S&P'nin derecelendirmesini görebilir. Örneğin, sağlık sektörü, finans, teknoloji, hammadde, enerji, dönemsel sektörler sektörler v.s. hakkında bilgi alabilir.
"Industry in focus" başlığı altında her hafta ayrı bir endüstri dalının değerlendirilmesi yapılmakta. ***(Bakınız Tablo XXV, XXVI, XXVII)***

S&P' Fair Value Portfolio: Bu bağlantıda S&P, Benjamin Graham'in, Warren Buffett'ın yatırım modellerine uygun bir yaklaşımla piyasada, gerçek değerlerinin altında işlem gören şirketleri araştırıp, mali yapılarına göre, borsada işlem görmeleri gereken fiyatı biçmekte. Listeye alınan hisseler ayrıca S&P kriterlerine göre derecelendirilmiş. Gerçek değerinin en altında satılan çok kelepir senetlere 5, orta kararda düşük olanlara 4, borsada defter değerine yakın bir düzeyde olanlara 3, mali verilere göre değerinin biraz üzerinde işlem görenlere 2, değerlerini çok aşmış olanlara 1 numara verilmiş. Ayrıca beklenen kârlarına göre A+, A, B+, B, C sınıflaması yapılmış. A grubuna giren şirketlerin sürpriz kâr artışı göstermesi öngörülüyor. C grubundaki senetlerin ise Wall Street'in beklentileri doğrultusunda kâr açıklaması bekleniyor. Listeye giren her bir şirketin profilini veren ayrı bir halka, *"link"* var. Uzmanların en yüksek notu verdiği "Toys 'R' Us" şirketini örnek olarak aldık. ***(Bakınız Tablo XXVII, XXIX, XXX, XXXI)***

Tablo XXV

Industries

Industry In Focus

Sector Scorecard

- Basic Materials
- Capital Goods
- Comm. Services
- Consumer Cyclicals
- Consumer Staples
- Energy
- Financial
- Health Care
- Technology
- Transportation
- Utilities

Stovall's Sector Watch

Industry Reports

Markets
(03:27 to NY close)

S&P 500	+4.91
DJIA	+51.82
NASDAQ	+61.64
30-yr Bond	-0.04

More...

Quotes/Research

Real-time Quote

Delayed Quote

Company/Fund Profile

Company/Fund News

S&P Stock Report

Go

Enter name or ticker

Stovall's Sector Watch

▶ Archive

Wednesday January 26, 2000 (11:09 am ET)

Mid-Caps Might be the Cure for the Pricey Big-Stock Blues

By Sam Stovall, S&P Sector Strategist

NEW YORK, Jan. 26 (Standard & Poor's) - Since the S&P MidCap 400 Index was introduced earlier this decade, its average performance has trailed that of the S&P 500. But then again, so have the results for many indexes -- and active managers. For the record, the MidCap 400 underperformed the "500" in 1998 and 1999 by 1000 and 600 basis points, respectively.

But things may be changing. Now that the large cap issues carry hefty valuations -- the P/E on projected 12 month EPS for the S&P 500 is 27-- investors have been gravitating toward the more reasonably priced MidCap 400, which carries a forward P/E of 21. What's behind this shift in investor sentiment? And what are the best way to play the trend?

more...

Select an Industry

Please select an industry from the list, then click Continue to advance to the Industry Profile page.

Advertising
Aerospace/Defense
Agricultural Products
Air Freight

Industry in Focus

Standard & Poor's equity analysts review, rate and dissect the most talked about industries on Wall Street. Updated weekly.

Sector Scorecard

Performances and investment outlooks for the sectors and industries in the S&P 1500 Super Composite Index. Updated weekly.

Also see:

- Market Movers
- Equity Insight
- Fidelity Sector Trading Model

Reserved or enhanced for subscribers

Tablo XXVI

S&P PERSONAL WEALTH

Sign in Subscribe

Quotes/Research GO
Enter Name or Ticker

Your Portfolio: Holdings * Analysis * Plan & Recommendations   New Today | Site Map | Help

Home | Markets | Stocks | Funds | S&P Indexes | Economy | IPOs | Industries | Bonds | Basics

Industries

Industry In Focus

Sector Scorecard »
- Basic Materials
- Capital Goods
- Comm. Services
- Consumer Cyclicals
- Consumer Staples
- Energy
- Financial
- Health Care
- Technology
- Transportation
- Utilities

Stovall's Sector Watch

Industry Reports

Markets
(03:17 to NY close)

S&P 500	+4.52
DJIA	+40.34
NASDAQ	+61.62
30-yr Bond	-0.04

More...

Quotes/Research

- Real-time Quote
- Delayed Quote
- Company/Fund Profile
- Company/Fund News
- S&P Stock Report

Go

Health Care

Get 30 Days of FREE Premium Services

Sector Scorecard for 31- Dec- 99

Performances and investment outlooks for the sectors and industries in the S&P 1500 Super Composite Index.

	Index Value	% of S&P 1500	% Price Change For: 1 Wk	13 Wks	YTD	'99	Rankings 5=Best, 1=Worst: STARS	Rel. Str.	Fair Val.	Analyst Rec Pos.+ Neu.0 Neg-
Health Care	204.73	9.1	1.3	0.6	-7.8	40.0	4.1	2.8	1.7	Market weight
Biotechnology	298.47	0.88	10.8	34.9	104.6	66.5	4.4	5.0	1.5	+
Health Care (Diversified)	236.29	3.28	0.2	-2.1	-5.4	43.8	4.6	3.0	1.8	0
Health Care (Drugs - Generic & Other)	136.01	0.16	3.8	16.2	-10.1	55.1	2.8	3.0	3.1	0
Health Care (Drugs - Major Pharms.)	234.29	3.27	-1.3	-6.7	-18.4	50.0	3.9	2.0	1.0	0
Health Care (Long-Term Care)	29.57	0.02	9.4	-9.9	-56.5	-53.7	2.8	1.0	4.8	-
Health Care (Medical Prods. & Supplies)	177.67	0.98	3.6	3.3	-6.1	39.1	3.4	3.0	2.0	+
Health Care (Specialized Services)	63.16	0.10	5.5	3.0	-56.7	26.9	3.1	1.0	4.4	-
Health Care (Managed Care)	54.35	0.24	4.6	8.1	-14.6	-15.6	3.5	3.0	3.9	0
Health Care (Hospital Management)	93.81	0.21	3.9	39.2	-0.2	-14.4	3.7	3.0	4.4	0

Rankings: STARS and Fair Values are weighted averages of company STARS and Fair Values. Relative strength is the index's 12-month performance versus the S&P 1500. Recommendations: Industry outlooks are S&P analysts' investment outlooks for index and non-index companies. Sector weightings reflect Investment Policy Committee input.

Tablo XXVII

S&P PERSONAL WEALTH

Sign in · Subscribe

Quotes/Research

GO

Enter Name or Ticker

Your Portfolio: Holdings ✱ Analysis ✱ Plan & Recommendations

New Today | Site Map | Help

Home | Markets | Stocks | Funds | S&P Indexes | Economy | IPOs | **Industries** | Bonds | Basics

Industries

Industry In Focus

Sector Scorecard »

- Basic Materials
- Capital Goods
- Comm. Services
- Consumer Cyclicals
- Consumer Staples
- Energy
- Financial
- Health Care
- Technology
- Transportation
- Utilities

Stovall's Sector Watch

Industry Reports

Markets
(03:21 to NY close)

S&P 500	+4.59
DJIA	+40.03
NASDAQ	+59.77
30-yr Bond	-0.04

More...

Quotes/Research

- Real-time Quote
- Delayed Quote
- Company/Fund Profile
- Company/Fund News
- S&P Stock Report

Go

Financial

Get 30 Days of FREE Premium Services

Sector Scorecard for 31- Dec- 99

Performances and investment outlooks for the sectors and industries in the S&P 1500 Super Composite Index.

	Index Value	% of S&P 1500	% Price Change For 1 Wk	13 Wks	YTD	'99	Rankings 5=Best, 1=Worst STARS	Rel. Str.	Fair Val.	Analyst Rec Pos.+ Neu.0 Neg-
Financial	322.52	12.9	2.4	8.9	0.8	9.2	3.9	3.2	2.1	Market weight
Banks (Major Regional)	175.98	2.95	1.2	-2.4	-16.3	8.2	3.4	2.0	2.0	0
Banks (Money Center)	167.55	1.50	1.8	-3.0	-13.5	0.8	4.4	3.0	1.9	+
Banks (Regional)	196.42	0.50	-0.7	0.0	-12.9	1.0	3.7	3.0	1.9	0
Consumer Finance	309.34	0.50	4.6	10.5	4.8	39.4	4.2	3.0	2.6	0
Insurance (Brokers)	255.98	0.28	1.8	39.8	41.9	7.9	4.0	4.0	2.0	0
Insurance (Multi- Line)	259.05	1.46	1.0	22.7	26.8	9.3	4.0	4.0	1.5	+
Investment Banking & Brokerage	409.01	0.71	9.0	20.7	33.1	11.4	3.7	4.0	2.0	+
Savings & Loans	135.65	0.26	1.6	-8.5	-27.8	-9.9	3.8	2.0	2.5	0
Investment Management	231.03	0.11	6.0	19.3	7.8	-16.1	4.3	3.0	2.4	+
Insurance (Property-Casualty)	118.51	0.59	1.0	2.9	-27.4	-6.8	3.1	2.0	3.2	-
Insurance (Life & Health)	160.02	0.51	6.0	8.4	-14.0	13.8	3.5	3.0	2.0	-
Financial (Diversified)	331.97	3.49	3.1	21.1	29.1	28.3	4.1	4.0	2.3	+

Rankings: STARS and Fair Values are weighted averages of company STARS and Fair Values. Relative strength is the index's 12-month performance versus the S&P 1500. Recommendations: Industry outlooks are S&P analysts' investment outlooks for index and non-index companies. Sector weightings reflect Investment Policy Committee input.

Tablo XXVIII

S&P PERSONAL WEALTH

Quotes/Research GO
Enter Name or Ticker

931931 signed in

Your Portfolio: Holdings ✱ Analysis ✱ Plan & Recommendations

New Today | Site Map | Help

Home | Markets | Stocks | Funds | S&P Indexes | Economy | IPOs | Industries | Bonds | Basics

Stocks

- Market Movers
- Market Snapshot
- S&P's Stock Picks and Pans
- Word on the Street
- S&P Stock Reports
- S&P's Market-Beating Portfolios »
  - 5 STARS Portfolio
  - Fair Value Portfolio
  - Platinum Portfolio
  - SmallCap/IPO Portfolio
  - High Yield STARS
  - Income STARS
- Equity Insight
- Tech Knowledge
- S&P Focus Stock of the Week
- Stock Screener
- S&P's Stock Screens
- S&P Monday Morning Conference Call
- S&P Earnings Estimate Changes
- Inside Wall Street

S&P's Fair Value Portfolio

▸ Fair Value Portfolio: Changes | Composition

Tuesday February 01, 2000 (02:47 PM ET)

FAIR VALUE PORTFOLIO

Company Name	Ticker	Jan. 28 2000 Fair Value	Price	Rank
America West Holdings'B	AWA	23.10	18.00	4A+
Anchor Gaming	SLOT	79.70	46.20	5B
Artesyn Technologies	ATSN	28.90	16.90	5B+
Aztar Corp	AZR	15.30	9.63	5A+
Brunswick Corp	BC	35.10	18.80	5A+
Burlington Coat Factory	BCF	18.60	11.00	5C+
CDI Corp	CDI	38.10	23.90	5C+
Cable Design Technologi	CDT	32.60	24.60	4A+
Canadian Pac,Ord	CP	32.30	22.00	4A+
Central Garden & Pet	CENT	19.60	10.50	5A+
Commercial Metals	CMC	53.60	32.10	5A+
Compuware Corp	CPWR	43.90	22.10	5A+
Cooper Cos	COO	40.90	31.00	4A+
Cummins Engine	CUM	42.70	38.60	3A+
Cytec Industries	CYT	50.40	25.10	5A+
Darden Restaurants	DRI	21.80	15.80	4A+
Delta Air Lines	DAL	76.80	47.30	5A+
Engle Homes	ENGL	30.50	10.30	5A+
Finish Line 'A'	FINL	10.90	5.88	5C
Footstar Inc	FTS	39.70	25.00	5A+
Furniture Brands Intl	FBN	33.70	17.10	5A+
GTECH Holdings	GTK	40.60	21.90	5A+
Gehl Co	GEHL	33.10	19.10	5A+
Genesco Inc	GCO	19.70	9.31	5A+
Golden State Bancorp	GSB	28.60	14.30	5A+
Hamilton Bancorp	HABK	25.40	16.10	5A+
Hovnanian Enterpr Cl'A'	HOV	11.30	5.88	5B+
Imperial Credit	ICII	10.20	5.19	5A+
Interim Services	IS	50.80	24.80	5B

Tablo XXIX

Market Forecasts

Stock Splits

World Equity Watch

The Contrarian

Takeover Talk

The Dividend Reinvestor

Markets
(01:01 to NY close)

S&P 500	+4.55
DJIA	+42.20
NASDAQ	+54.33
30-yr Bond	-0.06

More...

Quotes/Research

- Real-time Quote
- Delayed Quote
- Company/Fund Profile
- Company/Fund News
- S&P Stock Report

Go

Enter name or ticker

Jack in the Box	JBX	35.70	20.90	5B
La-Z Boy	LZB	24.50	14.30	5A+
Landstar System	LSTR	69.30	46.00	4A+
Learning Tree Intl	LTRE	29.90	24.30	3A+
Michaels Stores	MIKE	30.30	27.00	3A+
NVR Inc	NVR	66.20	46.40	4A+
Nautica Enterprises	NAUT	28.80	8.50	5D+
Oracle Corp	ORCL	42.10	47.40	1A+
Prime Medical Services	PMSI	14.70	7.31	5B+
Reliance Steel & Alumin	RS	32.00	20.80	5A
Rent-A-Center	RCII	43.90	17.60	5B
Richardson Electronics	RELL	12.00	7.38	5B+
Right Mgmt Consultants	RMCI	18.90	12.90	4A+
Shaw Indus	SHX	28.80	14.10	5B+
Shuffle Master	SHFL	18.70	8.56	5N+
Sonic Corp	SONC	40.50	28.80	4A+
Steel Technologies	STTX	22.80	11.90	5C+
TJX Companies	TJX	29.10	16.30	5A+
Toll Brothers	TOL	32.00	17.50	5A+
Toys R Us	TOY	22.30	10.10	5A+
U.S. Home	UH	47.20	24.70	5C
U.S. Industries	USI	22.40	12.90	5A+
United Healthcare	UNH	60.70	52.60	3A+
United Stationers	USTR	50.50	26.90	5A+
Univl Health Svs Cl'B'*	UHS	63.10	45.00	4A+
Yellow Corp	YELL	29.70	16.40	5A+
Zale Corp	ZLC	57.90	37.90	4A

931931 signed in

Home | Portfolio | Plan & Recommendations | Markets | Stocks | Funds | S&P Indexes | Economy | IPOs | Industries | Bonds | Basics | New Today | Site Map | Help | Personal Home Page | Trade | Personal Stock Ticker (Beta)

S&P's - Company Profile

(00:58 to NY close)

S&P 500	+4.66
DJIA	+45.30
NASDAQ	+54.23
30-yr Bond	-0.06

More...

Quotes/Research

- Real-time Quote
- Delayed Quote
- Company/Fund Profile
- Company/Fund News
- S&P Stock Report

Go

Enter name or ticker

outside the U.S.

As of May 1999, TOY's Kids "R" Us clothing store chain included 212 units. This business features brand name and private label items. In addition, including the acquisition of Baby Superstore, which added 77 units, the Babies "R' Us business had 118 stores in May 1999.

During FY 99, the company announced strategic initiatives to reposition its worldwide business. In the FY 99 third quarter, TOY recorded charges amounting to about $1.93 a share, after tax, related to items that included the closing or downsizing of stores, distribution centers and administrative offices, and inventory markdowns. As part of its strategic plan, the company is in the process of rolling out its new C-3 format stores. Averaging approximately 46,000 square feet, the new layout provides wider aisles, more feature opportunities and end-caps, more shops and logical category adjacencies. The company expects to roll out the new C-3 store design to about 200 existing toy stores in 1999 and to 325 more in 2000.

In June 1998, the company introduced its e-commerce site www.toysrus.com.

In October 1998, the Federal Trade Commission (FTC) upheld an FTC administrative law judge's decision that ordered Toys 'R Us to cease telling manufacturers that the company reserves the right not to purchase items those manufacturers sell to warehouse clubs. TOYS said the FTC had not sought any monetary damages. The company intended to appeal the FTC action.

Company Fact Sheet

Address	461 From Rd. Paramus NJ, 07652
Phone	(201) 262-7800
Fax	
Web site	http://www.toysrus.com
Ticker	TOY
Exchange	NYSE
Incorporated	in Delaware in 1928.
Incorporated	in Delaware in 1928.
Chrmn	M. Goldstein.
CEO	R. C. Nakasone.
Pres & COO	B. W. Krysiak.
EVP, CFO & Investor Contact	Louis Lipschitz (201-368-5548).
Dirs	R. A. Bernhard, R. Costin, M. Goldstein, C. Hill, S. S. Kenny, B. W. Krysiak, C. Lazarus, N. S. Matt
Transfer Agent & Registrar	American Stock Transfer & Trust Co., NYC.

Tablo XXXI

S&P PERSONAL WEALTH

Quotes/Research GO
Enter Name or Ticker

931931 signed in

Your Portfolio: Holdings ⁜ Analysis ⁜ Plan & Recommendations   New Today | Site Map | Help

Home | Markets | Stocks | Funds | S&P Indexes | Economy | IPOs | Industries | Bonds | Basics

Company Profile

Overview »

Quote

Chart

Vital Stats

News

SEC Filings

Estimates & Opinions

Industry Info

S&P Premium Research

S&P Online Stock Report

S&P's analysis and market-beating recommendations, all updated in real time. Updates on the TOY report.

S&P Stock Report (PDF)

Report Date:31-Jan Edition used by Wall Street professionals since 1932. (Requires free Acrobat Reader.)

You have 9 more free premium report(s) for February. More details on S&P Premium Research.

Markets

Overview

Toys 'R' Us, Incorporated

01-Feb-00 • NYSE Symbol **TOY** • **In S&P 500**

Company Profile Quote

Last	Net Chg	P/E	Yield
10 13/16	+1/2	9.4	N/A%

Business Summary

This company thinks young. Toys "R" Us (TOY) operates or franchises nearly 1,500 stores that focus on providing toys, clothing or other items for children. The company's presence in the market for infant and toddler products was significantly expanded in February 1997, when it acquired retailer Baby Superstore, Inc.

The company's merchandising philosophy includes developing strong consumer recognition and acceptance of its name through the use of mass media advertising that promotes its selection and prices. TOY uses a computer inventory system that allows management to constantly monitor current activity and inventory. Also, since FY 99 (Jan.), the company has been reducing comparable-unit inventory at U.S. toy stores, and this could help boost future asset productivity. Retailers that compete with TOY include Wal-Mart, Kmart, Target, and Consolidated Stores' K*B toy business.

As of May 1999, the flagship Toys "R" Us chain included 703 company-operated stores in the U.S. In the fall of 1998, the company started a nine-store test in the U.S. of a new toy store format. This is expected to be followed by retrofits of about 200 units in FY 2000. As of May 1999, including franchises, the company also had 453 toy stores

Beş yıldız Portföyü - 5 Stars: S&P piyasa uzmanlarının yaptığı araştırma süzgecinden geçip en iyi notu alan senetlerden başlayarak, alt derecedeki senetlerin listesini vermekte ve bağlantılarla her bir firma hakkında piyasa değerlendirmesi yapmakta. *(Bakınız Tablo XXXII)*

S&P Platinum Portfolio: Kârları devamlı artış gösteren, büyümekte olan; fakat S&P değerlendirmesine göre piyasada kıymetinin altında satılan şirketlerin listesini yayınlamakta. *(Bakınız Tablo XXXIII)*

High Yield Stars, Income Stars: Bağlantılarıyla, en yüksek kâr payı ödeyen şirketlerin listesini vermekte.

Yatırım fonları

Bu bölümde çok iyi performans gösteren yerli ve uluslararası fonların kategorilerine göre değerlendirilmesi var. *(Bakınız Tablo XXXIV, XXXV)*

Global piyasaları izlemeye yardımcı olan medya web siteleri:

Daha birkaç yıl öncesine kadar İstanbul'a tatile geldiğimde *The Wall Street Journal*'ı en az iki gün gecikme ile alabilmekteydim. Türkiye ile New York arasında sekiz saat zaman farkından şimdi İstanbul'daki portföy yöneticisinin, Batı'daki tüm finansal medyayı okuyup analiz etmek için bol bol vakti var.

The Wall Street Journal: www.dowjones.wsj.com/p/main.html

Barron's Online: www.barrons.com : Biri günlük ve diğeri haftalık olan bu iki yayını izleyebilmek için ücret ödüyorsunuz.

Financial Times of London: www.ft.com : Global piyasalar ve yabancı para kurlarını veren kaynak. Bilgiler Avrupa Sermaye Piyasaları ağırlıklı.

Money Magazine: www.pathfinder.com/money : Piyasa dalgalanmalarını yorumlayan makaleler var.

Smart Money. www.smartmoney.com : Bu dergi *The Wall Street Journal*'ın haftalık yayını.

CNN Financial Network: www.cnnfn.com : CNN haber bültenine giren şirketlere geniş yer vermekte. Günün sermaye piyasası hareketlerini, senetlerin en son fiyatlarını, analistlerin görüşlerini bulabilirsiniz. *(Bakınız Tablo XXXVI)*

NBC Net Work'un finansal kolu CNBC: www.cnbc.com : Televizyondan sürekli borsa hareketlerini veren bu serviste, uzmanların piyasa hakkındaki önerilerini görebilir, ek araştırma yapabilirsiniz. *(Bakınız Tablo XXXVII)*

Tablo XXXII

S&P PERSONAL WEALTH

Quotes/Research GO
Enter Name or Ticker

931931 signed in

Your Portfolio: **Holdings** ✱ **Analysis** ✱ **Plan & Recommendations**

New Today | Site Map | Help

Home | Markets | Stocks | Funds | S&P Indexes | Economy | IPOs | Industries | Bonds | Basics

Stocks

- Market Movers
- Market Snapshot
- S&P's Stock Picks and Pans
- Word on the Street
- S&P Stock Reports
- S&P's Market-Beating Portfolios »
  - 5 STARS Portfolio
  - Fair Value Portfolio
  - Platinum Portfolio
  - SmallCap/IPO Portfolio
  - High Yield STARS
  - Income STARS
- Equity Insight
- Tech Knowledge
- S&P Focus Stock of the Week
- Stock Screener
- S&P's Stock Screens
- S&P Monday Morning Conference Call
- S&P Earnings Estimate Changes
- Inside Wall Street

5 STARS

▸ **Other Portfolios: 5 STARS | 4 STARS | 3 STARS | 2 STARS | 1 STAR**
▸ **STARS: Rising, Falling and New**

Ticker	Company
ADCT	ADC Telecommunications, Incorporated
AG	AGCO Corporation
ADBE	Adobe Systems Incorporated
ABK	Ambac Financial Group, Incorporated
AFWY	American Freightways Corporation
AGC	American General Corporation
AMGN	Amgen Incorporated
BUD	Anheuser-Busch Companies, Incorporated
AMAT	Applied Materials, Incorporated
AFS	Associates First Capital Corporation
AVY	Avery Dennison Corporation
BK	Bank of New York Co., Incorporated (The)
BAC	BankAmerica Corporation (New)
BCR	Bard (C.R.), Incorporated
BBY	Best Buy Co., Incorporated
BFO	Bestfoods
BBOX	Black Box Corporation
HRB	Block (H & R), Incorporated
CIEN	CIENA Corporation
CORR	COR Therapeutics, Incorporated
CVC	Cablevision Systems Corporation
CNI	Canadian National Railway Company
CDB	Canandaigua Brands, Incorporated
CHTR	Charter Communic'A'
CMB	Chase Manhattan Corporation (The)
CC	Circuit City Stores-CarMax Group Common Stock
CSCO	Cisco Systems, Incorporated
CMCSK	Comcast Corporation
CTV	CommScope, Incorporated
CSC	Computer Sciences Corporation
COVD	Covad Communications Group, Incorporated
DSPG	DSP Group, Incorporated
DH	Dayton Hudson Corporation
DNB	Dun & Bradstreet Corporation (New)
EMC	EMC Corporation (Mass.)
ESV	ENSCO International Incorporated
DISH	EchoStar Communications Corporation
ENE	Enron Corporation
ETEC	Etec Systems, Incorporated
	Extreme Networks,

Tablo XXXIII

S&P PERSONAL WEALTH

Quotes/Research
GO
Enter Name or Ticker

931931 signed in

Your Portfolio: Holdings ⁂ Analysis ⁂ Plan & Recommendations

New Today | Site Map | Help

Home | Markets | Stocks | Funds | S&P Indexes | Economy | IPOs | Industries | Bonds | Basics

Stocks

Market Movers

Market Snapshot

S&P's Stock Picks and Pans

Word on the Street

S&P Stock Reports

S&P's Market-Beating Portfolios »

- 5 STARS Portfolio
- Fair Value Portfolio
- Platinum Portfolio
- SmallCap/IPO Portfolio
- High Yield STARS
- Income STARS

Equity Insight

Tech Knowledge

S&P Focus Stock of the Week

Stock Screener

S&P's Stock Screens

S&P Monday Morning Conference Call

S&P Earnings Estimate Changes

Inside Wall Street

S&P's Platinum Portfolio

▸ **Platinum Portfolio: Changes | Composition**

Tuesday February 01, 2000 (08:09 AM ET)

PLATINUM PORTFOLIO

		Jan. 28 2000		Ranking	
Company Name	Ticker	Fair Value	Price	Fair Value	STARS
Amer Freightways	AFWY	26.50	13.80	5	5
Ames Department Stores	AMES	44.50	21.10	5	4
Applied Materials	AMAT	129.00	130.00	2	5
Black Box Corp*	BBOX	69.70	60.40	3	5
Borders Group	BGP	24.90	14.00	5	3
Canandaigua Brands*Cl'A	CDB	77.70	50.90	4	5
Cisco Systems	CSCO	82.90	104.00	1	5
Compuware Corp	CPWR	43.90	22.10	5	4
EMC Corp	EMC	105.00	103.00	2	5
Express Scripts 'A'	ESRX	104.00	50.90	5	3
Furniture Brands Intl	FBN	33.70	17.10	5	5
KLA-Tencor Corp	KLAC	53.40	56.30	2	5
Landstar System	LSTR	69.30	46.00	4	5
Lennar Corp	LEN	33.00	15.80	5	4
MBNA Corp	KRB	23.10	24.50	1	5
Meritor Automotive	MRA	41.80	16.80	5	5
Microchip Technology	MCHP	58.80	58.20	2	5
Outback Steakhouse	OSSI	43.60	25.70	5	3
Saks Inc	SKS	28.00	13.70	5	4
Scholastic Corp	SCHL	85.90	64.50	4	5
Smurfit-Stone Container	SSCC	25.20	19.10	4	5
Symantec Corp	SYMC	63.10	50.10	4	5
Tommy Hilfiger	TOM	37.40	12.40	5	3
Tyco International	TYC	52.70	42.30	4	5
U.S. Foodservice	UFS	26.60	17.70	4	5
Wisconsin Central Trans	WCLX	28.00	13.10	5	4

Tablo XXXIV

S&P PERSONAL WEALTH

Sign in Subscribe

Quotes/Research GO
Enter Name or Ticker

Your Portfolio: Holdings ✱ Analysis ✱ Plan & Recommendations   New Today | Site Map | Help

Home | Markets | Stocks | Funds | S&P Indexes | Economy | IPOs | Industries | Bonds | Basics

Mutual Fund Search

Get 30 Days of FREE Premium Services

Now you can see predefined screenings of the Standard & Poor's mutual fund database. We've put together a selection of advanced mutual fund searches that use new criteria added to our advanced search engine. By clicking one of the buttons below, you can apply these advanced filters to the database to get a selection of mutual funds that currently meet those criteria. There is an explanation of each advanced search below the button.(**Note:** This feature is available to S&P Personal Wealth Subscribers only.)

If you like you can modify the search by clicking **Edit Search Criteria** on the results page that follows.

Top Performing U.S. Equity Funds - Year-to-Date

This screen identifies the top U.S equity mutual funds based on their total return year-to-date.

Top Performing International Equity Funds

This screen identifies the top international equity mutual funds based on their total return year-to-date.

Largest U.S. Equity Funds

This screen identifies the largest U.S. equity mutual funds based on their current assets under management.

Top Yielding Domestic Fixed Income Funds

This screen identifies the top yielding domestic fixed income mutual funds based on their current 12-month distribution yield.

Top Yielding Money Funds

This screen identifies the top yielding money market mutual funds based on their current 7-Day yield.

Tablo XXXV

S&P PERSONAL WEALTH

Sign in Subscribe

Quotes/Research GO

Enter Name or Ticker

Your Portfolio: Holdings Analysis Plan & Recommendations New Today | Site Map | Help

Home Markets Stocks Funds S&P Indexes Economy IPOs Industries Bonds Basics

S&P Select Funds

Get 30 Days of FREE Premium Services

To change the list of Select funds in the scroll box at right, click one of the links in the table at left. (The list is currently displaying Large-Cap Growth funds.)

To get an S&P Select Fund Report, choose one of the Select Funds at right and click Go.

Click to change list:

	Small Cap	Mid Cap	Large Cap
Growth	34 funds	17 funds	42 funds
Value	29 funds	9 funds	54 funds
Blend	4 funds	3 funds	17 funds

See All Funds

Current list: Large-Cap Growth funds

- Accessor Funds:Growth Portfolio
- Alleghany Funds:Chicago Trust Growth & Income
- Alleghany Funds:Montag & Caldwell Growth Fd/N
- Alliance Premier Growth Fund/A
- Alliance Premier Growth Fund/B
- Alliance Premier Growth Fund/C
- BlackRock Large Cap Growth Equity/Instl
- BlackRock Large Cap Growth Equity/Inv A

Go

S&P Select Funds

An S&P Select Fund is an exclusive designation S&P's mutual fund analysts give to funds that pass rigorous standards for performance and management. In order to achieve Select Fund status, a fund must exhibit a trend of consistently strong performance relative to its peer group, and the fund's management must also demonstrate the ability to continue to serve as a catalyst for the same performance. In S&P's opinion, funds that adhere to disciplined processes and exhibit strong management are more likely to provide consistent, above-average returns over the long run. Less than 10% of the funds in each style sector are likely to become Select Funds.

For more details, check out the Select Funds FAQs and Criteria.

Sign in | Subscribe

Home | Portfolio | Plan & Recommendations | Markets | Stocks | Funds | S&P Indexes | Economy | IPOs | Industries | Bonds | Basics | New Today | Site Map | Help | Personal Home Page | Trade | Personal Stock Ticker (Beta)

Tablo XXXVI

CNNfn the financial network

search
cnnfn the web get

stock quote
get

than the refrigera

April 18, 2000 12:18p ET | **Home** | News | Markets | Deals & Debuts | Retirement Planning | Consume

News
deals & debuts
technology
companies
economy
world business
media & entertainment
industrywatch
news in brief
cnn.com
continued

Markets
track your stocks
us markets
bonds & rates
investor research center
morning call
ipos
continued

Retirement
mutual funds
strategies
401(k)s and IRAs
continued

Consumer
home & auto
investing
recalls
continued

Small Business
electronic
entrepreneur
SOHO
cash flow
continued

Services
broker center
bond center
fn delivery options
continued

CNNfn on TV
program schedule
watch cnnfn video
moneyline
in the money

Nasdaq roars higher

11:47 a ET

The Nasdaq composite index soared Tuesday morning as investors saw technology stocks as cheap bargains, extending the previous session's advance and signaling a return of optimistic sentiment in the tech-heavy index. (full story)

Housing starts plunge

9:49 a ET

Home builders broke ground at the slowest pace in more than six years in March while applications for new construction permits declined, the Commerce Department reported Tuesday, indicating rising interest rates during the past year are beginning to slow demand for new homes. (full story)

Tech workers mull options

5:51 a ET

Every employee at L90 gets stock options. The Santa Monica, Calif.-based company, which develops Internet-ad-tracking software, went public in January at $15, and most of the options are priced at the offering price. (full story)

Markets Snap

DOW	+158.23	1
NASDAQ	+206.63	
S&P 500	+29.51	
BOND	-9/32	1

last updated at 04/18

stock quote
Track your stocks with CN

Latest earnings news
Europe closes with gains
J&J, Pfizer post healthy 1Q
Tuesday's hot stocks
Philip Morris 1Q on target
TI's shares slide on Street
EMC earnings jump 50%
High loan fees targeted
E-mail your fund questions
Investor Research Center

- Nasdaq roars higher
- Europe closes with gains
- HK sparkles, Tokyo mixed

more market news

- Tech workers mull options
- Nasdaq spin-off foes lose round
- **Stock tips and talk**

more consumer news

- HSBC, Merrill get online
- BTM eyes new merger?
- ANZ, Standard near deal?

more deals news

- TI's shares slide on Street
- EMC earnings jump 50%
- Sprint rings up 1Q profit

more technology news

- Europe closes with gains
- HK sparkles, Tokyo mixed
- Israel rating set for upgrade

more world business news

- A thriving family business
- Sober environment for dot.coms
- Brush up on PowerPoint

more small business news

Search

Top Storie
Elian's wel as court co

Nasdaq ro

Housing st

Latest earn Pfizer, Spri

China wins forum, avo human righ

Tablo XXXVII

CNBC.com

TUESDAY
Apr 18, 2000 11:29 am ET

Home Portfolio Stocks Funds Bonds Markets Money Talk CNBC TV Tools Brokers HELP

YOUR CNBC.com HOMEPAGE

QUOTE BOX
Enter company name or symbol(s), then choose link:
Quotes
Charts
Boards

- Member Login
- Register & Personalize
Personalize ticker & site, membership benefits & more. Your guide is Sue Herera.

ON CNBC.COM NOW
TAX CENTER

NEWSLETTERS
Free trial subscription to The OPTION Advisor, from the #1 champion of Option investors
- Click here.

NEW CNBC.COM LOAN CENTER
A MUST-SEE !
- In the market for a mortgage or an auto loan? Click Here.

Message Boards
- The Board Room: Tech Profits

Conference Calls
- 11 a.m.EDT: Caterpillar - First Quarter 2000 Results Conference Call
- 4:30 p.m.EDT: IBM Corporation - 1Q Earnings Presentation
- 5 p.m.EDT: RF Micro Devices - Quarterly Conference Call

Video Highlights
- Click here to watch more of your favorite guests or segments.

Latest Headlines from MSNBC
- **Housing starts plummet 11.2 percent**
- **Wall Street continues rebound**
- **AOL, Warner Music hit dissonant notes**
- **Philip Morris profits meet estimates**

Other Headlines

Market Indexes — sponsored by The American Stock Exchange

DOW JONES	10717.47	▲	134.90
NASDAQ	3682.01	▲	142.85
S&P500	1420.97	▲	19.53
30-YR BOND	5.95	▲	0.04

- **CNBC.com Portfolio Tracker**
- **Market Snapshot**

CNBC TV Exclusives

- **Online Traders Toughing Market out**
- **Stocks to Watch: FDC, STT, TIF, SLB, JNJ, SANM**
- **Future Bright for Video-Game Makers**
- **Look At Short-term Govt. Bond Funds**
- **Today's TV Features**

New! Earnings Center

Stock Picks
- Ken Schapiro: Diversified Portfolio
- Patricia Chadwick: Internet Strategy
- **More Stock Picks!**

TODAY'S GUESTS ▶ **EMC CEO Michael Ruettgers, more...**

CNBC.com ANALYSIS

Should You up Your Equity Exposure?
Many investment strategists are advising that investors load up on stocks to take advantage of low prices after last week's steep decline.
Full Story... ...Other Markets Stories

Stock Decline Creates Some Values
Value stocks now abound since last week's selloff. Some investors shared their thoughts on good buys, while they also suggested that other stocks may down for good reason.
Full Story... ...Other Stocks Stories

Where Should Tech Investors Go Next?
Even after Monday's comeback, tech stocks are still battered, with many of them cheaper than they have been in ages. So where should tech investors buy next?
Full Story... ...Other Stocks Stories

Fed Still Seen Hiking Gradually
Monday's rebound aside, stocks' dive calls into question how aggressively the Fed needs to -- or is able to -- raise rates. So what to make of Friday's CPI surprise? Perhaps not much.
Full Story... ...Other Markets Stories

STOCKS

ON TV NOW
Market Watch
with Consuelo Mack & Ted David @10-12noon

COMING UP TODAY
All times approx.

Don't let your money sit around doing nothing..
Make it work for you! Certified financial planner Gary Ambrose, of Personal Capital Management, joins us @12:50pm ET today.

Borsalar

American Stock Exchange: **www.amex.com**

American Stock Exchange'e kayıtlı hisse senetleri ve opsiyonlarla ilgili çok geniş bilgi akışı sağlayan bir web sitesi. İzlenen on hisse senedinin en son işlem fiyatını *"Get flash quotes"* konumundan; ve her bir senedin, günün en yüksek ve en düşük fiyatı, hacmi gibi detayli işlemlerini *"Get info quotes"* tuşundan görmek mümkün.

News Diyalog kutusunda Reuters Business News haber servisinin özeti var. Bu kutudan diğer bir bağlantı da "Company News for Specific Activity". Bu bağlantı, takibe alınması istenen herhangi bir hisse senedinin; fiyat/kazanç oranı temel analizini, grafiğini, işlem görmekte olan opsiyon kontratı serilerini ve son işlem fiyatlarını vermekte. Aynı sahifeye bağlı diğer bir bağlantı şirketinin finansal oranlarını karşılaştırmakta.

Başlık çubuğundaki üçüncü düğme, *"Market Activity"* borsa endekslerini vermekte. Bu pencereden girilecek *"Most Active"* American Stock Exchange'de, işlem gören en aktif hisse senetlerini, opsiyonları görebilir, "Sector overview" penceresinden sektörlerin karşılaştırılmasını alabilirsiniz.

Dördüncü pencere hisse senetleri ve endeksler üzerine yapılan tüm opsiyon kontratlarını vermekte. **Kitabımızın "Opsiyonlar" bölümünde verdiğimiz ayrıntılı bilgilerin diğer bir açıklamasını da *"Understanding Options"* kutusunda bulabilirsiniz.**

Chicago Board Options Exchange: **www.cboe.com**

Chicago Opsiyon Borsası tarafından sürdürülen bu web sitesi ayrıntılı opsiyon bilgilerini içermekte. Ana sahifenin *"Trader"s Tool "* bağlantısından piyasadaki en son işlemleri, opsiyonlarının en son işlem görme tarihlerini, opsiyonların net getirilerinin hesaplanmasını, endeks opsiyonlarını ve Wall Street'in iyi bilinen araştırma firması Zacks şirketinin portföye almak için üzerinde durulan şirketlere dair kâr beklentilerini, Wall Street'teki analistlerin "satın al", "elinde tut" veya "sat" önerilerini görme olanağı var. ***(Bakınız tablo XXXVIII)***

"Education" bağlantısında temel bilgileri bulabilir ve kitabımızda detaylarını verdiğimiz opsiyon stratejilerini bir defa daha gözden geçirebilirsiniz.

Opsiyon kontratlarının en son fiyatlarını izlerken takip edilecek yol için Opsiyon bölümündeki örneğe bakınız. ***(Bakınız tablo XXXIX)***

Nasdaq: www.nasdaq.com

American Stock Exchange Web sitesinin karekterleri Nasdaq'ta var. Reuter Business servisine bağlı, şirketlerin kâr açıklama tarihlerini ve diğer bilgileri vermekte. ***(Bakınız tablo XXXX)***

Pacific Exchange: www.pacificex.com

Opsiyonlar hakkında bilgi veren diğer bir web sitesi. Bazen aynı şirketin opsiyonları hem Pacific Exchange'e ve hem de Chicago Opsiyon borsasına kayıtlı olabiliyor. En iyi fiyatı almak için iki borsadan da "kotasyon" almak gerekli.

New York Stock Exchange: www.nyse.com

Uluslararası penceresi gelişmekte olan ülkelerin borsalarına dair bilgileri içermekte.

***The Securities & Exchange Commission - Sermaye Piyasası Kurulu:* www.sec.gov**

Tablo XXXVIII

hunters stepped in after a precipitous drop Friday. Expectations for strong first-quarter earnings and bullish calls from a plethora of Wall Street analysts also underpinned the rally, analysts said. The Dow industrials rose 276.74, or 2.69%, to 10,582.51 and the Nasdaq Composite surged 218.87--its biggest point gain ever--or 6.56%, to 3539.16. The SP 500 climbed 44.13, or 3.25%, to 1401.44.

04-18-2000 09:31:46

Big Movers in the Stock Market

Upside News

Dawn Patrol
More pain to come? (April 17, 2000)

Greed Is Good
Huge selloff as investors flee (April 14, 2000)

04-18-2000 12:31	BetaSphere Provides Value to Quantum Corp. Through Customer Feedback Program Proactive Follow-Up and Internet-Enabled Feedback Management Saved Time and Money
Ticker: NOK	
04-18-2000 11:46	InterDigital Appoints GCI Group for Financial Communications Program
04-18-2000 10:31	Punch Networks Joins SyncML Initiative
Ticker: JDSU	
04-18-2000 12:02	HL:TSE and Dow open higher
04-18-2000 01:31	Audio: ON24/MidnightTrader.com: JDS Uniphase Continues Higher After Regular Session Surge (ON24 via COMTEX)-- ON24 Before the Bell: The technology and Internet sectors were mostly higher in extended hours trading Monday as shares of JDS Uniphase posted solid gains, while Vitesse Semiconductor and Texas Instruments fell on profit-taking.
Ticker: LU	
04-18-2000 01:01	Lucent Provides Bay Area Rapid Transit With Speech Solutions Meets American Disability Act Requirements, Making Communications Accessible
04-18-2000 11:16	Boundless Technologies Boosts Server-Based Application Access With New Low Cost Windows-Based Terminals
Ticker: AOL	
04-18-2000 12:17	PetPlanet.com Retains the Wall Street Group, Inc. as Financial Public Relations Counsel
04-18-2000 12:17	Business Education Leaders Push Teacher Prep Component Of President's Digital Divide Initiative

Model Portfolios Edit

All-Star Analyst [View Full List]

No changes in the last 5 days

To change this value, click here, or on the 'Edit' button in the titlebar of this window.

Analyst Top Picks [View Full List]

Ticker	Date	Action
ABIZ	04/17/2000	ADDITION
CDIC	04/17/2000	ADDITION
DRTN	04/17/2000	ADDITION
HAKI	04/17/2000	ADDITION
MRCY	04/17/2000	ADDITION
PBOC	04/17/2000	ADDITION
TFS	04/17/2000	ADDITION
VOXX	04/17/2000	DELETION
DXYN	04/17/2000	DELETION
FOBB	04/17/2000	DELETION
SKYW	04/17/2000	DELETION

Buy List [View Full List]

No changes in the last 5 days

To change this value, click here, or on the 'Edit' button in the titlebar of this window.

Tablo XXXIX

QUOTES
SYMBOLS

CBOE
CHICAGO BOARD OPTIONS EXCHANGE

Market Snapshot
What's New
Guest Register
Search

Products
Trader's Tools
Education
Institutional
About CBOE
Help & Resources

CONTENTS

Market Data | Real-Time Quotes | Delayed Quotes | Symbol Directory | Stock Splits & Mergers | New Listings & Series | Expiration Calendar | Index Overflow Symbols | Email Alerts | Options Calculator | BigCharts | Zacks Company Reports | TheStreet.com Commentary | Stockpoint Headline News | Volatile Market Procedures - Circuit Breakers

Market Data

Snapshot | Market Statistics | Most Actives | Average Daily Volume - Equities | Historical Stock Volatilities | CBOE Volatility Index (VIX) | Index Settlement Values | Index Dividend Yields | Structured Products Summary

Index	Last	Change
Standard & Poors 500(SPX)	1363.78	+7.22
Standard & Poors 100(OEX)	738.96	+7.00
Dow Jones Industrials(DJX)	103.53	+0.46
Dow Jones Transports(DTX)	270.07	-2.63
Dow Jones Utilities(DUX)	297.98	-5.88
CBOE Volatility Index(VIX)	38.04	-1.29
Leading Stocks - minimum 20 minute delay	**Last**	**Change**
International Business Machines(IBM)	108 9/16	+3 9/16
Coca Cola(KO)	46 15/16	-1/16
Cisco Sytems(CSCO)	62	+5
Lucent(LU)	52 3/4	+3/4
America Online(AOL)	55 1/16	+1/16

Quotes are 20 minutes delayed.

Products | Trader's Tools | Education | Institutional Investors | About CBOE | Help & Resources

Tablo XXXX

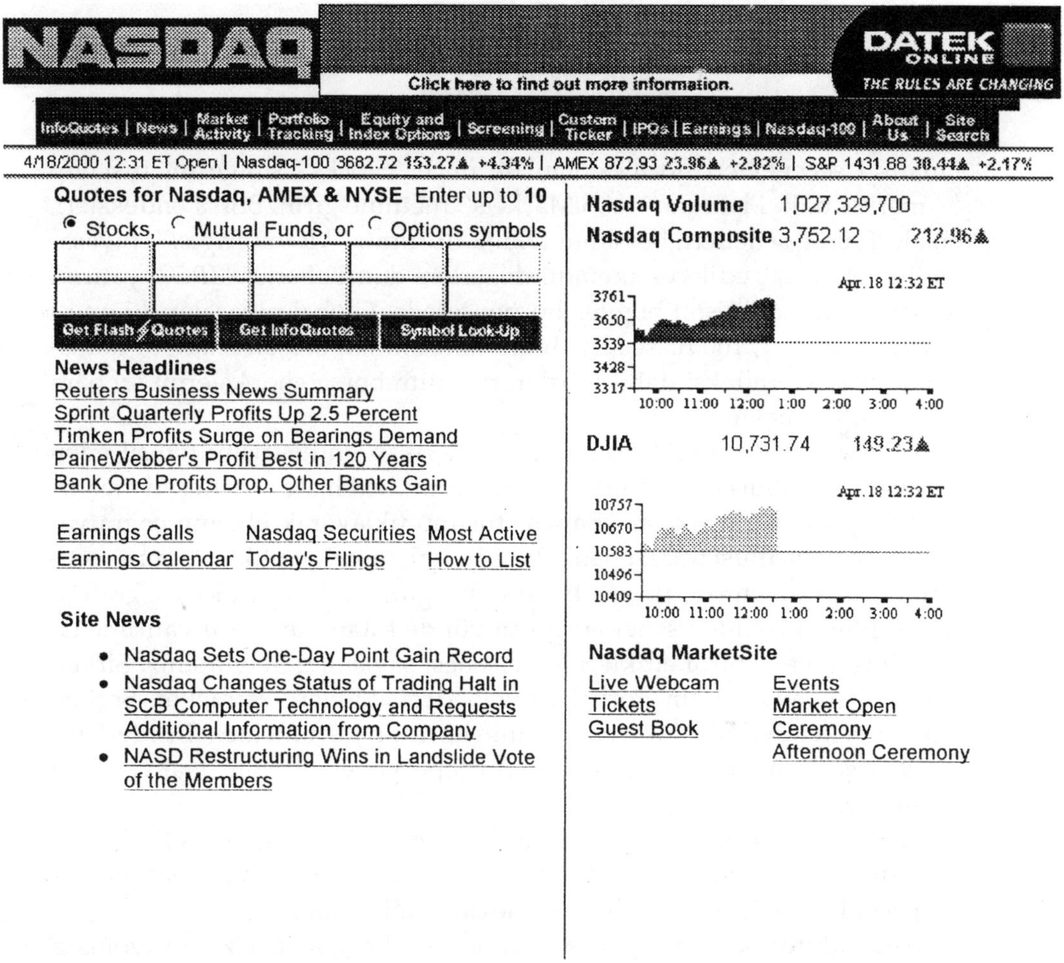
NASDAQ
Click here to find out more information.
DATEK ONLINE
THE RULES ARE CHANGING
InfoQuotes | News | Market Activity | Portfolio Tracking | Equity and Index Options | Screening | Custom Ticker | IPOs | Earnings | Nasdaq-100 | About Us | Site Search
4/18/2000 12:31 ET Open | Nasdaq-100 3682.72 153.27▲ +4.34% | AMEX 872.93 23.96▲ +2.82% | S&P 1431.88 30.44▲ +2.17%
Quotes for Nasdaq, AMEX & NYSE Enter up to 10
Stocks, Mutual Funds, or Options symbols
Get Flash Quotes
Get InfoQuotes
Symbol Look-Up
News Headlines
Reuters Business News Summary
Sprint Quarterly Profits Up 2.5 Percent
Timken Profits Surge on Bearings Demand
PaineWebber's Profit Best in 120 Years
Bank One Profits Drop, Other Banks Gain
Earnings Calls
Nasdaq Securities
Most Active
Earnings Calendar
Today's Filings
How to List
Site News
Nasdaq Sets One-Day Point Gain Record
Nasdaq Changes Status of Trading Halt in SCB Computer Technology and Requests Additional Information from Company
NASD Restructuring Wins in Landslide Vote of the Members
Nasdaq Volume 1,027,329,700
Nasdaq Composite 3,752.12 212.96▲
Apr. 18 12:32 ET
3761
3650
3539
3428
3317
10:00 11:00 12:00 1:00 2:00 3:00 4:00
DJIA 10,731.74 149.23▲
Apr. 18 12:32 ET
10757
10670
10583
10496
10409
10:00 11:00 12:00 1:00 2:00 3:00 4:00
Nasdaq MarketSite
Live Webcam
Tickets
Guest Book
Events
Market Open
Ceremony
Afternoon Ceremony

İNTERNET ŞİRKETLERİNİN FİNANSAL KAYNAK SERVİSLERİ

Yahoo: www.yahoo.com

Finansal seçenekleri görmek için ilk önce "Stocks" simgesini tuşlayıp "Amerika'daki Piyasalar - U.S.Markets" metnine girin. Borsa endeksleri, en aktif hisse senetleri, borsanın teknik durumu *"Market Digest"*, piyasaya ilk defa ihraç edilecek menkul değerlere dair haberler *"IPO"*, yatırım fonları hakkındaki son bilgiler bu pencerede. Global piyasalar düğmesi *"World Markets"*, 100 hisse senedi ortalamasından oluşan İstanbul Borsası'nın birleşik endeksi dahil uluslararası tüm borsa endekslerini ve para kurlarını vermekte.

Araştırma "Research" bağlantısı; Amerikan endüstrisini temsil eden 66 sektöre ayrılmış. Eğer bankacılık sektöründeki hisse senetlerini araştırmak istiyorsanız, bankalar "Banks" tuşunu tıklayarak ülkenin coğrafyasına göre veya uluslararası bankalar için tercihinizi yaptıktan sonra seçtiğiniz bankanın en son piyasa fiyatını, bir günden beş yıla kadar grafiğini, profilini, profilden senetleri portföyünde tutan kurumsal yatırımcıların isimleri ve kontrol ettikleri hisse senesi sayısını görebilirsiniz. Şirketi takibe alan analistlerin görüşlerindeki değişiklikleri vermekte. Seçilen bankanın kendi kurduğu web sitesinin adresi bildirilmekte. "Insider" tuşundan son bir yıl içerisinde şirketin tepe yöneticilerinin faaliyetlerini vermekte.

"Earnings" bağlantısında bir hafta içerisinde hangi şirketlerin kâr açıklaması yapacağını, Wall Street'in tahminlerinin üzerinde veya altında sürprizli kâr bildiren şirketleri vermekte. (Yahoo Tablo 1)

Ana sahifedeki "Business & Economy" bağlantısı sizi opsiyonlara bağlamakta.

Quicken.com: www.quicken.com

Bu siteden her türlü yorum, analiz ve grafiğe kolaylıkla gidiliyor. İstenilen kritere uyulan senetleri, tüm temel, teknik ve sektörel verileri kullanmak olanağını sunmakta. (Bakınız finansal oranlar)

InvestorsEdge: www.irnet.com

Wall Street City: www.wallstreetcity.com

Zacks Investment Research: www.zacks.com

Beşbinin üzerinde şirketin analizini bulabileceğiniz bir araştırma servisi. Günün en fazla artış gösteren aktif senetlerine - hot stock - ve Elaine Garzarelli gibi süper borsa stratejistlerinin görüşlerine yer vermekte. Portföy seçimine katkıda bulunmak için, Wall Street'teki borsa bankerlerinin önerdikleri menkul değerlerin listesini, tanınmış analistlerin beğendiği şirketleri göstermekte. Ayrıca Zacks'in her sektörde lider olan şirketlerin listesini ve her bir şirketin grafiğini, en son şirket haberlerini, kâr tahminlerini belirtmekte. Global sermaye piyasalarını daha yakından incelemek isteyenler Zacks'in eğitim - education - servisinden yararlanabilirler. ***(Bakınız tablo XXXXI)***

Ask Research: www.askresearch.com

Teknik analiz ve opsiyolara ilişkin en kapsamlı web sitelerinden biri.

Tablo XXXX

ZACKS.COM
Empowering & Educating the individual investor

• Feed
• Tour
• Help
• Log I

Home | Portfolios | Screening | Markets | Mutual Funds | Newsroom | Earnings | Ed

Apr 18th 12:12 pm CT — Enter Ticker [ ] for [Company Quotes] go! — Ticker Lookup

Edit: [_
[Layout]
[_

Free Offer from Investor's Business Daily — New offer from Ameritrade

Commentaries Edit ? _ X

Closing Market
Bonds crash as stocks make a stunning recovery...for now
Mon Apr 17 16:10:23 2000
Morning Call
Daily Market Commentary
General Commentaries
Mitch Zacks On Investing
Shelter from the Storm
April 16th, 2000
Elaine Garzarelli Report

Market Headlines Edit ? _ X

Overview: US Markets
04-18-2000 09:31:46
US Market Overview
04-18-2000 09:31:46
US Equities Pre-opening: Dow seen flat to dn 20, techs sag
04-18-2000 09:31:46
US Equities Review: Stocks surge on bargain hunting, earnings --DJIA up 276; Nasdaq up 217; SP 500 up 44 --Large cap techs jump By Rebecca Byrne, Bridge News New York--Apr 17--US stocks rebounded Monday as bargain

My Portfolio Edit ? _ X

Portfolio Name - Hot Stocks

Symbol	Last	Net	Open	Close	Volume
CSCO	67 3/ 4	+ 1 1/ 4	68 1/ 8	66 1/ 2	50448800
NOK	50 5/ 8	- 1/ 8	49	50 3/ 4	9118600
JDSU	95 1/64	- 2 63/64	97 1/ 2	98	15026400
LU	57 3/ 4	+ 3 5/ 8	54 1/ 2	54 1/ 8	10598600
AOL	59 3/16	+ 7/16	58 7/16	58 3/ 4	9435000

My Portfolio Chart Edit ? _ X

Portfolio Name - Hot Stocks

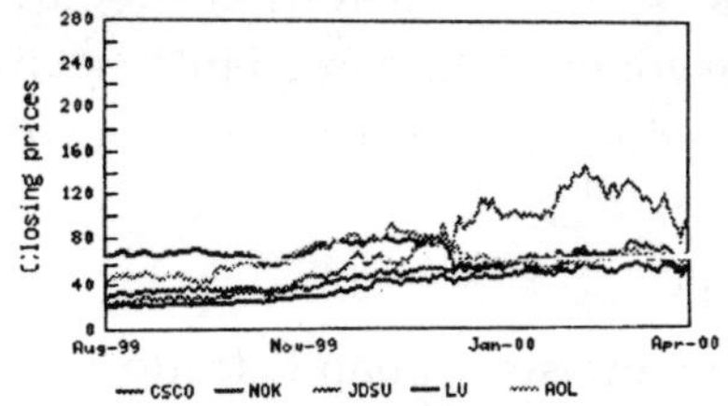

Click the chart for a Detailed View

(c) 1996 - 2000 Zacks Investment Research - www.zacks.com

Portfolio News

Ticker: CSCO

04-18-2000 12:31 TIBCO SOFTWARE: TIBCO Software launches new B2B platform for enterprise hubs and e-marketplaces; TIBCO ActiveExchange leverages TIBCO's ActiveEnterprise technology to rapidly build B2B e-commerce infrastructures

Daily Hot Stocks Edit ? _ X

	Company Name	Activity
1	CISCO SYSTEMS INC.	
2	NOKIA CORPORATION	
3	JDS UNIPHASE CORPORATION	
4	LUCENT TECHNOLOGIES INC.	
5	AMERICA ONLINE INC.	
6	MICROSOFT CORPORATION	
7	REALNETWORKS INC.	
8	MCI WORLDCOM INC.	
9	ORACLE CORPORATION	
10	SUN MICROSYSTEMS INC.	

The Daily Hot Stocks are the Stocks that are most frequently searched on Zacks. This list updates in real time and provides you with up to the date information on what's hot now.
[For Tue, 04/18/2000]

EPS Surprises

Positive Surprises

Ticker	Time	Expected EPS	Reported EPS	% Surprise
DIR	09:08	0.03	0.13	333.33
POOL	08:39	0.03	0.11	266.67
MLG	08:04	0.02	0.06	200
TWI	08:28	0.02	0.05	150

Negative Surprises

Ticker	Time	Expected EPS	Reported EPS	% Surprise
EFNT	08:44	-0.05	-0.16	-220
IUSA	10:02	0.05	-0.05	-200
PMTC	10:23	0.05	-0.02	-140
FCX	10:07	0.15	0.06	-60

Last updated on Apr 18, 2000 11:53:13

ARACI KURUMLAR

Charles Schwab - www.schab.com:

Amerika Birleşik Devletleri'nde iki türlü yatırım bankası ve aracı kurum var. Birincisi; Merrill Lynch, Salomon Smith Barney gibi yatırımcının elinden tutan, önerilerde bulunan, komple servis veren finansman şirketleri.

Diğeri ise; "al" veya "sat" önerisinde bulunmayan, sadece verilen emirleri yerine getiren iskontolu aracı firmalar. Aradaki komisyon farkı büyük. Örneğin; @35'dan satın alınan 1000 XYZ için Salomon Smith Barney'in komisyonu 465 dolar olmasına karşın, internet üzerinden yapılan aynı işlem için Schwab'in aldığı komisyon 29 dolar. İnternete giren yatırımcı artık Merrill Lynch'teki bir tek broker'ın verebileceği enformasyonun çok daha kapsamlısını, günlük hisse senedi ve endeks oynamalarını dakikası dakikasına internetten ücretsiz izleyebileceği gibi, Schwab'in müşterileri için hazırladığı web bağlantılarından her bir senet için Wall Street'te yapılan tüm araştırmaları ve bu sektördeki tüm eksperlerin görüşlerini öğrenebilir. Yeni teknoloji sermaye piyasalarında faaliyet gösteren köklü yatırım bankalarını sarstı ve onlar da yatırımcıya bilgi veren web sahifeleri kurmaya ve komisyonlarını düşürmeye başladı. 2002 yılında global finans sektöründe internet üzerinden yapılan işlemlerden sağlanan gelirlerin 2.2 trilyon dolar olacağı tahmin edilmekte.

Schwab'in kendi yönettiği muhafazakar, dengeli ve tahvil fonlarına ilave tüm "No Load" yatırım fonlarını alma olanağı var.

DLJ Direct: www.dljdirect :

Wall Street'in "full servis" veren köklü aracı kurumlarından Donaldson, Lufkin Jenrette operasyonlarını tamamen internet üzerinden alım satım yapan yatırımcılara yöneltti. ***(Bakınız tablo XXXXII)***

E TRADE: www.etrade.com :

İnternet servisinin ilk uygulamasını yapan E Trade, daha ziyade "day trader" denilen günlük fiyat dalgalanmalarından kâr etmek amacını güden spekülatorlere hizmet vermekte. IBM örneğinde yatırımcı; senetlerin grafiğini, finansal oranları, senetlerin yüzde kaçının kurumsal yatırımcıların portföyünde olduğunu, son aylarda tepe yöneticilerin senetler üzerinde işlem yapıp yapmadığını ve kaç IBM senedinin açığa satılmış olduğunu göstermekte. *(E Trade Tablosu 1-3)*

American Express: www.americanexpress.com:

Alışveriş, kredi kartı servisi, seyahat acentalığı hizmeti sunan bu web sitesinin "Planning & Resource Center" ve More Financial Services" bağlantıları borsa hakkında geniş bilgi vererek makro ekonomi trendlerine ilişkin saygın ekonomistlerin görüşlerini yayınlıyor.

Türkiye'den bir finansal web sitesi: www.prim.com.tr:

Türkiye'de faaliyet gösteren bir aracı kurum olan Prim Menkul Değerler A.Ş.'ye ait olan bu finansal sitede, müşteriler direkt olarak İstanbul Menkul Kıymetler Borsası'ndaki hisse senetlerine ilişkin emirlerini aracı kurumlarına verip, hesap ekstrelerini görebilecekler. Şirket hakkında ayrıntılı bilgi alabilecekler. Prim Menkul Değerler AŞ'nin Aralık 2000'de faaliyete geçecek olan web sitesine ilişkin ayrıntılı bilgi almak isteyen okurlarımız, kitabın sonundaki formu doldurup müşteri temsilcileri ile görüşebilirler.

Tablo XXXX

DLJ *direct* — A Donaldson, Lufkin & Jenrette Company

LOGIN | SITE MAP | APPLY ONLINE

Open and Activate an Account Now

HOME | PORTFOLIO | TRADING | MARKETS | QUOTES & NEWS | RESEARCH | CUSTOMER SERVICE

RESEARCH
- About Research
- Agreement

DLJ RESEARCH
- Main
- Daily Research
- Weekly Review
- Monthly Analysis
- Investment Ideas
- Reports
- Search

STOCKS
- DLJ*direct* Stock Center
- S&P MarketScope@Home
- S&P Stock Reports
- Zacks Company Reports
- Briefing.com
- Thomson Insider Info

MUTUAL FUNDS
- DLJ*direct* FundCenter®
- DLJ*direct* Mutual Funds

MORTGAGE PRODUCTS
- DLJ*direct* Mortgages

EDUCATION CENTER
- S&P's How to Invest
- Investment Glossary
- Option Tools
- Fixed-Income
- NASDR Investor Resources
- SEC Investor Education

RESEARCH HEADLINES
- Research Alerts
- Earnings Results
- Earnings Forecasts

About Research

Review research and news reports and earnings estimates from top sources including Donaldson, Lufkin & Jenrette. Search our databases of over 7,500 mutual funds or nearly 10,000 publicly traded companies. This information can help you make sound investment decisions. More narrowly-based research is available under Quotes & News.

DLJ Research

Review Award-Winning Reports from DLJ Analysts

- Main
- Daily Research
- Weekly Review
- Monthly Analysis
- Investment Ideas
  DLJ's Best Investment Ideas for 2000 NEW
- Reports
- Search

Mutual Funds

Search for Funds that Meet Your Investment Criteria

- DLJ*direct* Fund Center
- DLJ*direct* Mutual Funds

Education Center

Empower Yourself with Financial Knowledge

- S&P's How to Invest
- Investment Glossary
- Option Tools
- Fixed-Income
- NASDR Investor Resources
- SEC Investor Education

Stocks

Follow the Market with some of the most Respected Names in Investing

- DLJ*direct* Stock Center
- S&P MarketScope@Home
- S&P Stock Reports
- Zacks Company Reports
- Briefing.com
- Thomson Insider Info

Mortgage Products

Organize Your Mortgage Needs at Our Online Mortgage Center

- DLJ*direct* Mortgages

Research Headlines

Your Source for Breaking News

- Research Alerts
- Earnings Results
- Earnings Forcasts

HOME | PORTFOLIO | TRADING | MARKETS | QUOTES & NEWS | RESEARCH | CUSTOMER SERVICE

YİRMİBİRİNCİ YÜZYILDA FON YÖNETİMİNDEKİ YENİ UYGULAMALAR

1970'li yılarda New York borsasına kayıtı şirketlerin yüzde 20'si piyasada 30 civarında fiyat/kazanç oranları ile alınıp satılırken geri kalan senetler; 12-15 fiyat/kazanç oranlarında işlem görmekteydi. O devrede hisse senetlerinin değerlendirilmesinde Wall Street'teki geleneksel model; enflasyon oranı %3 ve şirketlerin kârları yıldan yıla %20 artış gösteriyorsa, hisselerin borsada 17 fiyat/kazanç oranı ile işlem görmesi normaldi.

1990'lı yıllarda Warren Buffett gibi, yatırımlarına temel analize dayanarak karar veren geleneksel para uzmanlarını şaşırtan yepyeni bir ekol doğdu.Yatırımlara yön veren ve daha önce ayı piyasası yaşamamış olan genç para yöneticileri; defter değeri, fiyat/kazanç oranı, borçların net varlıklara olan oranı gibi mali analiz ölçülerini bir tarafa itip, portföylerinde, kâr göstermeyen ve fakat yepyeni teknoloji uygulamasının öncüleri sayılan şirketlerin senetlerine ağırlık vermeye başladılar.

Bir kaç bilgisayar uzmanının biraraya gelip başlattığı ve kuruluş masraflarından dolayı hiçbir kâr gösteremeyen şirketlerin bu gün ne yaptığına değil de, gelecekdeki potansiyellerini hesaplayarak astronomik rakkamlar ödediler.

1995 yılında piyasaya çıkarılan Netscape ilk günde yüzde 100, 1996'da ihraç edilen Yahoo ilk gününde %154 artış gösterdi.

1998 yılında piyasaya ilk defa ihraç edilen Global. Com bir günde % 600 artış kaydetti.

Hiç kimsenin ismini bile bilmediği yazılım şirketi VA Linux piyasaya çıktığı ilk gün %700 artış gösterdi.

1995'te Dow Jones endeksi 4000'i vurunca ünlü finans gazetesi *The Wall Street Journal,* ilk sahifesinde 'Dow 4000'e çıktı ama orada fazla kalmayacak" şeklinde iri puntolarla bir başlık attı. Morgan Stanley borsa uzmanı Barton Riggs, hiçbir ölçüye gelmeyen senetlerin fiyatlarını Titanik yolcu gemisine benzeterek, "Tehlike suyun altında, borsa en az %40 düşecek," yorumunda bulundu. 1980'lerde başlatılan kemer sıkma programları ile otomasyona geçen, milyonlarca işçiye yol veren, üretkenliği arttıran, enflasyonu kontrol altına alan Amerikan ekonomisinde sermaye piyasası tüm geleneksel para uzmanlarını yanıltarak beş yılda 11 000'e çıktı. *(Bakınız Taşı Toprağı Altın Amerika)*

Emeklilik, yatırım fonlarındaki birikimler, sanki hiçbir risk yokmuş gibi, ekonominin yeni motoru gözüyle bakılan teknoloji senetlerine kaydırılınca eski ekonomiyi temsil eden otomotiv, kağıt, kimya ve ilaç sektörlerindeki hisseler düştü. Bilançoları kuvvetli olan, son on yılda sürekli kâr artışı gösteren köklü şirketlerin senetleri, borsada inanılmayacak düzeyde düşük F/K oranları ile işlem görmeye başladı.

Amerika'nın en başarılı yatırım fonu T. Rowe Price piyasaya yeni ihraç ettiği Teknoloji Fonu'nda, her yıl %15 kâr artışı gösteren hantal sektör senetlerine 18-20 F/K oranı ödemek yerine, Cisco gibi yılda %40-50 kâr artışı gösteren şirketlere 100 F/K oranı ödeyerek iki yıl sonrası için yüzde 100 fiyat artışını hedeflemekte.

Analistlerin kafasını kurcalayan bir milyon dolarlık soru şu: Acaba ise hızlı başlayan bu genç şirketler her yıl % 30-50 kâr artışını devam ettirebilecekler mi?

Yüzyılın başında 100'e yakın otomotiv şirketinden sadece üçünün piyasa rekabetine dayanabildiğine işaret eden temel analistler; .Com adı ile piyasada mantar misali çoğalan ve bir ayda bir kaç defa katlayan şirketlerden önümüzdeki beş yıl içerisinde ancak %25'in ayakta kalacağı görüşündeler.

1981 yılında enerji sektörünün Amerikan GSMH'sındaki payı %21'den, 2000 yılında %5.5'e düşmesine karşın; Nasdaq Elektronik borsasına kayıtlı teknoloji, biyokimya, internet senetleri on yılda % 1259 artarak, GSMH'nın %24'ünü oluşturdu.

1999 yılında Dow Jones endeksinin artık borsanın karışımını temsil etmediğini gören yöneticiler, endeksteki eski ağır sanayiyi temsil eden Chevron, Good Year Tire & Rubber, Union Carbidge, Sears şirketlerini; Intel, Microsoft, SBC Communications ve Home Depo ile değiştirdi.

Amerika'da başlayan iletişim teknolojisi rüzgarı Avrupa'ya da sıçradı. İtalya'daki internet servis sağlayıcıları 18 misline, İspanya'daki Telefonica 19 misline çıkarken, geleneksel Carrefour % 30, Volkswagen % 25 düştü.

Federal Reserve Başkanı Allan Greenspan'in 24 Şubat 2000 tarihinde kızışan ekonomiyi "soğutmak" için faiz oranlarının arttırılması gerektiğini belirtmesi üzerine, Dow ortalaması 285 puan düşerken, aynı gün Nasdaq ortalaması 65 puan çıktı.

Greenspan'in çıkan borsanın enflasyonu körüklediği yolundaki ikinci demeci, Dow ortalamasını 374 puan birden düşürdü. Aynı gün teknoloji ağırlıklı Nasdaq ortalaması sadece 9 puan geriledi.

Genelde para; sermaye piyasası çevrelerinin borsanın geleceğine karamsar baktığı dönemlerde sığınacak emin bir liman arar. Fırtına geçene kadar, tabiatı icabı enflasyondan fazla etkilenmeyen, talepte fazla düşme olması beklenmeyen ilaç ve gıda sektörlerine gider. Bu defa olay tekrarlanmadı, Merck, Bristol Myers, Coca Cola gibi eski endüstri devleri 1999'da % 30-% 50 arasında geriledi.

Deterjan, şampuan, gıda maddeleri gibi tüketici ürünleri satan ve her yıl sürekli kâr artışı gösteren 30 yılın gözde şirketi Procter & Gamble'ın, Mart 2000'de son çeyrekteki kârlarının bir yıl öncesine göre 74 centten 65 cente düştüğünü açıklaması, piyasayı allak bullak etti ve senetlerin bir günde % 30 düşmesine neden oldu.

Wall Street'te boğalarla ayıların mücadelesi artık eski ekonomiyle işleyen şirketler ile yeni ekonomiyi temsil eden şirketlerin çarpışmasına dönüştü. 2000 yılının ilk iki ayında Dow Endeksi %15 düşerken, ekonomiye çağ atlatan "yeni dünya düzeni", internet, kablosuz telefon, kanserli hastalar için gen tedavisi yöntemi geliştiren biyokimya senetleri %40 artış kaydetti.

Yeni ekonomiyi başlatanlar borsada aşırı derecede artan hisse senetlerini para yerine kullanarak, eski ekonomi sistemiyle çalışan işletmeleri ele geçirmeye, yepyeni iş modelleri geliştirmeye başladılar. Örneğin, satışları 4.8 milyar dolar olan 15 yıllık AOL, yıllık satışı 26.8 milyar dolar olan ve geçmişi 1922 yılına giden Time Warner şirketini yuttu. Değeri 165 milyar dolar olan bu iki şirketin birleşme nedeni; televizyon, bilgisayar ve telefon servislerini yepyeni dijital teknolojisi ile tüketiciye sunmak.

Netscape tarama ve e mail servisinin sahibi AOL internet servisinin 20 milyon üyesi internete bağlanmak için normal telefon hattını kullanmak zorunluğunda. Bakır telefon kablolarının verilen bilgileri bilgisayara taşıma hızı yavaş. Time Warner'ın sahip olduğu cam kabloları "optic fiber" bilgisayarlar arasındaki iletişim, bakır kablolardan 50 kat hızlı taşımakta.

Time Warner; Time Magazine, Fortune Magazine grubu ile Amerika medya reklamlarında %21 paya sahip. CNN dünyada bir milyar kişiye erişmekte.

Bu birleşme ile eski medya şirketi kapısını yepyeni teknolojiye açtı. Biribirine ters yönde yürüyen bu iki ayrı borsa için geleneksel para yöneticileri, eninde sonunda teknoloji balonunun patlamasını beklerken, genç yatırım uzmanları eski yöntemlerin artık geçerli olmadığı görüşünde. Wall Street, çok nadir olarak aynı konuda görüş birliğine varır.

YATIRIMCILARA PRATİK ÖNERİLER

1. Yatırımcı borsaya girmeden önce uzun vadedeki hedeflerini tayin etmeli, muhafazakar veya spekülatif yaklaşıma karar vermeli. Plansız ve hedefsiz yatırımlar zararla sona erer.
2. Senetleri satın almadan yatırım yapacağınız şirketin işi hakkında araştırma yapın, bilgi sahibi olun. O menkul değeri neden aldığınızın yanıtını düşünün. Eğer çok varlıklı olsaydınız ve o şirket satılık olsaydı, kaça almayı düşünürdünüz?
3. İş yaptığınız, önerisini aldığınız borsa bankerinin eğitim düzeyi ve deneyimi nedir? Kaç yıldır borsa bankerliği yapıyor, referans verebilir mi? Arkasında borsa hakkında çok iyi araştırma yapan bir organizasyon var mı?
4. Sermaye piyasası çevreleri satın almak istediğiniz menkul değer hakkında ne düşünüyor?
5. Ekonomi ile borsa arasındaki ilişkiyi hiçbir zaman aklınızdan çıkarmayın. Makro ekonomik trendi gözleyin. Ekonomiyi boğan olaylar var mı? Yerli, yabancı basında verilen haberlerin borsayı ne şekilde etkilediğine bakın. Unutmayın, global borsalarda yaşanan krizler tüm ülkelere yansıyor.
6. Faiz oranları borsaları etkileyen en büyük faktördür. Faizler çıkınca işler yavaşlar ve para, hisse senetlerinden riski daha az olan tahvillere gider.
7. Yatırım yapacağınız menkul değerin riski nedir? En fazla nereye düşebilir? Riskinizi asgaride tutmak için planınız var mı? Yaptığınız her bir işlemi detaylarıyla not ederseniz, ilerisi için referans olur.

8. Yatırımcının psikolojisi çok acaip. Kişiler buzdolabı, çamaşır makinası veya gayri menkul alırken araştırırlar, mukayese yaparlar ve en ucuz fiyattan almaya çalışırlar. Borsada sürü mentalitesi var, senetler çıktıkça, talep artıyor. Herkesin son derece karamsar olduğu dönemlerde, büyüyen endüstri gruplarındaki düşen lider şirketlerden, mali durumu güçlü olan menkul değerleri portföyünüze almayı düşünün. Zamanlamada pek çok uzman yanılıyor. Senetleri fırlamadan bir gün önce satın almak çok kere şansa bağlı. 21. yüzyılın borsaları birden parlıyor. Düşünmeye, karar vermeye zaman kalmadan atı alan Üsküdar'ı geçmiş oluyor. Kısacası, kuvvetli şirketlerin senetlerini borsanın zayıf olduğu zamanda toplayın ve sabırlı olun.

9. Tüyolara inanarak yatırım yapmayın. Şirket yöneticilerine çok yakın değilseniz, içeriden haberler size en son erişecektir. Kısaca tüyoyu çıkaran kendi portföyünü size boşaltacaktır. Fakat bunun anlamı, ekonomiye veya şirketlere ilişkin en son haber ve gelişmeleri takip etmemek değildir.

10. Şirket yöneticileri ellerindeki senetleri satıyorlarsa, o senetlerden uzak durun. Verilecek en kötü karar, yönetimin bile elinde tutmak istemediği kağıdı almaktır.

11. Aldığınız menkul değere çok bağlanmayın, ne koşullarda kâr alacağınızı önceden planlayın. Şirketlerin ilelebet büyümeyeceklerini düşünün. Dikkat edeceğiniz nokta, işletme kârlarını geçen yılın aynı dönemine göre arttırmış mı? Satışlar artıp kârlar artmıyorsa yönetimin problemleri var demektir.

12. Şirketler daima kârlarını iyi göstermeye çalışırlar, rapor edilen bilanço ve kâr ziyan cetvelleri makyajlı mı? Teorik olarak şirket, dönemden döneme kârlarını dolar bazında yüzde kaç arttırırsa yatırım yapmayı düşünürdünüz? Büyümekte olan senetleri hedefleyen portföy yöneticileri her dönem % 25-%3 0 kâr artışı yapan şirketleri araştırırlar.

13. Düşük kâr/zarar oranı ile işlem gören senetlerin bu oranlarla satılmasının sebebi vardır. Borsada hiç kimse on dolarlık malı beş dolara satmaz, neden düşük oranla sattığını araştırın. Piyasa koşullarından mı, yoksa şirketi etkileyen yeni gelişmeler mi var? Unutmayın verilen F/K oranı geçen döneme aittir, o zamandan beri köprünün altından sular akmış olabilir.

14. **1990'larda en fazla çıkan senetlerin fiyatlarını etkileyen üç unsura dikkat edin: Şirketlerin piyasaya yeni mallar ve yeni hizmetler çıkarması veya zamana ayak uyduramayan yönetimlerin değişmesi.**

15. Bütün faktörler biribirine eşit olduğunda, ihraç edilmiş hisse senetlerinin sayısı az olan şirketlerin kağıtlarının fiyat artış hızı fazla olur. Bu tür senetlerin fiyatlarının büyük zig zaglar çizdiğini unutmayın.

16. Yumurtalarınızı bir sepete koymayın. Yalnız hisse senetleri arasında değil menkul değer sınıflarına (Tahvil, hisse senedi, yatırım fonu v.s.) dağıtın.

17. Senetlerin teknik durumu ile temel araştırmalar arasında paralellik var mı? İşlem hacmi artıyor mu?

18. Aklın yolu birdir, araştırmayı yaptıktan sonra kendi sağduyunuza inanın.Yapılan uzun vadeli plana bağlı kalın, sabır ve disiplinle zaman zaman yatırımlarınızı tekrar değerlendirin.

19. Yatırıma karar verdiğiniz şirkette, yeni teknoloji kurulması, kâr artışı gibi beklentilerinizde yanılmışsanız, yönetim önceden belirlediği hedeflerine ulaşamıyorsa senetleri hemen boşaltmaya hazır olun. Tam tersi bir gelişmeyle, haberler beklediğinizden iyi gelmişse, senetleri elinizde tutmaya devam edin. Örneğin, IBM şirketi hisse senedi başına sekiz dolar yerine on dolar kâr gösterince portföy yöneticileri hedeflerini yükselti.

20. Wall Street'in klişesi "Bırakınız kârlarınız artsın, fakat zararınızın büyümesine fırsat vermeyin" deyimini aklınızdan çıkarmayın. Yatırımcıların büyük bir kısmı "Zararın neresinden dönülürse kârdır" atasözüne uymaz. Şirket hakkındaki haberler ne kadar karamsar olursa olsun elindeki senetlerin bir gün geri geleceğini umarak tutmakta ısrar eder. Teknoloji değişimi ile rekabete karşı duramayan, iyi yönetilmeyen şirketlerin senetleri de düştükçe düşer.

21. Trend yukarı doğruysa akıma ters hareket etmeyin. Boğa piyasasında açığa satmayın.

22. Portföyünüzdeki düşen senetlerin ortalamasını düşürmek için tekrar satın almayın. İlk alış nedenlerinizde, koşullarınızda değişme oldu mu, önce onu araştırın.

23. Portföyünüzdeki senetler normal borsa değerlendirmeleri ile açıklanamayan şekilde aşırı çıktıysa, bir kısmını satıp kâr realizasyonuna geçin. Kârdan zarar olmaz.

24. Borsada hiç kimse yüzde 100 isabetle karar veremez. Yaptığınız hatalar ilerisi için ders olsun, onları tekrarlamayın.
25. Sermaye piyasasındaki hareketler uykularınızı kaçırıyorsa borsadan uzak durun. Eğer borsada kaybedeceğiniz para hayat koşullarınızı etkileyecekse, tasarruflarınızı sabit gelir getiren menkul değerlerde tutun. Hiçbir zaman ciddi para ile spekülasyon yapmayın.
26. Yatırım fonlarının, bankaların nakit pozisyonu nedir? Senetlere yatırılması için bekletilen para var mı? Bunları araştırın, borsanın bir arz ve talep oyunu olduğunu unutmayın. Piyasaya taze kan gelmezse borsa çıkmaz.
27. Takip ettiğiniz uzmanların geçmişteki tavsiyeleri tutmuş mu? Yeni yapılan önerilerin nedenlerini araştırın, araştırın, araştırın.
28. Borç alınarak yapılan yatırımların riski arttırdığını unutmayın.
29. Günlük alım satımlar son derece streslidir. Günlük işlem yapmanın çok kârlı olduğu yolunda işittiğiniz söylentilere inanmayın. En azından bu konuda bir iki seminere katılın. Paranızı kaybetmeden önce "aktif işlem - paper trading" yaparak başarılı olup olmadığınızı görün.
30. Güvenilir ve sermayesi yüksek aracı kurum ile çalışın.
31. Fiyatı ucuz olan senetler, her zaman değerinin altında işlem görüyor demek değildir.
32. Genel olarak ayı eğilimli piyasalarda en az düşen kağıtlar borsa dönünce ilk geri gelecek hisseler olacaktır. Borsa düşmeye başlayınca portföy yöneticileri önce portföylerindeki geleceği iyi gözükmeyen senetleri temizlerler ve bu kağıtların düşüşü büyük olur.
33. Bir hisse senedi çok düştüyse, işletmenin sorunlarının geçici olup olmadığını ve şirketin borcunu araştırın. Aradığınız bilgilerin çoğunu şirketlerin yıllık mali raporlarında bulacaksınız.
34. Kitapta verdiğimiz bilgilere, gösterdiğimiz yöntemlere göre borekerinize sorular sorun. Yanıt veremiyorsa profesyonel bir portföy yöneticisi ile çalışmıyorsunuz, ya aracı kurumunuzu veya brokerinizi değiştirin.

GLOBAL BORSALARDA SERMAYE PİYASASI TERİMLERİ

Account: Bankalarda veya aracı kurumlarda açılan hesap.

Account payable: Bir işletmenin ödemesi gereken ve fakat henüz ödenmemiş borçları.

Account period: İki bilanço tarihi arasındaki süre.

Account receivable: Muhasebede alacaklılar hesabı.

Accrued interest: Tahvillerde, iki faiz ödeme tarihi arasında işleyen faiz miktarı, tahakkuk eden faiz.

Accumulated dividend: Deklare edilmiş ve fakat henüz hisse senedi sahiplerine ödenmemiş temettü, kâr payı.

Acid test veya Quick ratio: Şirketin kısa vadeli likiditesini ölçen oran. Kasadaki nakit ve hemen nakite dönebilen menkul değerlerin cari pasiflere bölünmesinden çıkan rakkam.

Active market: Herhangi bir menkul değerin piyasadaki günlük işlem hacminin çok yüksek olması. Aktif işlem gören hisselerde; 'Bid-satın alma teklifi ' ve 'Ask-satma teklifi' arasındaki fark çok azdır. Senetlerin fiyatında fazla fark olmadan büyük ölçekli senetler el değiştirir.

Advance/decline ratio: Borsanın teknik durumunu saptayan oran. Günlük fiyat artışı gösteren hisse senedi sayısı ile düşüş kaydeden senet sayısı arasındaki farkın, işlem gören tüm senet sayısına bölünmesiyle çıkan rakkam: Artanlar/Düşenler.

Advancing issues: Artış gösteren hisse senedi sayısının işlem gören tüm hisse senedi sayısına bölünmesiyle çıkan oran.

After Hours trading: Borsanın resmi kapanış tarihinden sonra elektronik borsada yapılan işlemler.

After tax profit: Tüm masraflar çıkıp vergiler ödendikten sonra geriye kalan kâr: Vergi sonrası kâr.

After tax earnings rate: Tüm masraflar çıktıktan sonra kalan kârın, brüt kara bölünmesinden çıkan oran:Vergi sonrası kazanç oranı.

Agency bond: ABD'de hükümet ve aracıları tarafından ihraç edilen devlet tahvilleri.

Agent: Temsilci, vekil, bir başkası namına işlem yapan kişi.

Aggressive growth fund: Tüzüğünde belirtilen yatırım amacı; genç ve büyümekte olan hisse senetlerine yatırım yapmayı hedefleyen yatırım fonu.

All or none: Ya hep ya hiç emri. Yatırımcının satın almak veya satmak istediği miktarın altında işlem yapılmaması. Örneğin: Yatırımcı 1000 adet XYZ senedini @50 satın al emri vermişse, broker sadece 800 aldık, diyemez. Ya 1000 alınır veya hiç alınmaz.

Alpha: Yatırım fonlarının geçmişteki artış yüzdelerine bakılarak gelecekte beklenen performansıdır: Alfa.

American depository receipts - ADR: Amerikan borsalarında işlem gören yabancı şirketlerin Amerikan bankalarında tutulan sertifikaları.

American Stock Exchange: Amerikan Menkul Kıymetler Borsası.

Amex: American Stock Exchange'in kısaltılmış ismi.

Amex Composite-XAX: American Stock Exchange endeksi.

American style option: Amerikan Opsiyon piyasalarında işlem gören opsiyon kontratları.

Analyst: Ekonomiyi, sektörleri, şirketlerin mali portrelerini inceleyerek yatırım önerisinde bulunan uzman, analist.

Analyst coverage: Borsada kayıtlı bir şirketin gidişatını izleyen analistlerin sayısı. Analistler geleceği ümit vaad etmeyen şirketleri takibe almazlar.

Annual percentage rate-APR: Kredi maliyeti.

Annual report: Halka açık senetlerin yılda bir defa mali portrelerini açıklaması, yıllık rapor.

Annualized return: Yatırım fonlarının geçmişteki performansını saptayan; bir, üç, beş, on yıllık getirileri.

Arbitrage: İki ayrı borsada işlem gören bir menkul değerin, borsalar arasındaki fiyat farkından yararlanılarak, aynı anda birinde ucuza alınıp, diğerinde pahalıya satılarak kâr etmek amacı güden işlem: Arbitraj. Alış satış arasındaki fark son derece küçük olduğundan arbitraj ancak işlem için komisyon ödemeyen prefesyonel brokerler tarafından uygulanır.

Asked price: Bir menkul değeri belirli bir fiyattan satmak için yapılan teklif. Satıcının istediği fiyat.

Assets: Bir işletmenin sahip olduğu mal ve varlıkların tümü, varlıklar.

Asset allocation: Piyasa koşullarına göre portföyün değişik riskteki menkul değerlere dağıtılması. *Örneğin;* %60 hisse senetleri, %35 tahviller, % 5 nakit.

Asset value: Bir malın değeri, varlık değeri.

Asset turnover: İşletmenin varlıklarının üretkenliğini ölçen oran. Satışın tüm varlıklara bölünmesiyle bulunur.

Assignment: Opsiyonlarda aracı kurumun hükümlerini hükümlerini yerine getirmek için yaptığı işlem.

At best veya at the market: Takdiri brokere bırakılan, piyasadaki en iyi fiyattan sat veya al emri.

At par: Menkul kıymetlerin nominal değeri.

At the market: Bir menkul değeri piyasada teklif edilen en iyi fiyatla satmak veya satın almak için brokere verilen emir.

At the money: Opsiyon kontratlarında, üzerinde işlem yapılan hisse senedinin piyasa fiyatı ile "işlem" fiyatı arasındaki fark.

At the opening: Borsanın ilk açılış fiyatından satın al veya sat emri. İşlem yapılamazsa, emir otomatik olarak iptal edilir.

Auction market: Borsa salonlarında menkul değerlerin brokerler arasında açık arttırma ile alınıp satılması.

Authorized capital: İşletmenin sözleşmesinde şirketin sermayesi olarak belirtilen miktar.

Average daily share volume: Borsada işlem gören senetlerin yıllık ortalama hacmi.

Averages: Menkul değer ortalama endeksleri. En yaygın izlenenler; Dow Jones ve Standard & Poor's 500.

Average maturity: Yatırım fonlarında portföyde bulunan tahvillerin ortalama vadesi.

Balance of trade: Bir ülkenin ihracatları ile ithalatları arasındaki fark.

Balance surplus: İhracatın ithalattan fazla olması.

Balance sheet: Belirli bir tarihte şirketin varlıklarını, tüm borçlarını ve ana sermayeyi belirten tablo, bilanço.

Banking syndicate: Bankalar konsorsiyumu.

Basis point: Baz puan. Yüz basis point, yüzde bire eşittir. Tahvil işlemlerindeki faiz oranını belirten birimdir. ***Örneğin:*** 200 basis point %2'ye eşittir.

Bear: Borsanın düşeceğine inanan kişi.

Bear market: Düşmekte olan borsa, ayı piyasası.

Bearer bonds: Hamiline yazılı tahviller.

Beginning net asset value: Yatırım fonlarının menkul değerlerin başlangıç tarihindeki net değeri.

Beta: Portföydeki senetlerin pazar ortalaması ile karşılaştırılarak hangi yönde hareket edeceğini gösteren istatistiksel tahmin. Menkul kıymet getirisi borsa ortalamasına eşitse, beta'sı bir olarak kabul edilir. ***Örneğin;*** Beta'sı 1.2 olan senedin Dow Jones ortalamasından %20 daha fazla artabileceği veya düşebileceği varsayılır.

Bid: Bir menkul kıymeti belirli bir fiyattan satın alma teklifi.

Big board: New York Borsası'na verilen takma ad.

Black Friday: New York Borsası'nın 1929 krizine girdiği gün.

Block trading: Bir tek borsa işleminde en az 10 bin hisse senedinin el değiştirmesi, blok işlem.

Blue chips: Amerikan endüstrisini temsil eden ve mali yapısı çok sağlam olan şirketlere verilen isim.

Board of directors: Yönetim kurulu.

Board room: Aracı kurumlarda hisse senetlerinin alınıp satıldığı büyük salon.

Bond: İşletmelerin gerekli sermayeyi sağlamak için ihraç ettikleri uzun vadeli tahviller.

Bond interest coverage: Tahvilin sağlamlığını ölçen bir yöntem. Şirket gelirlerinin, işletmenin ödemeye mecbur olduğu yıllık tahvil faizlerine bölünmesiyle çıkan rakkam.

Bond issue: Yeni ihraç edilen tahvil.

Bond ratio: Uzun vadeli borçların şirketin tüm varlıklarına bölünmesiyle çıkan oran. İşletmenin uzun vadede finansal riskini belirler.

Bond swaps: Tahvil portföylerinde faiz randımanını arttırma amacı ile yapılan değiş tokuş.

Book value: Şirketin bilançosunda görünen net değeri, defter değeri.

Book value of a stock: İşletmenin tüm borçlarının, şirketin sahip olduğu varlıklardan çıkarıldıktan sonra geriye kalan net değerin, ihraç edilmiş hisse senedi sayısına bölünmesiyle çıkan rakkam, şirketin net değeri.

Bond yield: Tahvillere yapılan yatırımın net getirisi. Net getiriyi; tahvilin faiz oranı, nominal değeri, piyasa değeri ve vadesi etkiler.

Bottum up: Portföy oluşturulmasında araştırmaya, şirketlerin temel analizinden başlanması: Aşağıdan yukarıya.

Breakeven analysis: Opsiyon kontratları alım ve satımda, kâr ve zararın biribirine eşit olduğu hisse senedi fiyatı. İşlemin zararsız kapatılabileceği fiyat seviyesi, tapi.

Breath of the market: Teknik analizde borsanın derinliğini ölçen yöntem.

Brokerage firm: Aracı kurum.

Broker dealer: Gerek kendi hesabına gerekse müşterisi adına borsada alım satım yapan aracı kurum.

Bull market: Çıkış trendinde olan borsa hareketine verilen isim, boğa piyasası.

Bull spread: Opsiyon stratejisi; düşük işlem fiyatından satın alınan opsiyon kontratına karşı aynı anda yüksek işlem fiyatından opsiyon satma stratejisi: Boğa yayması. (Bakınız işlem fiyatı- strike price)

Business cycle: Makro ekonomik dalgalanma trendi.

Calender spread: Kısa vadeli opsiyon kontratı satın alıp uzun vadeli opsiyon kontratı satma stratejisi.

Call option: Bir menkul değeri belirli bir süre içerisinde, belirli bir fiyattan satın almak veya satmak için yapılan kontrat.

Call price: Tercihli hisse senetlerinde veya tahvillerde, şirketin ihraç ettiği menkul değerin belirli bir tarihten sonra ve önceden saptanan bir fiyattan geriye satın alınabileceğine dair bir dipnot ile kontrata kaydedilen geri satın alma fiyatı.

Callable bond: İhraç edilen tahvillerin kontratında, ihraç eden şirket tarafından, itfa tarihinden önce belirlenmiş bir tarihte çıkarılan tahvilin geri satın alınabileceğine dair kayıt. Bu kayda tahvilin "Call feature"u denir. Her tahvilde böyle bir kayıt yoktur. Yatırımcının özellikle prim ile satılan tahvillere yatırım yaparken *call feature*'unun olup olmadığını araştırması gerekir.

Capital: Bilançoda görünen net varlık, sermaye. Equity veya net worth olarak da bilinir.

Capital flight: Sermayenin bir ülkeden çıkması, sermaye kaçışı.

Capital gain: Menkul değerlerin piyasa değerinin artması.

Capital gains distributions: Yatırım fonlarındaki menkul değerlerin satılmasıyla realize edilen kârların pay sahiplerine dağıtılması.

Capital goods: Üretimde kullanılan araçlar.

Capital markets: Hisse senetleri ve tahvillerin işlem gördüğü borsalar, sermaye piyasaları.

Capital stock: İşletmenin sözleşmesinde belirtilen ve şirketin ihraç edebileceği azami hisse senedi sayısı. Öz sermaye.

Capital structure: İşletmelerin üretim araçlarını finanse etmek için ihraç ettikleri menkul değerlerin tümüdür. İşletmenin finansal yapısı.

Capitalization: Şirketlerin tahmini borsa değeri. İhraç edilen tüm hisse senetlerinin borsada işlem gören fiyat ile çarpılmasıyla çıkan rakkam.

Cartel: Bir malın fiyatını kontrol etmek için üreticilerin biraraya gelip arzı kontrol etmeleridir, kartel. Örnek: OPEC.

Cash assets: Kasa mevcudu, nakit varlık.

Cash dividend: Nakit kâr payı ödeme şekli.

Cash flow: Belirli bir sürede masraflar gelirlerden düşüldükten sonra geriye kalan nakit, nakit akışı.

Central Bank: Merkez Bankası, Amerika'da Federal Reserve Bank, İngiltere'de Bank of England, Almanya'da Bundesbank. Merkez bankaları piyasalara arz edilen paranın miktarını, faiz oranlarını kontrol ederler, bankacılık sistemini denetler.

Certificate of depozit (CD): Banka mevduat sertifikası.

City: Londra'daki ticaret merkezi.

Class: Aynı hak ve yükümlülükleri taşıyan menkul değerler.

Close end mutual funds: İhraç edildikten sonra, senetleri ancak borsada alınıp satılabilen yatırım fonları, kapalı uçlu yatırım fonları.

Chief financial officer (CFO): İşletmenin genel başkanı.

Collateral bond: Karşılığı teminat altına alınmış olan tahvil.

Commercial bank: Amacı iş çevrelerine kredi sağlamak olan banka.

Commodity: Sermaye piyasalarında alınıp satılan standart mallar. *Örneğin;* çimento, buğday, petrol, kahve v.s.

Commodity exchanges: Standard malların alınıp satıldığı borsa. Bu tür borsalarda mallar fiziki olarak el değiştirmeyip sadece mülkiyet el değiştirir.

Common stock: Adi hisse senedi.

Commission broker: New York Borsa salonunda müşterileri adına alım satım yapan broker.

Commercial paper: Bankalar veya işletmeler tarafından ihraç edilen kısa vadeli borç senetleri.

Compound interest: Ana paraya ilave edilmiş faiz miktarı ile birlikte hesap edilen birleşik faiz.

Concentration: Oluşturulan portföyde senetlerin birkaç sektörde yoğunlaştırılması.

Consortium: Riskin dağılması amacıyla, yatırım bankalarının veya değişik ülkelerin biraraya gelerek bir menkul değerin ihracını veya açılan krediyi yüklenmesi, konsorsiyum.

Consumer price index : Enflasyonun yönünü tayin etmek için, üretim ve fiyat oynamalarını izleyen tüketim malları endeksi, tüketici fiyatları endeksi.

Contingency order: Bir menkul değerin satın alma emrini diğer bir senedin satılma koşuluna bağlayan emir.

Corporate bond fund: Şirket tahvillerinden oluşturulan yatırım fonları.

Covering: Açığa satılmış olan menkul değerin satın alınıp pozisyonun kapatılması.

Convertible bond: Önceden saptanan bir formüle göre hisse senetlerine dönüştürülme hakkı olan tahviller.

Cost push inflation: Üretim maliyetlerindeki artışın, tüketim mal fiyatlarına yansımasından kaynaklanan enflasyon.

Convertible prefered share: Önceden saptanmış formüle göre adi hisse senetlerine değiştirebilen tercihli hisse senetleri.

Coupon: Tahvillerin sözleşmesinde yazılı olan faiz oranı.

Cross currency: Çapraz kur.

Cumulative prefered dividend: Tercihli hisse senetlerinde biriken kâr payları. İşletme işlerin kötü gitmesi nedeniyle bir yıl kontrattaki kâr paylarını ödeyemezse, kâra geçtiği yıl, ilk önce, geçmişteki biriken kâr paylarını ödemek zorundadır.

Current assets: İşletme kasasındaki nakit para ve kısa vadeli alacaklar, hemen nakte çevrilebilen varlıklar, cari varlıklar.

Current exchange rate: Cari kambiyo kuru.

Current liabilities: İşletmenin bir yıl içerisinde ödenmesi gereken kısa vadeli cari borçları.

Current ratio: "Working capital ratio" olarak da bilinir. Cari aktiflerin cari pasiflere bölünmesinden çıkan sonuçtur: Cari oran. İşletmesinin likiditesini belirtir.

Current yield: Tahvilin üzerinde yazılı faiz oranının (kuponunun), tahvilin borsa fiyatına bölünmesiyle bulunan o günkü faiz getirisidir.

Day order: Verildiği gün için geçerli olan al veya sat emri.

Daily exchange rate: Günlük kur.

Date of record: Yatırımcının kâr payına hak kazanması için senetlere sahip olması gereken en son tarih.

Dealer: Kendi hesabı için alıp satan aracı kurum.

Debenture: İşletmenin ticari itibarına dayanarak ihraç ettiği tahviller.

Debt to equity: İşletmenin uzun vadeli borçlarının öz varlıklara bölünmesiyle çıkan oran.

Deflation: Piyasada mal fiyatlarının düşmesi, deflasyon.

Deleted: Nasdaq elektronik piyasasında işlem gören şirket senetlerinin kayıttan çıkarılması.

Depression: Ekonomiye olan güvenin azalmasıyla doğan kriz, ekonomik çöküş. İşsizlik oranın artması, fiyatların ve iş hacminin devamlı düşmesi.

Devaluation: Bir ülkenin para değerinin, diğer para kurlarına göre resmi olarak düşürülmesi, devalüasyon.

Discounted bond: Borsada nominal değerinin altında işlem gören tahvil.

Discount rate: Federal Reserve Bankası'nın diğer bankalara uyguladığı faiz oranı.

Discretionary account: Portfoy yönetiminde yatırım kararlarının tamamen borsa bankerinin inisiyatifine bırakılması.

Discretionary order: Alınacak menkul kıymetler konusunda belli bir fiyata kadar borsa bankerine esneklik tanıyan borsa emri.

Disinflation: Hükümetlerin enflasyonu kontrol etmek için faiz oranlarını arttırarak ekonominin büyüme hızının yavaşlatılması.

Distribution date: Kâr payı ödeme günü.

Diversification: Portföy yönetiminde fonların değişik sektörlere dağıtılması.

Dividend: Kâr payı.

Dividend payout ratio: İşletmenin yıllık kârından öz sermayeye katmayıp hisse senetleri sahiplerine dağıttığı pay -kâr palı oranı.

Dividend yield: Kâr payı getiri oranı. Ödenen kâr payının senetlerin borsadaki işlem fiyatına bölünmesiyle bulunur. ***Örnek:*** XYZ şirketinin senetleri borsada 50 dolardan işlem görüyor ve ödediği yıllık kâr payı 5 dolar ise, XYX'nin yıllık kâr payı getirisi %10'dur.

Dow Jones Industrial Average: Dow Jones endüstri endeksine giren 30 şirket hisse senetlerinin ortalaması, Dow Jones Sanayi Endeksi.

Down tick: Borsada işlem gören hisse senedi fiyatının bir öņcekinden düşük olması. ***Örnek:*** XYZ 50 dolardan işlem gördükten sonra 49.75 dolara düşerse bu olay bir *down tick*'tir.

Dun&Bradstreet reports: Şirketler hakkında bilgi veren değerlendirme servisi.

Diluted shares: Şirketlerin ilave hisse senetleri ihraç etmesi ile kâr pastasının daha fazla paylara bölünmesi.

EBITA: Şirketlerin; faiz, amortisman ve vergi masraflarından önceki kârları.

Emerging Markets: Gelişmekte olan ülkelerin borsaları.

Enterpreneur: Risk alan girişimci.

Equipment trust bonds: Nakliye sektöründeki işletmelerin, uçak, makina gibi araçlarını teminat göstererek çıkardıkları tahviller.

Equity capital: Öz sermaye. İşletmenin ortaklık haklarını temsil eden sermaye.

Equity kicker: İhraç edilen menkul değerleri daha cazip hale getirip satışını kolaylaştırmak için senetlerle beraber gelen ilave haklar. ***Örneğin:*** çıkarılan tahvillerin senetlere değişebilir olması, ilave olunan varant, imtiyaz veya opsiyonlar.

Eurobonds: Avrupa hükümet ve şirketlerinin dolar üzerinden çıkartıkları tahviller.

Eurodollar: ABD dışındaki bankalarda bulunan dolarlar.

Ex-dividend date: Bir hisse senedi sahibinin kâr payına hak kazanacağı gün. Ex dividend tarihinde senet satın alan en son açıklanan kâr payına hak kazanmaz.

Exchange rate: Döviz kuru.

Exchange risk: Yabancı ülkelerde yatırım yapanların kur değişikliği, devalüasyon riski.

Expiration date: Opsiyonlarda vadenin en son günü, vade sonu.

Exercizing the option: Opsiyon kontratında belirtilen hakkın kullanılması.

Equity risk premium: Riski olmayan devlet tahvilleri ile hisse senedi getirisi arasındaki risk farkı.

Face value: Senedin üzerinde yazılı olan nominal değer. *Par value* da denir.

Fair value: Opsiyon kontratının piyasada oluşması gereken normal değeri.

Federal Reserve Bank: ABD Merkez Bankası.

Fed funds rate: Federal Reserve Bankası'nın diğer bankalara uyguladığı faiz oranı.

Fill or kill: Hemen yerine getirilmediği taktirde iptali gereken borsa emri.

Finance: Finansman; girişimlere, yatırımlara kredi vermek.

Financial analysis: Bir işletmenin mali yapısının incelenmesi, finansal analiz.

Financial year: Mali yıl. *"Fiscal Year"*da denir.

Financial futures: Vadeli finansman kontratları.

Firm underwriting: Hisse senetleri ve tahvilleri piyasaya ihraç etmeyi yüklenen banka borsa bankeri ve aracı kurumun satışları garanti etmesi.

First mortgage bonds: Tahvil sahiplerinin, işletmenin iflası halinde şirketin mallları üzerinde ilk sırada hak sahip olması.

Fiscal policy: Hükümetlerin veya şirketlerin mali politikaları.

Fixed cost: İşletmelerin kredi faizi, tahvil faizi, kira gibi yapmak zorunda olduğu ödemeler, sabit maliyet.

Fixed exchange rate; İki ülke arasında belirlenen sabit döviz kuru.

Floating stock: İhraç edilen hisse senetlerinin yatırımcılar arasında dağılmış olan miktarı, tedavüldeki hisse sayısı. ***Örneğin;*** ABC şirketinin ihraç ettiği 100.000 hisse senedinin 55.000 tanesi yöneticilerin elindeyse, tedavüldeki hises sayısı 45.000'dir. Kaç hisse senedinin piyasada olduğu özellikle açığa satışlarda önemlidir. ***Örnek;*** On milyon hisse senedi ihraç edilmişse ve bunun 6 milyonunu şirketin yöneticileri elinde bulunduruyorsa, o şirketin dört milyon hissesi tedavüldedir. Açığa yapılan satışlarda bu miktarın bilinmesi çok önemlidir.

Floating notes: Faiz oranı değişebilen tahviller.

Fluctuation: Menkul kıymet fiyatlarının veya döviz kurlarının serbest piyasada dalgalanması.

Follow up action: Opsiyon kontratı yapıldıktan sonra kârı realize etme veya zararı asgariye indirme emri.

Forclosure: İpotekli mal sahibinin borcunu ödeyememesi halinde borç veren bankanın gayrimenkule el koyması.

Foreign bond: Yabancı ülkelerde çıkarılan tahviller.

Foreign currency arbitrage: Değişik borsalarda döviz kurlarının farklılıklarından yararlanılarak bir piyasadan alınan dovizi aynı anda diğer piyasada daha yüksek kurla satmak.

Foreign exchange: Kambiyo, ülkelerin paraların değiştirildiği para piyasası.

Forward contract: Yabancı paraların veya menkul kıymetlerin önceden belirlenmiş bir tarihte ve sabit bir fiyattan veya kurdan, alım satımına ilişkin kontrat.

Front end load: Yatırım fonuna girmek isteyen yatırımcının peşin ödediği komisyon.

Fundamental analysis: İşletmelerin bilançolarını, gelir tablolarını, yönetimin performansını inceleyerek yatırımlara karar vermek. Temel analiz.

Futures market: Chicago Board of Trade gibi vadeli sözleşmeler piyasası.

Futures contract: Belirli miktardaki bir malın, gelecekteki bir tarihte belirli bir fiyattan teslim edilmesine ilişkin standart sözleşme.

Golden parachute: Bir işletmenin diğer bir şirketi satın almasında, devralınmış şirketten ayrılan yöneticilere ödenen tazminat.

Go-Go funds: Hızlı performans amaçlı, riski yüksek yatırım fonları.

Good till cancel order: İptal veya infaz edilinceye kadar brokerlerin defterinde açık duran emir. *Örneğin:* XYX 50 dolar ve yatırımcının 45 dolara düşerse satın al diye verdiği emir.

Government bonds: Hükümet tahvilleri.

Green back: Doların takma adı.

Gross profit: İşletmenin vergi ve diğer masrafları çıkmadan önceki kârı, brüt kâr.

Growth rate: Ekonominin veya şirket kârlarının büyüme oranı.

Growth stock: Büyümekte olan ve borsada, piyasa ortalamasının üzerinde fiyat/kazanç oranı ile işlem gören şirketlerin hisse senetleri.

Hard cash: Nakit para.

Hard currency: Dolar, Mark, Yen gibi talepte olan yabancı paralar.

Hedging: Bir yatırımın ilerideki fiyat değişikliğinden olabilecek zararı önlemek için başka bir değeri satmaya denir. Portföy yöneticilerinin borsanın düşmesine karşı endeks opsiyonlarını açığa satması, put kontratları satın alması, yabancı para piyasalarında kur riskine karşı vadeli işlemlere girmek *"hedging"* uygulamalarıdır.

Holder: Hisse senedi sahibi.

Holding company: Birden fazla şirketin hisse senetlerinin çoğunluğuna sahip olan şirket, holding.

Horizontal spread: Opsiyonlarda aynı fiyat üzerinden, fakat değişik tarihli vade ile yapılan iki ayrı kontrat. Riski ve kâr potansiyeli sınırlı opsiyon stratejisi.

Hot stock: Piyasaya ihraç edilir edilmez yükselmesi beklenen spekülatif hisse senedi.

High flyer: Kısa sürede büyük fiyat oynamaları gösteren spekülatif senet.

High grade bond: AAA ve AA derecesinde olan yüksek kaliteli tahvil.

High-tech stock: Biyo-kimya, fiber optik, elektronik ve iletişim gibi ileri teknolojiyi temsil eden şirketlerin hisse senetleri.

Historic trading range: Hisse senedinin geçmişteki fiyat hareketleri.

Hostile tender offer: Şirketin kontrolünü ele geçirmek için senetleri elinde tutan yatırımcılara piyasada işlem gören fiyatın üzerinde teklif vererek senetleri toplama operasyonu.

House call: Aracı kurumların yatırımcıya açtıkları kredilerle oluşturulan portföy değerinin düşmesi halinde; portföyün borç düzeyinin, kanunların dikte ettiği kredi oranı düzeyine getirilmesi için müşterilerden para istenmesi. *Örneğin:* Borsa kurallarına göre portföye karşı azami kredi alma limiti % 50 ise "marj", yatırımcı 5 bin dolar ile on bin dolarlık portföy oluşturabilir. Yatırımdan sonra piyasa koşullarından dolayı portföyün değeri 8 bin dolara düşerse, sermaye piyasası kurallarına göre borcun miktarı 4 bin doları geçemeyeceği için, borsa bankeri, müşterisinden hesabına bin dolar daha koymasını ister. Eğer yatırımcı bin doları ilave edemezse senetler satılır.

House rules: Borsa bankerlerinin müşteri hesapları için uyguladığı şirket iç tüzüğü.

Housing starts: Yeni başlanan evler için alınan inşaat ruhsat sayısı. Amerika'da en mühim ekonomik göstergelerden biridir. Yeni inşaatlar faiz oranları düşünce artar.

Illiquid: Kıymetli tablolar, antika gibi nakite dönüştürmesi zor olan mallar ile derinliği olmayan, tezgah altı piyasada çok az işlem gören hisse senetleri için kullanılan deyim.

Imbalance of orders: Belirli bir hisse senedinin piyasa fiyatını çok etkileyecek gelişmelerden sonra, borsaya gelen satış teklifleri ile alış tekliflerinin arasında büyük fark olması.

In the money: Opsiyonlarda opsiyonun "kârda" olduğunu belirten terim. Call opsiyonunda eğer üzerinde işlem yapılan hisse senedinin piyasa fiyatı, işlem fiyatının üzerinde ise, Put opsiyonlarında ise işlem fiyatının altında ise her iki kontratta da kârdadır.

In and out trader: Amacı günlük alışverişten kâr etmek olan spekülatör. "*Day trader*" da denir.

Inactive security: Çok seyrek olarak işlem gören menkul değerler.

Income statement: İşletmelerin belirli sürede satışlarını, masraflarını ve net kârlarını gösteren mali tablo.

Income stocks: Kâr payı ödeyen senetler.

Indenture: Tahvillerde, yatırımcının ve tahvil ihraç eden şirketlerin haklarını belirleyen yazılı sözleşme.

Index: Endeks. Borsada işlem gören menkul değerlerin ortalama performansını belirten bir göstergedir. Amerikan sermaye piyasasının takibinde; Dow Jones Industrial Average, New York Stock Exchange index, Value Line Index ve Standard & Poor's 500 index en yaygın izlenen endekslerdir.

Index fund: Yatırım fonlarının endekslere giren şirketlerin hisse senetlerinden oluşturdukları yatırım fonlarıdır.

Indication: Bir menkul değerin tahmini alım satım fiyatı.

The industrial production index: Sanayi üretimi endeksi. Federal Reserve Bankası tarafından tutulan bir istatistiktir, üretilen malları içerir. Gayri Safi Milli Hasıla ile paralel giden bir göstergedir. Endekste artış başlaması ekonominin genişlediğine işarettir.

Inflation: Belirli bir süre içerisinde mallarda görülen fiyat artışı, enflasyon.

Consumer price index-CPI ve producer price index PPI: Tüketici fiyatları endeksi. Tüketici fiyatları endeksi ve üretici fiyatları endeksi, ekonomide enflasyon trendlerini saptayan en önemli endekslerdir.

Initial margin: Borsa bankerlerinde kredi ile menkul değer satın almak isteyen yatırımcının ilk hesap açtığında yatırması gereken asgari nakit para.

Insider: İşletmenin yöneticilerinden, şirket hakkında kamunun bilmediği ve hisse senetlerinin fiyatlarını etkileyebilecek hassas bilgilere sahip olan kişi.

Inside market: Borsa bankerlerinin ve aracı kurumların kendi aralarındaki hesapları için alım satımda kullanılan bir tür toptancı piyasası. Alım ve satım teklifleri arasındaki fark "aralık" son derece küçüktür.

Insider activity: Şirket yönetimindekilerin kendi hisse senetlerini alıp satma işlemidir. Genelde yöneticilerin piyasadan kendi hisse senetlerini satın alması, hisselerin geleceği için pozitif bir işarettir fakat yöneticiler fazla iyimser de olabilirler. Senetlerin artması kesin değildir.

Institutional broker: Banka, yatırım fonları, sigorta gibi kurumsal yatırımcılara hizmet veren aracı kurum.

Insolvant: Kasadaki nakit parası ve gelirleri borçlarını ödemeye yetmeyen kişi veya şirket.

Institutional ownership: Bir hisse senedinin kurumsal yatırımcıların portföyünde tutulması.

Intangible assets: Şirketin itibarı, alınmış olan patent hakları gibi elle tutulmayan varlıklar.

Interbank rate: Bankalar arası faiz oranı.

Interest expense: İşletmelerin kredi masrafları.

Interest ceiling: Faiz tavanı, yükseltilebilecek azami faiz oranı.

Interest rate: Faiz oranı. Para kullanımı için ödenen fiyat. Faiz oranlarını enflasyon, likidite ve krediyi kullanan borçlunun mali durumu etkiler.

International balance fund: ABD'de kurulan ve portföyünün %60'ını değişik ülkelerin menkul değerlerinden oluşturan yatırım fonu.

International bond: ABD dışındaki ülkelerde ihraç edilen hükümet ve özel sektör tahvilleri.

International Monetary Fund-IMF: Dünya ticaretini teşvik etmek için ve istikrarlı bir para kuru dengesi yaratmak amacıyla 181 ülkenin bir araya gelerek kurduğu finansal kurum.

Intrinsic value: Gerçek değer. Opsiyon kontratlarında, sertifikada yazılan işlem fiyatı ile piyasa fiyatı arasındaki fark. Call opsiyonuna ***örnek:*** Spekülatörün portföyündeki Call kontratı; XYZ senetlerinin 25 dolardan alınmasını içermekte (işlem fiyatı 25 dolar). Piyasada 27 dolardan işlem gören kontratın gerçek değeri iki dolardır.

Investmen company: Yatırım fonu.

Initial public offering-IPO: Bir işletmenin hisse senetlerini ilk defa ihraç etmesi.

Investment bank: Özel şirket hisse senetleri ile hükümet tahvillerini piyasaya sürmeyi yüklenen yatırım bankası.

Investment banker: Yatırım bankası ile eş anlamlı.

Investment grade paper: Kalitesi yüksek olan tahvil ve bonolar.

Investment trust: Menkul değer yatırım ortaklığı.

Issuer: Halka menkul değer ihraç eden şirket.

Issuing house: Menkul değerleri piyasaya ihraç eden aracı kurum veya yatırım bankası.

Jobber: Kendi hesabına alım satım yaban borsa brokerleri.

Joint-venture: Birkaç kişi veya şirketin biraraya gelip bir işe ortak girişmesi, ortak girişim, ortak yatırım.

Junk bond: Standard&Poor's veya diğer kredi derecelendirme servislerine göre finansal yapısı ve dolayısıyla kredi notu düşük tahvil, hurda tahvil.

Junk bond fund: Düşük kaliteli "junk bond"lardan oluşturulan ve yüksek faiz ödeyen yatırım fonu. Portföy junk bond'lara dağıtıldığından risk faktörü bir tek junk bond'a para bağlamaktan daha düşük oluyor.

Large cap fund: Oluşturduğu portföye sadece piyasa değeri 5 milyardan fazla olan şirketlerin hisse senetlerini alan yatırım fonu.

Last sale: Bir hissenin en son işlem gördüğü fiyat.

Lead manager: Bir menkul değerin ihracını birden fazla yatırım bankası yüklenmişse, sendikasyon içerisinde dağıtımı organize eden lider firma.

Leading indicators: İşssizlik oranı, alınan inşaat ruhsatları, para arzı gibi ekonominin trendini belirleyen göstergeler, temel göstergeler.

Leap: Bir yıldan uzun süreli opsiyon kontratları.

Leg out: Opsiyon stratejilerinin uygulamasında spekülatörün kontratları en uygun zamanda devreye sokmak için riske girmesi.

Leverage: Kaldıraç. Kredi kullanılarak yapılan yatırımlar. Borcun öz sermayeye olan oranı.

Leverage buy out: Bir işletmenin büyük borç altına girerek diğer bir şirketi satın alması. Eğer bir şirketin defter değeri, borsada işlem gören toplam hisse senetlerinin üstünde ise, "leverage buy out" olmaya adaydır. Yönetimin yutulmaması için önlemler alması, senetlerin piyasa değerini arttıracak girişimlerde bulunması gerekir.

Libor: Avrupa'daki bankalararası faiz oranı.

Limit order: Fiyatı saptanarak borsa salonuna gönderilen al veya sat emri, limit emri.

Limited partnership: Sınırlı ortaklık. Belirli bir süre için organize olunan ortaklık. Ortakların finansal yükümlülükleri yaptıkları yatırımla sınırlıdır.

Liquidation rights: Tasfiye hakları. Şirketin tasfiyesi halinde tahvil ve hisse senedi sahiplerinin mallar üzerindeki alacak sırasını saptar.

Liquidity: Borsa anlamı: piyasaya gelen al ve sat emirlerinin fiyatlarda büyük değişme olmadan yerine getirilebilmesidir.. Likiditesi düşük olan borsalarda piyasaya gelen en küçük arz ve talep fiyatlarda büyük oynamalar yaratır.

Liquidity risk: Portföydeki menkul değerler borsada satılmaya başlayınca, senetlerin değerinin hızla düşme olasılığı.

Liquit assets: Likiditesi yüksek olan her an nakte çevirilebilecek varlıklar.

Liquidation value: Bir şirketin mallarının satılıp borçları ödendikten sonra geriye kalan para, tasfiye değeri.

Listing: Şirket hisse senetlerinin borsanın öngördüğü koşullara uyması kaydıyla borsaya kote olmasıdır. New York borsasına ancak finansal yapısı çok sağlam olan ve senetleri halka dağılmış şirketler kabul edilir. İşleri bozulan ve artık New York borsasının aradığı standartlara uymayan şirketlerin kayıtları düşürülür.

Listing fee: Menkul kıymetlerin borsaya kayıt edilme ücreti.

Listed options: Chicago Board of Exchange veya Amex gibi borsalara kayıtlı olan standard opsiyon kontratları.

Load funds: Komisyon alınan yatırım fonları.

Long: Portföyde tutulan hisse senedi veya tahviller.

Long term liabilities: Şirketlerin ihraç ettikleri tahvil borçları.

Management buy out: Bir şirketin yöneticileri tarafından satın alınması.

Manager: İşletme yöneticisi.

Manipulation: Manipülasyon. Piyasayı etkilemek ve senetlerin yükselmesini sağlamak için fiktif menkul değer işlemleri yapmak.

Margin account: Portföy oluşturmak için belirli kurallara göre aracı kurumda açılan kredi hesabı.

Margin call: Aracı kurumlar nezdinde açılan kredili hesaplarda, portföy değerinin düşmesi halinde broker ve aracı kurumların müşterilerinden hesaba piyadadaki değer kaybı kadar ilave para koyma talebi.

Market: Piyasa.

Market breath: Borsa hareketinde işlem gören hisselerin yüzde kaçının arttığına ve yüzde kaçının düştüğüne bakan istatistik. Teknik analistler için piyasanın yönünü belirlemeye yardımcı bir gösterge.

Market timing: Piyasa zamanlaması. Teknik ve ekonomik göstergelere, faiz oranlarının geleceğine bakarak piyasaya girmek için optimum zamanı seçmek.

Market price: Piyasa fiyatı. Bir menkul değerin sorulduğu andaki fiyatı.

Market maker: Belirli menkul değerleri verdiği fiyattan her an almaya ve satmaya hazır olan aracı kurum, borsa bankeri.

Marketable securities: Borsada kolaylıkla satılabilen menkul değerler.

Market order: Bir menkul değer işleminde, fiyat limiti koymadan piyasadaki fiyattan al veya sat emri.

Mark to the market: Kredi kullanılarak oluşturulan portföyde günlük portföy değerini hesaplayarak, kredi miktarının belirli bir oranın üstüne çıkıp çıkmadığını kontrol etmek.

Maturity date: Tahvillerin itfa tarihi.

Member bank: ABD'de Federal Reserve sistemine üye olan banka.

Merger: Birleşme. İki şirketin menkul değerler alışverişi yaparak birleşmesi.

Minus tick: Borsada işlem gören menkul değerin son fiyatının bir öncekinden düşük olması.

Money exchange: Para kuru.

Monetary policy: Ekonomik hedefleri gerçekleştirmek için merkez bankalarının yürüttüğü para politikası.

Money manager: Portföy yöneten yatırım uzmanı.

Money market: Para piyasası, çok kısa vadeli yatırım enstrümanlarına yatırım yapan son derece likit yatırım fonu.

Money supply: Para arzı, piyasadaki nakit ve kısa vadeli tüm paranın miktarı.

Monopoly: Tekel. Bir malın alım ve satımında tek olmak, arzı kontrol ederek fiyat dikte etmek.

Moving average: Hareketli ortalama. Hisse senedi fiyatlarının hareket ortalaması. Trendi tahmin etmek için teknik analistler tarafından kullanılan istatistik ölçü. Üç günlük, 20 günlük veya 200 günlük olabilir. Analistin objektifine göre değişik periyodlar alınır. ***Örneğin:*** 20 günlük hareket ortalamasını bulmak için, basit bir hesaplama ile 20 günün kapanış fiyatı üst üste konup toplandıktan sonra 20'ye bölünür. Çıkan ortalama en son kapanış fiyatının üstündeyse trend negatiftir. Eğer son fiyat ortalamanın üzerindeyse trend pozitiftir.

Mortgage bond: Şirketin malları üzerinde ipotek teminatlı tahvil.

Municipal bond: Amerika'da eyaletler ve belediyeler tarafından çıkarılan tahviller; faizleri Federal Hükümet vergisinden muaftır.

Mutual funds: Küçük tasarruf sahibinin birikimlerini bir araya getirip işleten yatırım fonları.

National Association of Securities Dealers-N.A.S.D.: Tezgah üstü borsasının kurallarını belirleyen aracı kurumlar derneği.

Neutral: Borsada yakın bir gelecekte hareket olmayacağı varsayımı.

Net working capital: İşletmenin işlerini yürütmesi için kasada olan nakit parayı belirtir. Cari pasiflerin cari aktiflerden çıkarılmasıyla bulunur.

Naked writer: Opsiyonlarda açığa kontrat satmaktır. ***Örneğin:*** yatırımcı 100. XYZ senedini üç ay içerisinde 35 dolardan satmayı kabul eder (Call kontratı satar). Eğer portföyünde 100 adet XYZ yoksa, çıplak "naked" kontrat satmıştır. Üç ay sonra XYZ 50 dolara çıksa, piyasadan satın alarak kontratı satın alana 35 dolardan ciro etmekle yükümlüdür. Aynı işlem "*short* -kısa" olarak da ifade edilir. (Bakınız opsiyonlar.)

Negotiable instruments: Mülkiyeti devredilebilen menkul değerler.

Net asset value: Şirketin net varlık değeri.

Net book value: Net defter değeri.

Net income: Şirketin faaliyetlerinden gelen gelirlerden tüm masraflar çıktıktan sonra geri kalan kâr.

Net profit margin: Net kârların şirketin satışlarına bölünmesiyle çıkan oran. Rakkamın yıldan yıla artması işletmenin daha iyi performans gösterdiğini vurgular.

Net worth: Bir şirketin toplam varlıkları ile toplam borçlarının arasındaki fark. Net değer.

New issue: İşletmelerin ilk defa piyasaya menkul değer ihraç etmesi.

New York Stock Exchange: New York Borsası.

No load funds: Komisyon ödenmeden satın alınabilen yatırım fonları.

Nominal price: Menkul değerin sertifikası üzerinde yazılı olan değeri. Tahvillerde bin dolar.

Non callable: İtfa tarihinden önce ihraç eden şirket tarafından geri alınmasına dair bir kayıt olmayan tahviller.

Non cumulative preferred stock: Şirketlerin yalnız kâr ettiği yıllarda kâr payı ödemekle yükümlü olduğu tercihli hisse senetleri.

Odd lot: Yüz adetten işlem gören hisse senedi, lot-altı.

Odd lot teory: Küçük tasarruf sahiplerinin daima yanlış zamanlarda yatırım yaptığı varsayımından gidilerek, borsada 100 hisse senedinin altında yapılan işlemlerin trendinden, borsanın geleceğini tayin etme yöntemi. Küçük yatırımcı paniğe kapılmış satıyorsa borsa dibine vurmuş demektir.

Off board: *"Over the counter market."* Borsalara kote edilmeyen hisse senetlerinin aracı kurumlardan alınıp satıldığı tezgah üstü piyasası.

Off shore funds: ABD ve diğer ülkelerin vergilerinden kaçınmak amacıyla yabancı yatırımcılara vergi avantajı sağlayan Panama, Bermuda, Kanarya Adaları ülkelerde kurulup işletilen yatırım fonları.

On line broker: Yatırımcıya bilgisayar ağı ile internet üzerinden doğrudan doğruya borsalarda alım satım yapma olanağı sağlayan borsa bankerleri - aracı kurumlar.

Offer: Belli bir menkul değeri, belli bir fiyattan satmak için yapılan teklif. Aynı zamanda yatırım bankalarının şirketlerin senet ihracı için yaptığı teklif.

Open order: Belirli bir fiyatla borsaya gönderilen, işlem görünceye kadar brokerin kayıt defterinde duran borsa emri, *"Good till cancel"* ile eş anlamlı.

Open end fund: İhraç edilen sermayesi tahdit edilmeyen yatırım fonu. Fon sürekli olarak payları halka teklif eder ve önceden çıkarılmış senetleri elden çıkartmak isteyen yatırımcıdan geri satın alır.

Open market policy: Merkez bankalarının ekonomideki para arzı, faiz oranları ve kredi hacmini etkilemek amacı ile uyguladığı politikalar. Merkez Bankası piyasadan para çekmek isteyince devlet tahvillerini piyasaya sürer. Kredi hacmini genişletmek için piyasadan devlet tahvillerini satın alır.

Open position: Opsiyonlarda kontratı başlatmak.

Operating income: Satışlardan üretim maliyetlerinin çıkartılmasıyla geriye kalan kâr.

Option agreement: Opsiyon kontratları alıp satmak isteyen yatırımcının; opsiyon kontratlarının risk faktörünü bildiğini ve bu riski karşılayabilecek mali güçte olduğuna dair aracı kurum nezdinde imzaladığı ön kontrat.

Option holder: Call veya Put opsiyonu kontratını satın alan spekülatör.

Option: Opsiyon kontratları. Bir menkul değeri belirli bir fiyattan ve belirli bir süre içinde alım veya satım hakkına ilişkin yapılan kontrat.

Option open interest: Borsada işlem gören bir hisse senedi üzerine işlem gören kontratların tümü. ***Örneğin:*** 56 adet IBM Haziran 2000 @100 kontratı demek, IBM hisselerini Haziran ayının üçüncü haftasına kadar 100 dolardan satın almak için 56 kontrat yapılmış olması demektir.

Option premium: Opsiyon kontratı satın alan spekülatörün ödediği prim. Hareketli ve spekülatif hisse senetleri üzerinden yapılan opsiyon kontratlarına ödenen prim yüksektir.

Option spread: Kârı ve riski sınırlayan opsiyon stratejileri. Bir kontrat satın alınırken ya değişik bir tarihteki veya değişik bir fiyattaki kontratın satılması.

Option expiration: Opsiyon kontratının vade sonu.

Option writer: Opsiyon satan yatırımcı. Her opsiyon kontratında iki taraf vardır: Kontratı satan tarafa "option writer" veya "underwriter" denir.

Overbought: Aşırı spekülasyonlardan dolayı borsanın gerçek değerlerle bağdaşmayan yükselişi.

Overcapitalization: Şirketin kasasında işi yürütmek için gerekli olan sermayeden fazla nakit para olması. Yönetim, elindeki sermayeyi tam bir randımanla çalıştıramıyor demektir.

Overriding commission: Piyasaya çıkarılan menkul değerlerde, senetlerin ihracını yüklenen aracı kuruma -underwriter- ödenen komisyon.

Oversubcription: İlk defa ihraç edilecek bir menkul değere çıkarılan miktardan fazla talep olması.

Oversold: Gereğinden fazla düşen borsanın teknik durumunu vurgular.

Paper profit: Portföyde bulundurulan menkul değerlerin henüz realize edilmemiş, kağıt üzerindeki kârı.

Par value: Nominal değer.

Parity: Hisse senedine dönüştürülebilen tahvillerde, piyasada tahvil ve hisse senedi fiyatının biribirine eşit olması ***Örneğin:*** Yatırımcıya 25 hisse senedine değiştirme hakkı veren bir tahvilin piyasa fiyatı bin dolar ve hisse senetleri de borsada 40 dolardan işlem görüyorsa, iki ayrı gruptaki menkul değer aynı paritededir.

Penny stock: Tezgah üstü piyasasında üç doların altında işlem gören fiyatlı, spekülatif hisse senetleri.

Pension fund: Emeklilik planı.

Per annum: Yıllık dönem.

Per cent: Yüzde.

Percentage: Yüzde oranı.

Personal income: Kişisel gelir. Ekonominin gidişatı belirlemeye çalışan ve vatandaşların, maaş, ücret, kira, kâr payı ve faiz gelirlerini ölçen istatistik. Gelirlerin artması enflasyonu körüklediğinden faiz oranlarının arttırılmasına neden olmakta.

Performance: Bir portföyün artış oranı veya bir şirket işletmesinin başarı derecesi, performans.

Pink sheet: Tezgah üstü borsada işlem gören hisse senetlerinin fiyatlarını gösteren ve borkerler için hazırlanan özel yayın.

Placing: Hisse senetlerinin borsa aracıları ile halka arz edilmeyip büyük bloklar halinde yatırım fonlarına veya emekli planlarına satılması.

Plus tick: Bir hisse senedinin son işlem gören fiyatının bir öncekinden yüksek olması.

Point: Menkul değerlerin alım ve satımında kullanılan fiyat ölçüsü, puan. Hisse senetlerinde bir puan bir doları, tahvillerde bir puan 10 doları ifade eder.

Pool: Yatırım yapmak için küçük sermayenin biraraya toplanması, havuz.

Position: Opsiyonlarda yatırımcının pozisyonu veya borsanın geleceğine dair yapılan tahmine göre, menkul değerleri satın almak veya açığa satmak.

Power of attorney: Vekaletname. Yatırımcının aracı kurumdaki hesabını başka bir şahıs yönetecekse, yatırımcıdan selahiyet belgesini, "power of attorney" imzalaması istenir.

Post: Borsa salonunda her bir hisse senedinin alınıp satıldığı köşe.

Preferred stock: Öncelikli hisse senedi. Şirket elde ettiği kârlardan ilk önce bu sınıftaki hisse senetlerinin kâr payını öder; geriye para kalırsa adi hisse senedi sahiplerine tüsni paralardan ödemek. Kastelli'ler olayı.

Qualitative analysis: Hisse senetlerinin subjektif analizi. Bir yatırıma karar vermeden önce şirketin mali yapısını ölçen temel analizin dışında, işletme yöneticilerinin deneyimlerinin, işletmenin araştırmaya verdiği önemin, işletmenin içinde bulunduğu sektör gibi dış etkenlerin analizi.

Quantitative analysis: Şirketin mali raporlarının incelenmesi.

Quick ratio: Bakınız Current ratio.

Quote: Bir menkul değer için piyasada en yüksek fiyattan satma ve en düşük fiyattan satın alma teklifi, kota. ***Örnek:*** ABC senetleri için brokerin *"quote"* yirmibeş-yirmi altı demesi, o anda ABC senetlerinin 25'ten satılabileceği ve 26'dan alınabileceği anlamındadır. Bu ikisi arasındaki farka "aralık" denir.

Quotation: Bir menkul değerin borsa listesine kayıt edilmesi, kotasyon.

Quite period: Hisse senedi ihraç etmek isteyen şirket, sermaye piyasası kuruluna hazırladığı "prospectus" belgesini verdikten sonra, senetler piyasaya sürülünceye kadar işletme hakkında halka başka bir açıklama veya propaganda yapmaması gereken zaman.

Rally: Borsadaki büyük bir düşüşten sonra senetlerin biraz yukarıya çıkması.

Rate of interest: Faiz oranı.

Rating: Bir şirketin mali yapısı incelenerek aldığı borçları geriye ödeme gücünün değerlendirilmesi.

Ratio analysis: Hisse senedi seçerken şirketlerin mali yapısındaki kalemlerin analizinden başlanması. Bakınız. Quick ratio, acit test, price earning ratio.

Real assets: Gayri menkul, makina parkı gibi duran varlık.

Rebate: Bir malın satılması için iskonto vermek.

Recession: Büyük ekonomik durgunluk, işsizliğin artması, gelirlerin düşmesi.

Redeemable bond: Bakınız "callable bond".

Real estate investment trust: Fonlarını gayrimenkullere yatıran yatırım ortaklığı.

Real interest rate: Faiz oranı ile enflasyon düzeyi arasındaki fark.

Realized profit: Portföydeki menkul değerlerin kârla satılması.

Resistance point: Hisse senetleri hareketlerinde teknik olarak direnç noktası. Arzın veya talebin fazla olduğu fiyat.

Red herring: İhraç edilmesine henüz izin verilmemiş olan menkul değerin özelliklerini sermaye piyasası yasalarına göre içeren rapor.

Registered bond: Nama yazılı tahvil.

Registered representitive: Aracı kurumu temsilen yatırımcıların hesaplarına bakan yatırım danışmanı

Reorganization: İşletmenin üretim, pazarlama ve satış yönteminde yaptığı temel değişiklik, yeniden düzenleme, reorganizasyon.

Repurchase agreement (Repos); Bir menkul değerin daha sonraki bir tarihte tekrar geri satın alınması kaydıyla satılması.

Reserve currency: Ülkelerin uluslararası ödemelerde kullanmak için merkez bankalarında bulundurdukları Dolar, Mark, Yen gibi yabancı paralar.

Restricted account: Yatırımcının borsa bankerinde açtığı kredi (margin) hesabının limiti aşmasından dolayı, yatırımcıya artık yeni kredi tanınmaması.

Retail sale: Parekende satışları. Tutulan istatistik enflasyonun yönünü belirler. Parekende satışlarının düşmesi ileride faiz oranlarının düşürüleceği yargısını getirir.

Retained erarnings: İşletmenin pay sahiplerine kâr payı olarak dağıtmayıp yeni yatırımlar için tuttuğu kârlar.

Return on assets ROA: Tüm varlıkların sağladığı kâr.

Return on equity: Öz varlıklara düşen kâr.

Revenue bond: Faizi ve ana parası, köprü, tünel gibi bir projenin geliri ile sağlanacak olan tahvil.

Reverse split: İşlem gören hisse senetlerinin sayısını azaltarak senetlerin piyasa değerini arttırmayı hedefleyen operasyon. ***Örneğin:*** tedavüldeki on milyon hisse senedinin bir milyon yeni hisse senedi ile değiştirilmesine "reverse split" denir.

Risk capital: Risk sermayesi veya girişim sermayesi.

Round lot: Borsada 100 ve 100'ün katı hisse senetlerinin el değiştirmesi.

S&P 500 index: Amerikan sermaye piyasasını temsil eden 500 hisse senedinden oluşan endeks.

Seasonal stocks: Kârları mevsimlere göre değişen şirketlerin hisse senetleri, mevsimsel senetler. ***Örneğin:*** parekende mal satan zincir dükkanlar en fazla kârı yılın son çeyrek döneminde yapar.

Seat: New York Borsası'nda kendi adına veya müşterileri temsilen menkul değer alıp satma hakkı

Secondary distribution: Halka ikinci kez menkul değer ihraç etmek.

Sector funds: Teknoloji, kimya, petrol, otomotiv gibi bir sektör üzerine konsantre olan yatım fonları.

Selling climax: Düşmekte olan borsadaki en son panik.

Selling at discount: Tahvillerin nominal değerinin altında işlem görmesi.

Selling at premium: Tahvillerin nominal değerinin üzerinde fiyattan alınıp satılması.

Sell out: Borcunu ödeyemeyen yatırımcının portföyünün, aracı kurum tarafından sermaye piyasası kurallarına uyularak satması.

Senior debt: Şirketin tasfiyesi halinde alacaklılar arasında ön sırada olan olan tahvil borçları.

Shareholders: İşletmenin senetlerini ellerinde tutan yatırımcılar.

Short sale: Açığa satış. Borsanın düşeceğini tahmin eden spekülatörün, portföyünde olmayan hisse senedini aracı kurumdan borç alıp borsada satması. Satılan menkul değerin fiyatı düştükten sonra ucuza alarak kâr amacını güden işlemde, açığa satılan senedin fiyatı düşmek yerine çıkarsa spekülatör; bir noktada ödünç aldığı senedi geri almaya mecbur olacağından bu spekülasyondan zarar eder. Spekülatör bu işlemde senetlerin düşeceğine bahse girmektedir.

Short covering: Açığa satanın borç aldığı hisse senedini piyasadan satın alıp borcunu ödemesi.

Short interest: Bir menkul değerin açığa satılan miktarı. Açığa satılan hisse senetleri ileride bir gün geri alınmak zorunluğunda olduğundan, senedin aşağı düşmesini frenleyen bir piyasa olayı olarak bakılır.

Short interest ratio: Teknik analistler borsanın teknik durumunu analiz ederken borsadaki tüm açığa satış pozisyonlarına bakarlar. Açığa satılmış senetlerin, günlük hisse senedi işlem sayısına bölünmesiyle bulunur.

Short position: Spekülatörün açığa sattığı hisse senedini aracı kurumdan ödünç alması. Karşılığında hisse senedinin değeri kadar nakit veya diğer bir menkul değer teminat olarak tutulur.

Size of the market: Bir menkul değer için borsa salonuna gelen al ve sat emirlerinin miktarı.

Soft currency: Finansal merkezlerin dışında alım satımı olmayan yabancı paralar.

Spread: Birkaç ayrı anlamı olan bir terimdir.
a- Hisse senetlerini ihraç eden borsa bankerinin, ihracı yapan şirkete ödediği fiyat ile piyasaya sürdüğü fiyat arasındaki fark.
b- Borsada işlem gören senetlere verilen teklifler arasındaki fark.

Spread option: Aynı hisse senedi üzerinden değişik işlem fiyatları ile kontrat satın almak.

Spot price: İki gün içerisinde ödeme ve teslim için verilen fiyat.

Stand by credit: Banka tarafından müşterisine belirli bir süre içinde ve belirli miktarda verilen kredi.

Standard & Poor's: Şirketleri ve ülkeleri mali yapılarına göre derecelendiren finans kurumu.

Statement: Borsa bankerlerinin ve bankaların aylık faaliyetlerini gösteren rapor.

Stock ahead: Borsa salonuna gönderilen sat emrinin önünde daha önceden aynı fiyatla gelmiş olan siparişler.

Settlement date: Aracı kurumda kredisi olan yatırımcı bir menkul değeri satın aldıktan sonra üç günde borcunu ödemekle yükümlüdür. İşlemlerin tasfiye günleri borsadan borsaya değişir.

Stock veya stock certificate: Hisse senedi.

Stock dividend: Kâr payı.

Stock exchange: Borsa.

Stock market: Menkul değerlerin alınıp satıldığı ortam.

Stock index futures: Hisse senedi endeksleri üzerinden yapılan vadeli işlemler.

Stock index options: Hisse senetleri endeksi üzerinden yapılan opsiyon kontratları.

Stock split: İşletme yönetiminin piyasada yüksek fiyatla işlem gören hisse senetlerini tabana yaymak amacı ile daha küçük paylara bölme olayı. ***Örnek:*** Piyasada 100 dolara işlem gören senedini işletme ikiye bir bölme kararı alırsa, elinde 100 hisse senedi tutan yatırımcının bölmeden "*split*'ten" sonra elinde 200 hisse senedi olur; fakat senetler piyasada 50 dolardan işlem görür. Bölünmeden sonra piyasa psikolojisi ile fiyatlarda biraz artış olur

Stop order: Stop emri. Kârları korumak ve zararı asgaride tutmak için verilen borsa emridir. Belirli bir menkul değerin fiyatı önceden saptanan bir noktaya varınca, verilen stop emri "market order" yani piyasa fiyatı emrine dönüşür. "Stop buy" veya "Stop loss" olabilir.

Stop loss örneği: Yatırımcının portföyündeki XYZ senetleri 60 dolardır. Yatırımcı teknik olarak taban direnç noktasının % 55 olduğunu düşünüyor ve bunun için 55 dolara stop emri veriyor. XYZ borsada 55 dolardan işlem gördüğü anda, yatırımcının XYZ senetleri piyasanın teklif ettiği fiyattan satılır. Bu fiyat 55'in altında veya üstünde olabilir.

Stopped out: Stop loss emrinin işlem görmesine "stopped out" denir.

Stock Broker: Dar anlamda, borsa salonunda kendi hesabına veya müşterileri temsilen işlem yapan borsa üyesi. Halk arasında menkul değerleri alıp satan aracı kurumlara verilen isimdir.

Stock split: Bakınız split.

Street name: Yatırımcının portföyünü transferlerinde kolaylık olması için müşterinin namına aracı kurumun kasasında bulundurması.

Straddle: Opsiyonlarda aynı hisse senedini belirli bir fiyattan satın alma ve satma hakkını veren kontrat.

Strike price: Bir menkul değerin alım ve satımı için kontratla belirlenen sabit fiyat, işlem fiyatı.

Striking price: Opsiyon kontratlarında önceden tesbit edilen alım satım fiyatı. ***Örnek:*** XYZ senetlerinin Mayıs $60 Call opsiyonunu satın alınmasında "işlem" fiyatı 60 dolardır.

Subordinated bonds: Şirketin iflası halinde, tasfiyede alacaklılar arasında en son sırada olan menkul değer.

Subsidiary: Holdinglere bağlı şirketler.

Subscription right: Rüçhan hakkı.

Support level: Düşmekte olan hisse senedinin veya borsanın destek gördüğü nokta.

Syndicate: Bir menkul değeri ihraç etmek için birden fazla yatırım bankasının oluşturduğu grup, konsorsiyum.

Take over: Bir şirketin diğer bir şirket tarafından satın alınması.

Takeover bid: Bir işletmenin hisse senetlerini piyasadaki fiyattan daha yüksek fiyat teklif ederek toplamak için yapılan girişim.

Tangible assets: İşletmenin bina, makina parkı gibi sabit değerleri.

Tape-ticker tape: Borsada yapılan işlemlerin sermaye piyasasına duyurmak amacıyla bir şeride geçirilmesi. Eski şeridin yerini şimdi eloktronik bant aldı.

Technical analist: Şirketlerin temel yapıları yerine piyasa hareketlerini inceleyerek yatırım önerisinde bulunan grafik uzmanı, teknik analist.

Tender offer: Bir şirketin halka açık duyurular yoluyla, hisselerini veya tahvillerini genelde borsanın üzerinde bir fiyatla geri satın alma teklifi.

Thin market: Likiditesi az bir piyasa, tezgah üstü borsası. Gelişmekte olan ülkelerin piyasaları derinliği olmayan "thin market'tir. Bazende şirketin ihrac ettiği hisse senetleri ya ailenin elinde veya bir kaç gurubun elinde toplanmıştır. Piyasada alıp satacak senet yoktur.

Third market: Borsaların dışında yapılan menkul değer işlemleri "Over the counter" tezgah üstü piyasası.

Tip: Şirketin mali durumuna, satın alacağı başka bir şirkete ilişkin içeriden alınan bilgiler, tüyo.

Top down investment: Portföy oluşturmaya önce genel ekonomik değerlendirmeden başlayıp bu ortam içerisinde en iyi performans gösterecek sektörleri ve bu sektörler içinden de lider şirketleri seçme yolu.

Trader: Kısa vadeli kâr amacı ile menkul değerleri alıp satan kişi.

Trading: Kısa vadeli işlemler.

Traded options: Opsiyon borsalarından birinde işlem gören standart opsiyonlar.

Trading account: Amacı borsanın kısa süredeki hareketlerinden yararlanarak kâr yapmak olan hesap.

Trading post: New York Borsa salonunda her bir hisse senedinin işlem gördüğü özel alışveriş noktası.

Trading range: Bir hisse senedinin belirli bir sürede gördüğü en yüksek ve en düşük işlem fiyatı arasındaki fark.

Trading ring: New York Borsası salonunda tahvillerin işlem gördüğü köşe.

Trading unit: Borsalarda normal olan el değiştirme birimi - bir lot 100 hisse senedi.

Transfer agent: Hisse senetleri el değiştirince, eski sertifikayı iptal edip yeni hissedarlara mülkiyet sertifikası gönderen banka.

Treasury: Hazine, devlet gelirlerinin toplandığı ve ödemelerin yapıldığı kasa.

Trend: Borsanın genel yönü. Altı aylık trend "primary trend" olarak ifade edilir.

Trust: Bir sermayeyi veya malı bir başkası adına yöneten kuruluş.

Turnaround: İşleri bozuk olan işletmenin yönetim değişikliği, yeni teknoloji uygulaması, yeni pazarlara açılma gibi nedenlerle trendi tersine çevirip kâra geçmeye başlaması. ***Örnek:*** Uzun yıllar teknolojinin gerisinde kalan Apple Computer yepyeni teknoloji uygulayarak kâra geçti ve yeniden Wall Street'in favori senetleri arasına girdi. Hisse senetlerinde en kârlı yatırımlardan biri; türlü nedenlerle işleri iyi gitmeyen, ancak yeni yöntemlerle tekrar yükselmeye başlayacak olan büyük şirketleri şirketleri keşfetmektir.

Turnover: Yatırım fonlarının bir dönem içerisinde aynı sermaye ile kaç defa alışveriş yaptıklarını ifade eder.

Underwriter: Şirketlerin menkul değerlerini piyasaya ihraç etmeyi yüklenen aracı kurum veya borsa bankeri, yüklenici. Opsiyonlarda ise opsiyon kontratını satan kişi, satıcı.

Underwriting: Menkul değerlerin yatırım bankacısı tarafından piyasaya sürülmesi.

Vertical spread: Süresi aynı tarihte sona eren ve değişik işlem fiyatı olan opsiyon stratejisi.

Volatile stock: Borsa endekslerine kıyasla, piyasa dalgalanmalarına fazla reaksiyon gösteren, ani iniş çıkış yapan, oynak hisse senedi.

Wall Street: New York'ta aracı kurumlar ve borsaların bulunduğu bölgenin adı.

Warrant: Bir şirket tarafından ihraç edilen menkul değeri cazip kılabilmek için satın alanlara, önceden belirlenmiş bir fiyat ve süre içerisinde senetleri satın alma hakkı veren sertifika.

Write: Opsiyon kontratı satmak.

Yield: Bir hisse senedi veya tahvilin getirisi.

Yield to maturity: Tahvillerde vadeye kadar olan yıllık net getiri.

1- ***Kitapta verilen örnekler yazarın çalışmayı kaleme aldığı tarihte, borsada işlem gören senetlerin gerçek fiyatlarıdır.***

2- ***Gerek yazarın verdiği örnekleri içeren hisse senetleri, gerekse internetten alınan örnekler, yatırım fonları, sadece konuyu anlatmak amacıyla verilmiş olup, yatırım önerisi değildir.***

PRİM MENKUL DEĞERLER A.Ş.

Ana Sayfa	E-Mail	English

Prim Müşterileri
Prim Hakkında
Ürün ve Hizmetler
Hesap Açmak
Prim Yayınları
İnsan Kaynakları
Linkler
Site Haritası
İrtibat
Sorumluluk Sınırı

MERKEZ OFİS

Levent Caddesi No:3
Birinci Levent 80620
İstanbul
Tel: (0212) 283 88 88
Faks: (0212) 283 88 90

İRTİBAT BÜROSU

Cumhuriyet Cad.
Atman Apt. No: 259/3
Harbiye 80230
İstanbul
Tel: (0212) 219 60 62
Faks: (0212) 247 25 81

İRTİBAT FORMU

Ad	
Soyad	
Firma	
Ünvan	
Telefon	
Adres	
E-Mail	
Mesaj	

Prim Menkul Değerler A.Ş.'*nin*
finansal sitesi hakkında
daha ayrıntılı bilgi almak için
yukarıdaki formu doldurup
(0212) 283 88 90 *nolu faksa gönderip*
müşteri temsilcisiyle görüşebilirsiniz.

S İ P A R İ Ş   F O R M U

Adı Soyadı: ______________________________

Adres: ______________________________

____

Telefon: ______________________ Fax: ______________

E-Mail: ______________________________

İstediğim Kitaplar: ______________________________

____

____

____

____

K R E D İ   K A R T I   İ Ç İ N   Ö D E M E   B İ L G İ L E R İ

☐ Visa ☐ Mastercar ☐ Eurocard

Kart numarası: ______________ Son. Kul. Tarihi: ______________

Karttaki isminiz: ______________ İmza:

Havale yoluyla; ödeme yapmak isterseniz, tutarı
Akbank Parmakkapı Şubesi, Scala Yayıncılık ve Tanıtım A.Ş. 13240/01-7 veya
Yapı Kredi Parmakkapı Şubesi, Scala Yayıncılık ve Tanıtım A.Ş. 1100778-0 nolu hesaba yatırarak,
dekontu ve sipariş formunu aşağıda belirtilen numaraya fakslayınız.
Siparişleriniz 3 gün içerisinde elinize ulaşacaktır. Kitap fiyatlarına kargo ücreti dahildir.

Scala Yayıncılık ve Tanıtım A.Ş.
İstiklal Caddesi Mis Sok. Tan Apt. 6/7-8 Beyoğlu - 80050 İstanbul
Tel: (0212) 251 51 26 - 245 43 89 Faks: (0212) 245 28 43
E-Mail: scala@escortnet.com
Web: www.scala.com.tr